化工工人中级技术培训教材

第四版

化工安全管理与环保

肖德华 主编　　黄柏 付春杰 副主编

化学工业出版社

·北京·

本书是化工工人中级技术培训教材（第四版）中的一个分册。全书分两大篇十二章。第一篇重点阐述了有关石油化工企业的安全管理，安全生产常用的法律、法规及生产经营单位的责任和相关责任追究，化工行业常用的安全技术，防火防爆的基础理论和防火防爆的基本措施，常用的锅炉压力容器安全技术，电气方面预防人体触电和防火、防爆、防雷的安全技术，压力管道安全技术，石油化工静电安全技术，职业危害控制技术等。第二篇介绍了环境保护方面的基本概念和基础知识，环境管理方面常用的法律、法规及清洁生产的定义和具体要求，并对化工、炼油工业环境的污染及防治做了重点介绍。

本书可供化工中级技术工人培训之用，也可供操作工人和中初级技术工人自学，还可供化工行业的安全、环保管理人员及技术人员参考。

图书在版编目（CIP）数据

化工安全管理与环保/肖德华主编．—4 版．—北京：
化学工业出版社，2012.10（2022.9重印）
化工工人中级技术培训教材
ISBN 978-7-122-15096-7

Ⅰ．化⋯　Ⅱ．肖⋯　Ⅲ．①化工企业-安全管理-技术培训-教材②化学工业-环境保护-技术培训-教材
Ⅳ．①F407.7②X322

中国版本图书馆 CIP 数据核字（2012）第 192379 号

责任编辑：袁海燕　陈　丽　　　　　装帧设计：关　飞
责任校对：陶燕华

出版发行：化学工业出版社（北京市东城区青年湖南街 13 号　邮政编码 100011）
印　　装：天津盛通数码科技有限公司
850mm×1168mm　1/32　印张 11　字数 308 千字
2022 年 9 月北京第 4 版第 2 次印刷

购书咨询：010-64518888　　　　　　　　售后服务：010-64518899
网　　址：http://www.cip.com.cn
凡购买本书，如有缺损质量问题，本社销售中心负责调换。

定　　价：49.00 元　　　　　　　　　　　　　　版权所有　违者必究

前 言

安全生产和环境保护是促进经济发展，构建和谐社会的重要保障；是关系到广大员工生命财产和国家财产不受损失，保证国民经济可持续发展的重大问题。石油化工生产具有易燃、易爆、有毒、有害、腐蚀性强等不安全因素，安全生产难度大。同时石油化工生产工艺过程复杂、工艺条件要求苛刻，伴随产成品的生产会产生出各种形态不同的三废物质，对生态环境和生命环境具有极大的破坏作用。因此，我国一直高度重视安全生产和环境保护工作。

多种经济形式的发展使得员工成分趋于多元化，企业安全生产和环境保护工作的形势更加严峻。面临安全生产和环境保护这种新形势、新情况、新问题、新要求，全面提高员工安全生产管理水平和环境保护意识是企业员工培训的当务之急。使企业员工和各类从业人员掌握安全生产知识、安全管理知识和环境保护知识是保证生产安全稳定长周期运行的重要前提。同时也是国家大力推行职业资格制度，提高从业人员职业技能的需要。为了满足当前普及安全生产知识、安全管理知识和环境保护知识培训的需要，我们组织了长期从事安全生产管理和环境监督保护工作的工程技术人员，编写了这本《化工安全管理与环保》一书。

本书依据国家有关安全生产管理和环境监督保护的政策、法规并结合石油化工企业生产的实际编写。全书分两篇，共十二章。主要介绍了有关石油化工企业安全管理概论，安全生产常用的法律、法规及化工行业常用的安全技术，防火防爆理论和措施，常用压力容器安全技术、压力管道安全技术、石油化工静电安全技术、职业危害控制技术等，同时还介绍了环境保护方面的基本概念和基础知识。可供石油化工行业的职工、安全环保管理人员、技术人员阅读。

本书的特点：一是结合企业生产的实际需要，比较系统地讲述了安全生产管理和环境监督保护的各种做法和采取的措施，具有较强的实用性；二是根据作者长期工作实践总结了生产过程中的各种安全生产技术知识和安全生产管理经验，具有较强的通用性；三是有针对性地阐述了如何有效地预防和控制各种不安全风险，把被动的防范和事后的整改变为事前预案、主动控制，把风险降到最低、把损失减到最小，具有一定的针对性。综上所述，本书读者范围广泛，是对员工进行安全生产管理与环境保护培训的好教材。

本书由肖德华主编，黄柏、付春杰副主编，参加编写的人员还有杨中、吴岩石、朴勇、孙立东。李彦海、王殿奎、刘勃安审核。

由于编者水平有限，加之时间仓促，书中不当之处，敬请读者批评指正。

编　者

2012 年 6 月

目 录

第一篇 安 全 管 理

第一章 石油化工企业安全管理概论 …… 1
  第一节 安全工程概述 …… 1
  第二节 安全生产方针 …… 5
  复习思考题 …… 6

第二章 安全生产法律、法规 …… 7
  第一节 安全生产法规概述 …… 7
  第二节 安全生产主要法律、法规 …… 8
  第三节 生产经营单位的责任 …… 21
  第四节 安全生产责任追究 …… 40
  复习思考题 …… 46

第三章 化工生产安全管理 …… 47
  第一节 石油化工安全管理的内容 …… 47
  第二节 危险源辨识、风险评价和风险控制策划 …… 64
  第三节 化工生产的安全管理 …… 75
  第四节 化工生产的火灾爆炸危险性评价 …… 84
  第五节 化工企业检修的安全技术及管理 …… 103
  复习思考题 …… 119

第四章 锅炉、压力容器安全技术 …… 120
  第一节 锅炉、压力容器安全技术法规体系和基本要求 …… 120
  第二节 锅炉使用安全技术 …… 125
  第三节 压力容器使用安全技术 …… 142
  第四节 锅炉、压力容器安全装置 …… 162
  第五节 气瓶使用安全技术 …… 171
  复习思考题 …… 183

第五章　防火防爆技术 …… 184
- 第一节　燃烧 …… 184
- 第二节　爆炸 …… 191
- 第三节　防火防爆的基本措施 …… 198
- 第四节　化工火灾扑救常识 …… 213
- 复习思考题 …… 222

第六章　电气安全技术 …… 223
- 第一节　预防人身触电 …… 223
- 第二节　电气防火防爆 …… 232
- 第三节　防雷保护 …… 240
- 复习思考题 …… 245

第七章　压力管道安全技术 …… 246
- 第一节　化工管道 …… 246
- 第二节　压力管道安全技术 …… 249
- 第三节　化工压力管道的使用与操作管理 …… 254
- 复习思考题 …… 257

第八章　石油化工静电安全技术 …… 258
- 第一节　静电 …… 258
- 第二节　石油化工液体静电 …… 261
- 复习思考题 …… 264

第九章　职业危害控制技术 …… 265
- 第一节　职业危害控制基本原则和要求 …… 265
- 第二节　生产性粉尘危害及控制技术 …… 267
- 第三节　生产性毒物危害控制技术 …… 269
- 第四节　物理因素危害控制技术 …… 273
- 复习思考题 …… 280

第二篇　环境保护

第十章　环境保护的基本概念和基础知识 …… 281
- 第一节　绪论 …… 281
- 第二节　人类环境系统 …… 283

第三节　环境与健康 ………………………………………… 285
　　复习思考题 …………………………………………………… 289
第十一章　化工、炼油工业对环境的污染及防治 ……………… 290
　　第一节　化工、炼油工业污染物及危害 …………………… 290
　　第二节　化工、炼油工业废水的处理 ……………………… 294
　　第三节　大气污染及其防治 ………………………………… 298
　　第四节　固体废物的处理和综合利用 ……………………… 303
　　第五节　噪声污染及其控制 ………………………………… 304
　　复习思考题 …………………………………………………… 308
第十二章　环境管理 ……………………………………………… 309
　　第一节　环境质量评价概述 ………………………………… 309
　　第二节　环境管理 …………………………………………… 312
　　第三节　环境保护法 ………………………………………… 315
　　第四节　化工、炼油工业清洁生产 ………………………… 316
　　第五节　突发环境事件应急处理 …………………………… 323
　　复习思考题 …………………………………………………… 326
附录　国家突发环境事件应急预案 …………………………… 327
参考文献 ………………………………………………………… 343

第一篇 安 全 管 理

第一章 石油化工企业安全管理概论

安全生产及安全管理工作是企业生存与发展的基础,也是国家财产和人民群众生命安全及健康的根本保障。自人类文明诞生以来,在改造世界、征服自然中安全工程就被人类用于保护自己,对社会发展起着重要的作用。

随着企业生产经营的不断发展,安全生产面临着更加严峻的形势,国家和社会各界对安全生产和环境保护的要求越来越高,在石油化工生产、加工和储存运输各个环节中,始终坚持"以人为本",坚持人与自然、人与社会和谐发展,保障国家和人民生命财产安全,保护环境不受破坏,是企业必须承担的社会责任。目前,一些单位安全生产的基础薄弱,各类事故时有发生,还存在着不少薄弱环节和一些不容忽视的问题。安全工作只有起点没有终点,企业正面临改革与发展的新形势、新任务,迫切需要我们进一步加大安全管理工作力度,提高安全生产水平。

第一节 安全工程概述

一、安全工程的概念

安全工程是以人类生产、生活中发生的各种事故为主要研究对象,在分析、总结已经发生事故经验教训的基础上,综合运用自然科学、技术科学和管理科学等方面的有关知识,辨识和预测生产、生活过程中存在的危险、危害因素,并采取有效的控制措施防止事故发生、减少事故造成的各种损失的科学技术知识体系。

二、安全工程的产生与发展

远古时代，人们为了抵御猛兽的袭击，利用石器和木器制造了自卫的工具，利用并改造洞穴作为自己的居住场所，可以说这就是最原始的安全技术。

到了 18 世纪中叶，蒸汽机的发明，使劳动生产率空前提高。但是，工人致死、致伤、致病、致残的事故也显著增多，促使人们不得不重视安全工作。人们开始认识到，需要在技术上、设备上进行研究，采取措施，防止危害工人的人身安全，保证生产的顺利进行。于是，各种防护装置、保护设施、信号系统以及机械强度检验方法等相继发明。与此同时，根据安全工作的需要，许多国家制定了有关劳动安全方面的法律、法规，如美国麻省于 1867 年通过了工厂检查员的法律，法国北部联邦于 1869 年制定了工作灾害防治法案等，并相继出现了一些保险基金组织和安全研究机构，建立了用于安全工程研究的实验室。

到了 20 世纪，随着工业生产规模的不断扩大、城市人口的增多和范围的增大，煤炭、石油、化工、水运、建筑等工程往往一次发生几十人甚至数百人的伤亡事故，这就要求在生产过程中，采用系统化的管理方法和可靠的技术来防止事故的发生，现代安全工程应运而生。现代安全工程已经具备了较完善的理论和研究方法，形成了系统化的学科体系。因此，现代安全工程也称为安全系统工程。

近年来，人们除了注意对事故、工业卫生和职业病的防治外，还开始从设备和工人的生理、心理因素等方面，来考虑组织生产的安全工作，出现了研究人和机器、环境关系的人机工程学。近 40 年来，各国对安全工程的研究与应用都给予了高度重视。世界各国普遍建立了安全监督管理机构、安全研究机构。据不完全统计，安全研究机构，德国有 36 所、英国有 44 所、美国有 31 所、法国有 46 所、荷兰有 13 所。同时，各国也相继在高校中开办了安全工程、工业卫生、系统安全、防火技术等安全工程类专业，并设立了所属的研究机构，如英国伯明翰大学设立了工程制品系工业人机工程组，从事有关人在劳动中的良好状态和行为因素的教学与研究；

伯明翰市阿斯顿大学设立了安全与卫生系，其研究涉及危害的概念、控制方法及其效果、确定与测定危险程度、特殊危害监测、各种事故应急与急救方法、职业危险防护的理论与组织、职业事故的理论分析、预防事故的经济学原理和职业病理学等。同时，在安全管理方面，代表着现代管理模式的职业安全健康管理体系，在一些发达国家得到推广。

我国是开展安全技术研究与应用较早的国家之一，在明代的《天工开物》中就有安全技术应用的理论和实例。中华人民共和国成立以后，安全工程得到了很快的发展，建立了安全生产的监督管理机构，安全生产的法律、法规相继出台，一批新的安全技术和方法被应用到生产和生活之中。目前，我国职业安全健康管理体系正在全面推广之中，开发了一批具有自主知识产权的安全评价方法，新的安全技术广泛应用到煤炭、石油、化工、建筑、水利、制造等领域。教育学科类别中"环境与安全"已成为工程门类下的独立学科，《学科分类与代码》标准中"安全技术"被列为一级学科，一个具有独立的理论和方法的安全工程学科正在形成。

三、安全工程的基本内容

安全工程的基本内容是根据对事故发生、发展机理的认识，应用系统工程的原理和方法，在工业规划、设计、建设、生产直到废弃的整个过程中，实施预测、分析、评价其中存在的各种不安全因素，根据有关法律、法规和安全生产、生活的需要，综合运用各种安全管理措施和安全技术措施，消除和控制危险隐患，防止事故扩大，尽量减少事故损失，创造一种安全的生产、生活环境条件。

安全工程可分为安全管理和安全技术两个方面。

（一）安全管理

1. 安全管理的主要任务

安全管理的主要任务是确保安全，保护人身安全与财产安全。

（1）建立健全安全监督机构。安全监督机构的建立健全是安全工程的基本任务之一。只有健全的安全监督监察机构，才能确保有序地制定、实施各项安全法律、法规，及安全生产方针、政策、管理制度的贯彻执行，才能确保安全法律、法规的执行力度。

(2) 建立健全、贯彻执行安全法律、法规。国家通过立法程序和行政手段制定安全法律、法规和相关标准等，明确了各类人员和机构的责任、权利。安全法律、法规和标准具有强制性，能有效地保障公民的安全健康利益和人民财产的安全。

(3) 建立安全管理机构，落实安全责任制。在企业、事业单位建立安全管理机构，落实各级安全责任制，运用符合现代管理的手段和方法，在计划、设计、施工、生产和生活的全过程，实施科学的安全管理。

2. 安全管理的主要内容

安全管理的主要内容包括以下几个方面。

(1) 安全管理机构和安全管理人员。各单位应该设立安全管理机构，配备必要的安全管理人员。按照《中华人民共和国安全生产法》的规定，员工总人数在 300 人以上的生产经营单位应设立专职的安全管理机构，配备专职安全管理人员。

(2) 安全责任制。建立健全各类人员、各职能部门的安全责任制，制定安全责任目标，确立安全责任制得以落实的保障制度，为安全责任制落实提供必要的资源。

(3) 安全管理规章制度。安全管理规章制度是安全工程的重要内容，是实现生产和生活安全的保障。安全管理规章制度包括：安全检查制度、安全教育制度、安全奖惩制度、事故追踪整改制度、危险作业审批制度、特种作业管理制度、特种设备管理制度、危险物品管理制度、重大危险设备管理制度、重大危险源管理制度、安全评价制度、"三同时"审批制度等。

(4) 安全规划与计划。为了使安全工作可持续发展，要制订安全规划和安全工作计划。对于生产经营单位，应该建立安全规划制度，制订安全规划和年度安全工作计划，检查年度安全工作计划的落实情况和安全规划的实施情况。特别是生产经营单位的安全技术措施计划要有经费的保证，做到专款专用。

(5) 安全培训教育。通过安全培训教育，提高整体安全管理水平。生产经营单位应建立完善的人员培训教育制度，做好安全培训教育。安全培训教育的内容包括：新员工的岗前三级教育与考核，转岗、复岗员工的岗前培训与考核，特种作业人员的教育培训、考核和持证上岗，员工的定期培训等。

（6）安全档案管理。安全档案管理也是安全管理的内容之一。安全档案应该进行分类，实施分类管理。需要管理的安全档案有：工伤事故档案，安全教育档案，特种设备档案，安全检查记录和各类安全文件，违章、事故隐患及整改的记录等。

（二）**安全技术**

安全技术按行业分，可分为：矿山安全技术、煤矿安全技术、石油化工安全技术、冶金安全技术、建筑安全技术、水利水电安全技术、旅游安全技术等。按危险、有害因素的类别分，可分为：火灾与爆炸安全技术、锅炉与压力容器安全技术、起重与机械安全技术、电气安全技术等。

第二节　安全生产方针

《中华人民共和国安全生产法》第 3 条规定"安全生产管理，坚持安全第一，预防为主的方针。""安全第一，预防为主"的安全生产方针为我国安全生产指明了方向，确定了总原则。

一、安全生产方针的产生

中华人民共和国成立后，把搞好安全生产、劳动保护作为党和国家的重要政策。1952 年第二次全国劳动保护工作会议上规定了"安全生产"方针；1987 年全国劳动安全监察工作会议上进一步明确了劳动保护工作方针为"安全第一，预防为主"；2002 年颁布的《中华人民共和国安全生产法》明确规定，在安全生产中，坚持"安全第一，预防为主"的方针。

"安全第一，预防为主"的安全生产方针，从法律意义上规定了我国安全生产的基本原则，它充分说明了我国对安全生产工作的重视。无论是各级政府、各个部门和不同生产经营单位，应该把安全摆在最重要的位置，当生产活动中的经济利益与安全生产发生矛盾时，应优先保证安全生产。同时，应该做到"预防为主，防治结合"，在生产过程中做好各方面的预防工作，将防止事故的发生放在首位。

二、贯彻安全生产方针的目的与要求

贯彻实施"安全第一，预防为主"安全生产方针的目的，就是为了在生产过程中尽量减少、防止发生工伤事故和职业病，降低、避免各种事故损失，最大限度地保障所有劳动者的安全与健康，提高劳动生产率和企业竞争力，实现我国安全生产的可持续发展。

贯彻"安全第一，预防为主"的安全生产方针是生产经营单位及各级安全生产监督管理部门长期而艰巨的任务，需要从认识、立法与执法、社会安全文化氛围等各方面开展大量的工作。为了贯彻落实"安全第一，预防为主"的安全生产方针，应该做到以下几点。

① 制定并完善安全生产的法律、法规，从法律上保证安全生产方针的落实。

② 建立健全安全生产监督管理体制和机制，使安全生产执法具有独立性和权威性，确保任何违背安全生产方针的行为都及时被制止。

③ 构筑良好的社会氛围，使得在生产过程中"只顾经济利益，不顾劳动者人身安全与健康"的行为，受到全社会的谴责。

④ 做好科学研究，认识安全生产的规律，使得人们掌握事故发生前的征兆，并采取防范措施，预防事故的发生。

复习思考题

1. 什么是安全工程？安全工程的基本内容有哪些？
2. 安全生产的方针是什么？

第二章 安全生产法律、法规

第一节 安全生产法规概述

一、安全生产法规的概念

法是一种特殊形式的社会规范。法通过规定人们之间的权利和义务的方式来调整社会关系,以保障社会的稳定和发展,维护国家和人民的根本利益。

安全生产法规是调整社会生产经营活动中所产生的同安全生产有关的各方面关系和行为的法律规范总称。安全生产法规首先调整的是在生产经营活动中所产生的、同安全生产有关的各种社会关系,例如,生产经营单位和从业人员之间的关系;生产经营单位和为其提供技术服务的安全生产中介机构的关系;生产经营单位、从业人员和有关国家机关、社会团体之间的关系等。

安全生产法规中还包括有大量的技术规范,这类技术规范也可以说是调整在生产经营活动中同安全生产有关的人和自然关系的一种规范。它是人们为了有效、安全地从事生产经营活动,根据自然规律、科学技术研究成果而制定的,规定在生产经营活动中人的行为和物(包括环境)的状态的一种规范。违反这些规范就会造成种种后果,不仅会危及劳动者的人身安全,而且会造成生产上的损失,甚至还会给周围社会环境造成危害。因此,为了维护生产秩序和社会秩序,国家就有必要通过立法,把有关人员遵守的技术规范规定为必须遵守的法律义务。违反此项义务就要承担一定的法律责任,依法受到制裁。

二、安全生产法规的作用

安全生产法规对于促进我国生产力的发展和社会主义现代化建

设事业的顺利进行有着重要作用。主要表现为以下几个方面。

① 确保劳动者的合法权益。
② 加强安全生产法制化管理。
③ 指导和推动经济建设。
④ 提高生产力。
⑤ 保持社会稳定。

第二节 安全生产主要法律、法规

一、中华人民共和国宪法

《中华人民共和国宪法》（简称《宪法》）是我国的根本大法，是制定安全生产法规的法律依据和指导原则。《宪法》对安全生产和劳动保护所做的规定有以下几条。

第42条：中华人民共和国公民有劳动的权利和义务。国家通过各种途径，创造劳动就业条件，加强劳动保护，改善劳动条件，并在发展生产的基础上，提高劳动报酬和福利待遇。国家对就业前的公民进行必要的劳动就业训练。

第43条：中华人民共和国劳动者有休息的权利。国家发展劳动者休息和休养的设施，规定职工的工作时间和休假制度。

第48条：国家保护妇女的权利和利益，实行男女同工同酬……任何安全生产法律、法规均不得与这三项原则相违背。

二、中华人民共和国安全生产法

《中华人民共和国安全生产法》（简称《安全生产法》）是我国有关安全生产管理的综合性法律。这部法律对安全生产工作的方针、生产经营单位的安全生产保障、从业人员的权利与义务、政府对安全生产的监督管理、生产安全事故应急救援与调查处理以及违法行为的法律责任等都作出了明确规定，是加强安全生产管理的重要法律依据。学习和贯彻《安全生产法》有关规定，对于进一步搞好安全生产工作，具有十分重要的意义。

《安全生产法》共7章97条，下面分章进行介绍。

① 第一章"总则"共15条，是对这部法律若干重要原则问题

的规定，对作为分则的其他各章的规定具有概括和指导的作用。分别对本法的立法目的、适用范围、安全生产管理的基本方针、生产经营单位确保安全生产的基本义务、生产经营单位主要负责人对本单位安全生产的责任、生产经营单位的从业人员在安全生产方面的权利和义务、工会在安全生产方面的基本职责、各级人民政府在安全生产方面的基本职责、安全生产监督管理体制、有关劳动安全卫生标准的制定和执行、为安全生产提供技术服务的中介机构、生产安全事故责任追究制度、国家鼓励和支持提高安全生产科学技术水平、对在安全生产方面作出显著成绩的单位和个人给予奖励等问题作了规定。

② 第二章"生产经营单位的安全生产保障"共 28 条。本章是《安全生产法》的核心内容，主要规定了：对生产经营单位安全生产条件的基本要求；生产经营单位主要负责人的安全生产责任；对生产经营单位安全生产投入的要求；生产经营单位安全生产机构的设置及安全生产管理人员的配备；对生产经营单位主要负责人及安全生产管理人员任职的资格要求；生产经营单位对从业人员进行安全生产教育和培训的义务；对生产经营单位特种作业人员的特殊资质要求；生产经营单位建设工程项目的安全设施与主体工程的"三同时"要求以及对危险性较大的行业的建设项目进行安全条件论证和安全评价的特殊要求；对建设项目安全设施的设计、施工、竣工验收的要求；对生产经营单位设施、设备、生产经营场所、工艺的安全要求；对危险物品生产、经营、运输、储存、使用以及危险性作业的特殊要求；生产经营单位对从业人员负有的义务；对两个以上生产经营单位共同作业的安全生产管理特别规定；对生产经营单位发包、出租的特别规定以及生产经营单位发生重大事故时对主要负责人的要求等。

生产经营单位是生产、经营活动的主体，在安全生产工作中处于核心地位。保障安全生产，生产经营单位是关键。从近年来发生的事故看，大都与生产经营单位不具备基本的安全生产条件或者安全生产管理不到位有直接关系。因此，安全生产法本着"预防为主"的原则，有针对性地对生产经营单位应当具备的安全生产条件和加强安全生产管理作出了规定，具有十分重要的意义。

③ 第三章"从业人员的权利和义务"共 9 条，主要规定了生产经营单位从业人员在安全生产方面的权利和义务，包括：了解其作业场所和工作岗位存在的危险因素、防范措施及事故应急措施的权利；对本单位的安全生产工作提出建议的权利；对本单位安全生产工作中存在的问题提出批评、检举、控告的权利；拒绝违章指挥和强令冒险作业的权利；发现直接危及人身安全的紧急情况时，停止作业或者在采取可能的应急措施后撤离作业场所的权利；因生产事故受到损害时要求赔偿的权利；享受工伤社会保险的权利；在作业过程中，严格遵守本单位的安全生产规章制度和操作规程，服从管理，正确佩戴和使用劳动防护用品的义务；接受安全生产教育和培训的义务；及时报告事故隐患或者其他不安全因素的义务。

此外，本章还对生产经营单位不得与从业人员订立"生死合同"以及工会在安全生产管理中的权利与职责等作出了规定。

④ 第四章"安全生产的监督管理"共 15 条，从不同方面规定了安全生产的监督管理。从根本上说，生产经营单位是生产经营活动的主体，在安全生产工作中居于关键地位，生产经营单位的安全生产管理是做好安全生产工作的内因。但是，强化外部的监督管理同样不可缺少。由于安全生产关系到各类生产经营单位和社会的方方面面，涉及面极广，做好安全生产的监督管理工作，仅靠政府及其有关部门是不够的，必须走专门机关和群众相结合的道路，充分调动和发挥社会各界的积极性，齐抓共管，群防群治，才能建立起经常性的、有效的监督机制，从根本上保障生产经营单位的安全生产。因此，本章的"监督"是广义上的监督，既包括政府及其有关部门的监督，也包括社会力量的监督。

⑤ 第五章"生产安全事故的应急救援与调查处理"共 9 条，主要规定了生产安全事故的应急救援以及生产安全事故的调查处理两方面的内容。具体包括：县级以上地方各级人民政府应当组织有关部门制定特大生产安全事故应急救援预案，建立应急救援体系；有关生产经营单位应当建立应急救援组织，指定应急救援人员，配备、维护应急救援器材、设备；发生生产安全事故时，生产经营单

位负责人应当迅速采取有效措施，组织抢救，防止事故扩大，并按规定上报政府有关部门，有关地方人民政府及负有安全生产监督管理职责的部门负责人应当立即赶到重大生产事故现场，组织、指挥事故抢救。关于生产事故的调查处理，主要是在事故发生后，及时、准确地查清事故原因，查明事故性质和责任，以及有失职、渎职行为的行政部门的法律责任。对依法进行的事故调查处理，任何单位和个人不得阻挠和干涉。此外，本章还规定了负责安全生产监督管理的部门应当定期统计分析本行政区域内发生的生产安全事故，并定期向社会公布。

⑥ 第六章"法律责任"共19条，主要规定了负有安全生产监督管理职责部门的工作人员，承担安全评价、认证、检验、检测的中介服务机构及工作人员，各级人民政府工作人员以及生产经营单位及其负责人和其他有关人员、从业人员违反本法所应承担的法律责任。

⑦ 第七章"附则"共2条，对本法用语"危险物品"、"重大危险源"作了解释，并规定了本法的实施时间。

三、中华人民共和国劳动法

1994年7月5日，第八届全国人民代表大会常务委员会第八次会议审议通过《中华人民共和国劳动法》（简称《劳动法》）。该法作为我国第一部全面调整劳动关系的基本法和劳动法律体系的母法，是制定和执行其他劳动法律、法规的依据。同时，它以国家意志把实现劳动者的权利建立在法律保证的基础上，既是劳动者在劳动问题上的法律保障，又是每一个劳动者在劳动过程中的行为规范。它的颁布改变了我国劳动立法落后的状况，不仅提高了劳动法律规范的层次和效力，而且为制定单项劳动法律、法规，建立完备的劳动法律体系奠定了基础。该法共13章107条，与安全生产有关的主要内容如下。

（一）工作时间和休息休假的规定

《劳动法》第四章为"工作时间和休息休假"方面的条款。

第36条规定：国家实行劳动者每日工作时间不超过八小时，平均每周工作时间不超过四十四小时的工时制度。

注：根据《国务院关于职工工作时间的规定》（1995年3月25日国务院第174号令）第3条的规定，职工每周工作时间修改为四十小时。

第38条规定：用人单位应当保证劳动者每周至少休息一日。

第39条规定：企业因生产特点不能实行本法第36条、第38条规定的，经劳动行政部门批准，可以实行其他工作和休息办法。

第41条规定：用人单位由于生产经营需要，经与工会和劳动者协商后可以延长工作时间，一般每日不得超过一小时；因特殊原因需要延长工作时间的，在保障劳动者身体健康的条件下延长工作时间每日不得超过三小时，但是每月不得超过三十六小时。

第43条规定：用人单位不得违反本法规定延长劳动者的工作时间。

（二）劳动安全卫生的规定

《劳动法》第6章为"劳动安全卫生"方面的条款。其主要内容如下。

1. 用人单位在职业安全卫生方面的权利和义务

《劳动法》第52条规定：用人单位必须建立、健全劳动安全卫生制度，严格执行国家劳动安全卫生规程和标准，对劳动者进行劳动安全卫生教育，防止劳动过程中的事故，减少职业危害。

第54条规定：用人单位必须为劳动者提供符合国家规定的劳动安全卫生条件和必要的劳动防护用品，对从事有职业危害作业的劳动者应当定期进行健康检查。

"用人单位"是指中国境内的企业、个体经济组织。劳动者与国家机关、事业组织、社会团体建立劳动合同关系时，国家机关、事业组织和社会团体也可视为用人单位。"劳动安全卫生制度"主要指安全生产责任制、安全技术措施计划制度、安全生产教育制度、安全卫生检查制度、伤亡事故职业病统计报告和处理制度等。"劳动安全卫生规程和标准"是指关于消除、限制或预防劳动过程中的危险和危害因素，保护职工安全与健康，保障设备、生产正常运行而制定的统一规定。劳动安全卫生标准共分三级，即国家标准、行业标准和地方标准。"国家规定"主要指《工厂安全卫生规程》、《建筑安装工程安全技术规程》、《工业企业设计卫生标准》及一些国家标准,如《工业企业厂内运输安全规程》等。要求企业提供的劳动安全卫生条件,主要包括工作场所和生产设备。工作场所的光线应当充足,噪声、有毒有害气体和粉尘浓度不得超过国家规定的标准,建筑施工、易燃易爆和有毒有害等危险作业场所应当设置相应的防护设施、报警装置、通讯装置、安全标志等。对危险性大的生产设备设施,如锅炉、压力容器、起重机械、电梯、企业内机动车辆、客运架空索道等,必须经过安全评价认可,取得劳动部门颁发的安全使用许可证后,方可投入运行。企业提供的劳动防护用品,必须是经过政府劳动部门安全认证合格的劳动防护用品。对从事有毒、有害作业人员应定期进行身体健康检查。

2. 劳动安全卫生设施和"三同时"制度

《劳动法》第53条规定:劳动安全卫生设施必须符合国家规定的标准。新建、改建、扩建工程的劳动安全卫生设施必须与主体工程同时设计、同时施工、同时投入生产和使用。

本条第一款规定劳动安全卫生设施的建设标准。劳动安全卫生设施是指为了防止伤亡事故和职业病的发生,而采取的消除职业危害因素的设备、装置、防护用具及其他防范技术措施的总称,主要包括劳动安全、劳动卫生设施、个体防护措施和生产性辅助设施(如女工卫生室、更衣室、饮水设施等)。"国家规定的标准"主要指劳动部门和各行业主管部门制定的一系列技术标准。本条第二款被称为"三同时",即用人单位按照劳动法律、法规的有关规范为劳动者提供安全、卫生保障以外,还应该做到安全卫生设施的"三同时",即新建、改建和扩建工程项目时,劳动安全卫生设施与主体工程同时设计、同时施工、同时投产,这是劳动安全卫生法规的一项重要内容。《矿山安全法》、《尘肺病防治条例》、1984年国务院《关于加强防尘防毒工作的决定》、1988年劳动部颁发的《关于生产性建设工程项目职业安全卫生监察的规定》和1992年颁发的《建设项目(工程)职业安全卫生设施和技术措施验收方法》对"三同时"制度作了具体规定。

3. 特种作业的上岗要求

《劳动法》第55条规定:从事特种作业的劳动者必须经过专门

培训并取得特种作业资格。

4. 劳动者在安全卫生中的权利和义务

《劳动法》第56条规定：劳动者在劳动过程中必须严格遵守安全操作规程。劳动者对用人单位管理人员违章指挥、强令冒险作业，有权拒绝执行；对危害生命安全和身体健康的行为，有权提出批评、检举和控告。

该规定明确了劳动者在劳动安全卫生方面享有的权利和承担的义务。即劳动者依法享有劳动保护权，可以拒绝违章指挥和冒险作业；女职工依法享有特殊保护的权利；对危害生命安全和身体健康的行为，有权提出批评、检举和控告。劳动者负有遵守劳动纪律，执行劳动安全卫生法规的义务；负有及时报告劳动过程中险情的义务；负有接受安全卫生教育的义务。

（三）女职工和未成年工的特殊保护的规定

《劳动法》第七章为"女职工和未成年工的特殊保护"方面的条款。其主要内容如下。

第58条规定：国家对女职工和未成年工实行特殊劳动保护。未成年工是指年满十六周岁未满十八周岁的劳动者。

第59条规定：禁止安排女职工从事矿山井下、国家规定的第四级体力劳动强度的劳动和其他禁忌从事的劳动。

第60条规定：不得安排女职工在经期从事高处、低温、冷水作业和国家规定的第三级体力劳动强度的劳动。

第61条规定：不得安排女职工在怀孕期间从事国家规定的第三级体力劳动强度的劳动和孕期禁忌从事的劳动。对怀孕七个月以上的女职工，不得安排其延长工作时间和夜班劳动。

第62条规定：女职工生育享受不少于九十天的产假。

第63条规定：不得安排女职工在哺乳未满一周岁的婴儿期间从事国家规定的第三级体力劳动强度的劳动和哺乳期禁忌从事的其他劳动，不得安排其延长工作时间和夜班劳动。

第64条规定：不得安排未成年工从事矿山井下、有毒有害、国家规定的第四级体力劳动强度的劳动和其他禁忌从事的劳动。

第65条规定：用人单位应当对未成年工定期进行健康检查。

四、中华人民共和国职业病防治法

2001年10月27日第九届全国人民代表大会常务委员会第二十四次会议通过《中华人民共和国职业病防治法》（简称《职业病防治法》），该法共7章79条。由于产生职业危害的因素种类很多，导致职业病的范围较广，职业病的类别较多，不同类别的职业病对劳动者产生的危害差异较大，对各类职业病的防治也不同，不可能把所有职业病的防治都纳入本法的调整范围。根据我国的经济发展水平，并参考国际通行做法，当务之急是严格控制对劳动者身体健康危害最大的几类职业病的发生。因此，本法的调整范围限定于企业、事故单位和个体经济组织（以下统称用人单位）的劳动者在工作或者其他职业活动中，因接触粉尘、放射性物质和有毒、有害物质等职业危害因素而引起的职业病，同时，规定职业病的分类和目录由国务院卫生行政部门会同国务院劳动保障行政部门规定、调整并公布。本法的主要内容如下。

（一）职业病防治工作的基本方针和基本管理原则的规定

我国职业病防治工作的基本方针是"预防为主，防治结合"。职业病一旦发生，很难治愈，所以职业病防治工作应当从致病源头抓起，采取前期预防。同时，在劳动过程中需要加强防护与管理，产生职业病后需要及时治疗，并对职业病病人给予相应的保障，做到全过程的监督管理。

职业病防治工作的基本管理原则是"分类管理、综合治理"。由于造成职业病的危害因素有多种，其造成的职业病的危害程度也不相同，其管理需要区别不同情况进行，只有这样才能达到本法的立法目的。职业病的管理除了监督管理部门的监督管理之外，还需要用人单位、劳动者和其他相关单位人员都应履行自己的法定义务。需要各方面的人员和单位认真重视，只有这样才能达到本法的立法目的。

（二）职业病的前期预防

本法在总结我国20世纪50年代初期以来所作规定执行经验的基础上，借鉴国际上的通行做法，从可能产生职业危害的新建、改建、扩建项目（以下统称建设项目）的"源头"实施管理，规定了预评价制度。

① 在建设项目可行性论证阶段，建设单位应当对可能产生的职业危害因素及其对工作场所和人员的影响进行职业危害预评价，并经卫生行政部门审核。

② 建设项目的职业卫生防护设施，应当与主体工程同时设计、同时施工、同时运行或者使用；竣工验收前，建设单位应当进行职业危害控制效果评价。

这样规定，主要是为了避免不符合职业卫生要求的项目盲目上马，再走"先危害后治理"的老路，从源头管起，从根本上控制或者消除职业危害。

（三）劳动过程中的防护与管理

防治职业病，用人单位是关键。用人单位应当采取有效的防治措施，建立、健全有关制度。本法对劳动过程中的防护与管理，作了以下具体规定。

（1）为了保护劳动者健康，加强对有毒、有害物质和放射性物质等主要职业危害因素所致职业病的预防和控制，需要对特殊职业危害工作场所实行有别于一般职业危害工作场所的管理。为此，本法规定：对可能发生急性职业损伤的有毒、有害工作场所，用人单位应当设置报警装置，配置现场急救用品、冲洗设备、应急撤离通道和必要的泄险区；对放射工作场所和放射性同位素的运输、储存，用人单位应当配置防护设备和报警装置，保证接触放射线的工作人员佩戴个人剂量计。

（2）为了确保用人单位及时掌握本单位职业危害因素及职业卫生状况并及时采取改进措施，保护劳动者健康，本法规定：①用人单位应当实施由专人负责的职业病危害因素日常监测并确保监测系统处于正常运行状态。②用人单位应当定期对工作场所进行职业危害检测、评价。③发现工作场所职业危害因素不符合国家职业卫生标准和卫生要求时，应当立即停止存在职业危害因素的作业，并采取相应补救措施；职业危害因素符合国家职业卫生标准和卫生要求后，方可重新开工。

（3）针对一些中小企业在生产过程中使用某些产生职业危害的

设备、危险化学品、放射性同位素、含放射性物质的原材料，而没有警示标识和中文警示说明，没有说明书或者没有中文说明书，劳动者在不知情的情况下缺乏防范意识，造成健康损害的情况，本法规定：生产、经营、进口可能产生职业危害因素的设备、危险化学品、放射性同位素、含放射性物质原材料的，应当提供中文说明书，说明书中应当载明与职业危害相关的事项和职业卫生防护、应急救治等措施，并在醒目位置标明警示标识和中文警示说明。

（4）针对在经济活动中转移产生职业危害作业的现象，本法对转移产生职业危害作业的双方作了限制性规定：任何单位和个人不得将产生职业危害的作业转移给不具备职业卫生防护条件的单位和个人。不具备职业卫生防护条件的单位和个人，不得接受产生职业危害的作业。

（5）针对一些用人单位存在隐瞒工作场所职业危害事实，不告知劳动者危害真相，对从事有害作业的劳动者不提供有效的职业卫生防护条件，导致职业危害发生的情况，本法规定：①产生职业危害的用人单位，应当在醒目位置设置公告栏，公布与职业病防治有关的事项；②用人单位应当在产生严重职业危害的作业岗位的醒目位置，设置警示标识和中文警示说明；③用人单位与劳动者订立劳动合同时，应当在合同中写明可能存在的职业危害危险。劳动者因调换岗位或者工作内容改变而从事合同中未事先告知的存在职业危害、危险的作业时，用人单位应当告知劳动者有关职业危害、职业卫生防护措施和待遇等内容，并协商变更原劳动合同相关条款。

（6）为了防止用人单位安排有职业禁忌的劳动者从事所禁忌的作业，做到早期发现、早期诊断、早期治疗职业性健康损害和职业病病人，并通过建立职工健康档案，明确劳动者的职业史和职业危害接触史，为了解劳动者健康状况、指导劳动者选择职业、解决纠纷提供依据，本法规定：①用人单位应当组织从事接触职业危害作业的劳动者进行上岗前、在岗期间和离岗时职业健康检查。②用人单位不得安排未经上岗前职业健康检查的劳动者从事接触职业危害的作业；不得安排有职业禁忌的劳动者从事其所禁忌的作业；对在定期职业健康检查中发现有与所从事的职业相关的健康损害的劳动者，应当调离原工作岗位，并妥善安置；不得解除或者终止与未进行离岗前职业健康检查的劳动者订立的劳动合同。③用人单位应当为劳动者建立职业健康监护档案，并按照规定期限妥善保存。

此外，本法还对劳动者应当享有的职业卫生保护的权利、履行的义务以及工会组织在职业病防治工作中的地位和作用作了相应的规定。

五、中华人民共和国消防法

1998年4月29日，第九届全国人民代表大会常务委员会第二次会议通过《中华人民共和国消防法》[简称《消防法》]。2008年10月28日第十一届全国人民代表大会常务委员会第五次会议对《消防法》做了修订，并自2009年5月1日起开始实行。该法对火灾预防、消防组织、灭火救援、监督检查、法律责任作出详细规定，共有7章74条，主要内容如下。

规定国务院公安消防部门对全国的消防工作实施监督管理，各级人民政府应当组织开展经常性的消防宣传教育，提高公民的消防安全意识。机关、团体、企业、事业等单位，应当加强对本单位人员的消防宣传教育。教育、人力资源行政主管部门和学校、有关职业培训机构应当将消防知识纳入教育、教学、培训的内容。

（一）火灾预防方面的规定

按照国家工程建设消防技术标准需要进行消防设计的建设工程，建设单位应当自依法取得施工许可之日起七个工作日内，将消防设计文件报公安机关消防机构备案。国务院公安部门规定的大型的人员密集场所和其他特殊建设工程，建设单位应当将消防设计文件报送公安机关消防机构审核。建设工程竣工，依照规定进行消防验收、备案，未经消防验收或者消防验收不合格的，禁止投入使用；其他建设工程经依法抽查不合格的，应当停止使用。

对于机关、团体、企业、事业等单位规定下列消防安全职责：

① 落实消防安全责任制，制订本单位的消防安全制度、消防安全操作规程，制订灭火和应急疏散预案；

② 按照国家标准、行业标准配置消防设施、器材，设置消防

安全标志，并定期组织检验、维修，确保完好有效；

③ 对建筑消防设施每年至少进行一次全面检测，确保完好有效，检测记录应当完整准确，存档备查；

④ 保障疏散通道、安全出口、消防车通道畅通，保证防火防烟分区、防火间距符合消防技术标准；

⑤ 组织防火检查，及时消除火灾隐患；

⑥ 组织进行有针对性的消防演练；

⑦ 法律、法规规定的其他消防安全职责。

单位的主要负责人是本单位的消防安全责任人。

对于消防安全重点单位除应当履行上述职责外，还应当履行下列消防安全职责：

① 确定消防安全管理人，组织实施本单位的消防安全管理工作；

② 建立消防档案，确定消防安全重点部位，设置防火标志，实行严格管理；

③ 实行每日防火巡查，并建立巡查记录；

④ 对职工进行岗前消防安全培训，定期组织消防安全培训和消防演练。

（二）在消防组织上的规定

下列单位应当建立单位专职消防队，承担本单位的火灾扑救工作：

① 大型核设施单位、大型发电厂、民用机场、主要港口；

② 生产、储存易燃易爆危险品的大型企业；

③ 储备可燃的重要物资的大型仓库、基地；

④ 第①项、第②项、第③项规定以外的火灾危险性较大、距离公安消防队较远的其他大型企业；

⑤ 距离公安消防队较远、被列为全国重点文物保护单位的古建筑群的管理单位。

六、中华人民共和国工会法

新修订的《中华人民共和国工会法》（简称《工会法》）对各级工会在安全生产工作中监督的权利和义务作了规定。

第22条 企业、事业单位违反劳动法律、法规规定,有下列侵犯职业劳动权益情形,工会应当代表职工与企业、事业单位交涉,要求企业、事业单位采取措施予以改正;企业、事业单位应当予以研究处理,并向工会作出答复;企业、事业单位拒不改正的,工会可以请求当地人民政府依法作出处理:

① 克扣职工工资的;
② 不提供劳动安全卫生条件的;
③ 随意延长劳动时间的;
④ 侵犯女职工和未成年工特殊权益的;
⑤ 其他严重侵犯职工劳动权益的。

第23条 工会依照国家规定对新建、扩建企业和技术改造工程中的劳动条件和安全卫生设施与主体工程同时设计、同时施工、同时投产使用进行监督。对工会提出的意见,企业或者主管部门应当认真处理,并将处理结果书面通知工会。

第24条 工会发现企业违章指挥、强令工人冒险作业,或者生产过程中发现有明显重大事故隐患和职业危害,有权提出解决的建议,企业应当及时研究答复;发现危及职工生命安全的情况时,工会有权向企业建议组织职工撤离危险现场,企业必须及时作出处理决定。

第26条 职工因工伤亡事故和其他严重危害职工健康调查处理,必须有工会参加。工会应当向有关部门提出处理意见,并有权要求追究直接负责的主管人员和有关责任人员的责任。对工会提出的意见,应当及时研究,给予答复。

第30条 工会协助企业、事业单位、机关办好职工集体福利事业,做好工资、劳动安全卫生和社会保险工作。

第33条 国家机关在组织起草或者修改直接涉及职工切身利益的法律、法规、规章时,应当听取工会意见。

七、危险化学品安全管理条例

《危险化学品安全管理条例》经2002年1月9日国务院第52次常务会议通过,由国务院第344号令公布施行。并于2011年2月16日国务院第144次常务会议修订通过,修订后的《危险化学品安全管理条例》自 2011 年 12 月 1 日起施行。

《危险化学品安全管理条例》由 7 章 102 条组成，分别为：第一章总则，共 10 条；第二章生产、储存安全，共 17 条；第三章使用安全，共 5 条；第四章经营安全，共 10 条；第五章运输安全，共 23 条；第六章危险化学品登记与事故应急救援，共 9 条；第七章法律责任，共 22 条；附则，共 6 条。《危险化学品安全管理条例》是对危险化学品的整个生命周期进行规范和管理。

八、特种设备安全监察条例

《特种设备安全监察条例》经 2003 年 2 月 19 日国务院第 68 次常务会议通过，由国务院第 373 号令公布施行。并于 2009 年 1 月 14 日国务院第 46 次常务会议签署修订，修订后的《特种设备安全监察条例》自 2009 年 5 月 1 日起施行。

《特种设备安全监察条例》共分 8 章 103 条。第一章总则，第二章特种设备的生产，第三章特种设备的使用，第四章检验检测，第五章监督检查，第六章事故预防和调查处理，第七章法律责任，第八章附则。

九、工伤保险条例

2003 年 4 月 27 日，国务院令第 375 号公布《工伤保险条例》，自 2004 年 1 月 1 日起施行。

2010 年 12 月 20 日，国务院第 586 号对《工伤保险条例》进行了修订，自 2011 年 1 月 1 日起施行。

《工伤保险条例》共分 8 章 67 条。

第三节　生产经营单位的责任

一、生产经营单位的基本义务和主要负责人的责任

（一）生产经营单位的基本义务

生产经营单位（简称"单位"）必须为确保本单位安全生产提供安全保障，履行《安全生产法》赋予它的基本义务，包括：

1. 必须遵守《安全生产法》和其他有关安全生产的法律、法规

"依法治国"是我们党确立的基本治国方略，已成为我国的宪

法原则。"有法可依、有法必依、执法必严、违法必究"是我国法治建设所要达到的目标。对安全生产管理,同样必须坚持法治的原则。《安全生产法》是有关安全生产的专门法律,确立了有关安全生产的各项基本制度,是单位在安全生产方面必须遵守的行为规范。此外,全国人大常委会还制定了《矿山安全法》、《职业病防治法》、《建筑法》等其他有关安全生产的法律;国务院也制定了若干有关安全生产的行政法规;各省、自治区、直辖市、经济特区以及法律规定和国务院批准的较大的市,也根据法律、行政法规结合本地实际情况,制定了一批有关安全生产的地方性法规。对所有这些有关安全生产的法律、法规,各单位必须严格遵照执行。违反者将被依法追究法律责任。

2. 必须加强安全生产管理

安全生产管理是企业管理的重要内容,"管生产必须管安全"。生产经营单位必须按照法律、法规和国家的有关规定结合本单位具体情况,做好安全生产的计划、组织、指挥、控制、协调等各项管理工作。要依法设置安全生产的管理机构,配备管理人员;建立健全本单位安全生产的各项规章制度并组织实施;做好对职工的安全生产教育及培训;搞好生产作业场所、设备、设施的安全管理等。在安全生产管理工作中,要特别注意尊重科学,探索和把握规律,运用安全目标管理、安全健康管理体系、安全系统分析及安全评价、事故预测、标准化作业等安全生产的现代化管理方法,更有效地做好安全生产管理工作。

3. 必须建立健全安全生产责任制度

安全生产责任制度,是指由单位主要负责人应负的安全生产责任,其他各级管理人员、技术人员和各职能部门应负的安全生产责任以及各岗位操作人员应负的本岗位安全生产责任所构成的全员安全生产责任制度。即将不同的安全生产责任分解落实到单位的每一位成员身上,使每个人都明确自己在保障安全生产方面的责任。

安全生产责任制度是单位各项安全生产规章制度的核心,是"安全第一,预防为主"方针在本单位安全生产管理工作中的具体体现,是单位最基本的安全管理制度,安全管理的基石。

生产经营单位的安全生产责任制度的核心是实现安全生产的"五同时",就是在计划、布置、监察、总结、评比生产工作的时候,同时计划、布置、检查、中介、评比安全工作。其内容大体可分为两个方面:一是纵向方面各级人员的安全生产责任制,即各类人员(从最高管理者、管理者代表到一般职工)的安全生产责任制;二是横向方面各个分部门的安全生产责任制,即各职能部门(如安全、设备、技术、生产、基建、人事、财务、设计、档案、培训、宣传等部门)的安全生产责任制。

安全生产是关系到单位全员、全层次、全过程的大事,因此,单位必须建立安全生产责任制。有了安全生产责任制,就能把安全工作从组织领导上统一起来,把"安全生产,人人有责"从制度上固定下来,从而增强各级人员的安全生产责任心,使安全管理纵向到底、横向到边,专管成片、群管成网,责任明确、协调配合,共同努力把安全工作真正落到实处,安全生产才能得到保证。

4. 必须完善安全生产条件

《安全生产法》明确规定:生产经营单位应当具备本法和有关法律、行政法规和国家标准规定的安全生产条件;不具备安全生产条件的,不得从事生产经营活动;生产经营单位不具备本法和有关法律、行政法规和国家标准规定的安全生产条件,经停产整顿仍不具备安全生产条件的,予以关闭;有关部门应当依法吊销其有关证照。据此,单位必须具备保障安全生产的各项物质条件:其作业场所和各项生产经营设施、设备、器材和职工的安全防护用品等,都必须符合保障安全生产的要求,即国家有关劳动安全卫生方面的法律、法规和标准中规定的要求。

(二) 单位主要负责人的责任

单位主要负责人对本单位的安全生产工作全面负责。目前,所谓"生产经营单位主要负责人",不同形式的单位有所不同,如法人单位的法定代表人,包括有限责任公司或股份责任公司的董事长或全面负责日常生产经营活动的总经理;非法人单位的依照法律、法规和国家其他有关规定行使职权的正职领导，如厂长、经理等。因此，《安全生产法》中主要负责人的含义，只能依据单位的性质及单位的实际情况来确定。一般而言，对单位负有全面责任、具有生产经营决策权的人，就是主要负责人。

"管生产必须管安全"、"谁主管谁负责"这是我国安全生产工作长期坚持的一项基本原则。单位主要负责人，作为单位主要领导者，对本单位生产经营活动全面负责，也必须对本单位安全生产工作全面负责。他有责任、有义务在搞好本单位生产经营活动的同时，搞好本单位的安全生产工作，认真贯彻落实"安全第一，预防为主"的安全生产方针，摆正安全与生产的关系，切实做到不安全不生产，保证生产必须安全。

单位主要负责人安全生产的具体职责如下。

1. 建立健全本单位的安全生产责任制

建立起一个完善的生产经营单位安全生产责任制，要达到如下要求。

① 建立的安全生产责任制体系一定要与生产经营单位管理体制协调一致，具有可操作性。

② 树立"安全第一"的思想，制定、落实安全生产责任制要有专门的人员与机构来保障。

③ 建立安全生产责任制要坚持责任与义务相当的原则。

④ 建立安全生产责任制的监督、检查等制度，保证安全生产责任制真正得到落实。

⑤ 建立的安全生产责任制必须依据国家安全生产方面的法律、法规而适时修订。

⑥ 各项安全生产责任制要根据单位、部门、班组、岗位的实际情况，具体、细化，操作性要强，切忌"大而空"、"花架子"。

⑦ 要建立相应的监督约束机制，特别要注意发挥广大职工的监督作用，以保证安全生产责任制的落实。

2. 组织制定本单位安全生产规章制度和操作规程

"没有规矩，不成方圆"，安全生产规章制度（简称"规章制度"）对于单位十分重要。一方面，规章制度是党和国家安全生产方针、政策、法律、法规在本单位的具体化。党和国家安全生产方针、政策、法律、法规，只有通过单位各项规章制度才能真正落实到基层，落实到每个职工。另一方面，安全生产规章制度是单位搞好安全生产、保证其正常运转的重要手段。没有建立规章制度或者规章制度不健全，安全生产工作无所遵循，就可能导致事故频繁发生，造成职工伤亡与经济损失，影响单位的经济效益，也影响单位的社会形象。从这个意义上讲，安全生产规章制度关系到单位的生存与发展。

单位的安全生产规章制度主要包括两个方面的内容：①安全生产管理方面的规章制度。②安全技术方面的管理制度。

总之，制定安全生产规章制度和操作规程是单位安全生产的一项基础性工作，是搞好单位安全生产的重要保证。因此，单位主要负责人应组织好本单位规章制度和操作规程的制定工作，并采取措施保证其有效实施。

3. 保证本单位安全生产投入（简称"安全投入"）的有效实施

生产经营单位应当具备的安全生产条件所必需的资金投入，由生产经营单位的决策机构、主要负责人或者个人投资者予以保证，并对由于安全生产所必需的资金投入不足导致的后果承担责任。

安全投入主要用于以下几个方面。

① 安全技术措施项目，如防火灭火项目、通风除尘项目、防毒项目、防噪声项目等；

② 更新安全设备、设施、器材、装备、仪器仪表等，并做好日常维护维修；

③ 本单位重大安全生产课题研究；

④ 职工安全教育与培训经费；

⑤ 配备职工劳动防护用品的经费；

⑥ 其他有关预防事故发生的安全技术措施费用等。

4. 督促、检查本单位的安全生产工作，及时消除生产事故隐患

单位主要负责人要定期召开安全生产工作会议，听取有关职能部门安全生产工作汇报。对本单位存在的主要问题及事故隐患，认真组织研究，制订切实可行的解决办法及措施，并督促有关部门限

期解决。要根据需要，经常定期或不定期组织安全生产检查。对检查中发现的安全问题及事故隐患，指定专人负责，进行分类处理；能立即解决的，立即处理解决；难以解决的，组织进行研究，限期整改，并在人、财、物方面予以保证。还要加强对事故隐患整改和安全技术措施落实情况的监督检查，发现问题，及时解决，以便尽快消除事故隐患。

5. 组织制定并实施本单位的生产事故应急救援预案

事故应急救援预案（简称"救援预案"）是一种在事故发生之前就已经预先制定好的事故救援方案。它的作用是：一旦发生事故，单位就能迅速按照救援预案中确定的方案开展救援工作，避免事故救援的盲目性。事故往往是突发的，一旦发生，人们容易慌乱，不知所措，错过救援的最佳时机，导致损失加大。如果事先制定了救援预案，就可以避免发生上述情况，能够及时、有效实施现场抢救和采取各种救援措施，最大限度地减少人员伤亡和物质损失。因此，制定救援预案，对于一个单位来说，非常重要，必不可少。

单位主要负责人应根据本单位实际情况，组织有关部门、专家和专业技术人员，认真研究本单位可能出现的事故类型，制定出符合实际、操作性强的救援预案：包括切实可行的措施，明确各单位、各人员的责任等。救援预案要发到每个职能部门、每个班组，做到人人皆知。要组织认真学习和必要的"反事故演练"，以防"纸上谈兵"。如果生产工艺或设备以及安全生产条件发生变化，要视情况对救援预案重新制定或者修订救援预案。

6. 及时、如实地报告生产事故

一旦单位发生生产事故，现场人员应当及时报告有关负责人，有关负责人应当立即报告单位主要负责人，主要负责人应当按照事故应急救援预案中的方案，迅速采取有效措施，组织抢救，防止事故扩大，减少人员伤亡及物质损失。同时按照国家有关法律、法规的规定，及时、如实向当地人民政府及其安全生产监督管理部门以对其他有关部门报告。不得隐瞒不报、谎报或者拖延不报；不得故意破坏事故现场、毁灭有关证据。否则要负法律责任。

二、生产经营单位安全生产的组织保障

(一) 安全生产管理机构的设置

1. 安全生产管理机构（简称"安全机构"）及其作用

安全机构指的是单位专门负责安全生产监督管理的内设机构，其工作人员为专职安全生产管理人员。该机构的主要作用是协助单位有关负责人落实有关安全生产的法律、法规；负责单位经常性的安全检查，并组织单位内部定期或不定期的安全检查活动；组织或者督促有关部门及时排除各种事故隐患；监督安全生产责任制的落实等。此外，还担负单位安全生产的日常管理工作。安全机构是单位安全生产的重要组织保障，各个单位都应当按照有关法律的要求进行设置。

2. 安全生产管理机构的设置

目前，我国生产经营单位安全机构的设置和安全管理人员的配备，是根据单位生产经营活动的危险性及单位规模大小等因素确定的。《安全生产法》对设置单位安全机构的主要规定如下。

① 矿山、建筑施工单位和危险物品的生产、经营、储存单位（简称"危险品单位"）以及从业人员超过300人的单位，应当设置安全生产管理机构或者配备专职安全生产管理人员。从业人员在300人以下的，可以委托具有国家规定的相关专业技术资格的工程技术人员提供安全生产管理服务。

② 矿山、建筑施工单位及危险品单位以外的其他单位，从业人员在300人以下的，应当配备专职或者兼职的安全生产管理人员。

3. 对单位主要负责人和安全生产管理人员安全资格的要求

生产经营单位的主要负责人和安全生产管理人员必须具备与本单位所从事的生产经营活动相应的安全生产知识和管理能力。危险物品的生产、经营、储存单位以及矿山、建筑施工单位的主要负责人和安全生产管理人员，应当由有关主管部门对其安全生产知识和管理能力考核后方可任职。

安全生产管理人员（包括单位中各级所有专、兼职安全生产管理人员），是单位专门负责安全生产管理的人员，是国家安全生产

方针政策、法律、法规在本单位的具体执行者；是本单位安全生产规章制度的具体落实者及监督执行者；是单位各项安全生产管理工作的实施者。他们工作责任心的强弱、安全生产知识水平的高低、管理能力的大小，对于单位安全生产工作起着重要的作用。所以，他们必须具备与本单位生产经营活动相应的安全生产知识和管理安全生产工作的能力。

4. 对单位主要负责人、安全生产管理人员及其他从业人员的培训、考核及认证

为了提高单位主要负责人、安全生产管理人员及其他从业人员的安全生产素质，促进安全生产，必须开展对其安全生产培训和必要的考核及安全资格认证工作。为此，国家安全生产监督管理局及国家煤矿安全监察局发出安监管人字〔2002〕123号文件《关于生产经营单位主要负责人、安全生产管理人员及其他从业人员安全生产培训考核工作的意见》（简称"123号文件"）中明确了：对上述三类人员的安全生产培训考核实行统一规划、分类指导、分级实施的原则，并对三类人员的培训主要内容和培训时间分别作出了具体规定。

（二）特种作业人员的安全技术培训考核

1. 对特种作业人员进行专门培训考核的重要性

特种作业是指国家主管部门认可的、容易发生伤亡事故，对操作者本人、他人及周围设施的安全可能造成重大危害的作业。直接从事特种作业的人员称为特种作业人员。

2. 特种作业人员的基本条件

① 年龄满18周岁。

② 身体健康，无妨碍从事相应工种作业的疾病和生理缺陷。

③ 初中（含初中）以上文化程度，具备相应工种的安全技术知识，参加国家规定的安全技术理论和实际操作考核并成绩合格。

④ 符合相应工种作业特点需要的其他条件。

特种作业人员必须接受与本工种相适应的、专门的安全技术培训，经安全技术理论考核和实际操作技能考核合格，取得特种作业操作证后方可上岗作业；未经培训或培训考核不合格者，不

得上岗作业。
三、生产经营单位安全生产的基础保障
（一）安全生产条件
"生产经营单位应当具备本法和有关法律、行政法规和国家标准规定的安全生产条件；不具备安全生产条件的，不得从事生产经营活动"。这实际上是生产经营单位的市场准入条件，是单位安全生产的最基本的保障。

单位要保障生产经营活动安全地进行，防止和减少生产伤亡事故的发生，必须在工艺技术、设施、设备、人员安全素质、管理制度等方面都达到国家有关法律、法规和标准规定的安全生产条件要求；否则，不得从事生产经营活动。

（二）安全生产投入
生产经营单位必须安排适当资金，用于改善和更新安全设施设备、技术装备、器材、仪器仪表以及全体必需的安全生产投入，以保证单位达到有关法律、法规、标准所规定的安全生产条件。

安全资金投入具体由谁来保证，一般来说，股份制单位、合资单位等，由董事会予以保证；一般国有单位，由厂长或者经理予以保证；个体经营单位由投资人予以保证。而且，对因安全资金投入不足导致事故等后果，上述保证人将承担法律责任。

同时，为了保证从业人员能够配备必要的劳动防护用品和接受安全生产培训，单位应当安排用于劳动防护用品和安全生产培训的经费。

（三）生产性建设项目安全设施的"三同时"
1. "三同时"的重要意义

《安全生产法》规定：生产经营单位的新建、改建、扩建工程项目的安全设施，应当与主体工程同时设计、同时施工、同时投入生产和使用，安全设施投资应当纳入建设项目概算（简称"三同时"）。在一些法律、法规，如《劳动法》、《工会法》、《职业病防治法》中都有相关规定。

生产伤亡事故的发生，很多是由于单位在建设项目的设计和施工阶段，有意或无意忽视生产的安全要求，没有考虑、配备必需的

安全设施，导致项目先天不足，存在着严重的设计性安全隐患，无法达到安全生产必需的条件。有些已经不可挽回，可能导致生产事故或职业危害、职业病；有些即使能够消险，往往需要付出更大的代价，造成人、财、物的巨大浪费。对建设项目"三同时"的要求，是单位安全生产的一种"事前"保障，对于防止和减少生产事故与职业危害、职业病，具有重要意义。

2. 实施"三同时"的基本要求

① 建设项目的设计单位在编制项目设计文件时，应同时按照有关法律、法规、标准、编制安全设施的设计文件。

② 生产经营单位在编制建设项目投资计划和财务计划时，应将安全设施所需投资一并纳入计划，同时编制。

③ 对于按照有关规定项目设计需要报经主管部门批准的建设项目，在报批时，应同时报送安全设施设计文件。

④ 生产经营单位应当要求具体从事建设项目施工的单位按照安全设施的施工图纸进行施工。

⑤ 在生产设备、系统调试阶段，应同时对安全设施进行调试，对其效果进行评价。

⑥ 建设项目验收时，应同时对安全设施进行验收。

⑦ 安全设施应与主体工程同时投入生产及使用。

3. "三同时"论证、预评价、审查及验收

为了保证"三同时"原则的落实，《安全生产法》中还对建设项目的责任方（人）、部分建设项目安全条件论证、预评价、审查及验收等作了规定：矿山建设项目和用于生产、储存危险物品的建设项目，应当分别按照国家有关规定进行安全条件论证和安全评价；建设项目安全设施的设计人、设计单位应当对安全设施设计负责；矿山建设项目和用于生产、储存危险物品的建设项目的施工单位必须按照批准的安全设施设计施工，并对安全设施的工程质量负责。矿山建设项目和用于生产、储存危险物品的建设项目竣工投入生产和使用前，必须依照有关法律、行政法规的规定对安全设施进行验收；验收合格后，方可投入生产和使用。验收部门及验收人员对验收结果负责。

(四) 劳动防护用品

1. 生产经营单位的责任

《安全生产法》规定：生产经营单位必须为从业人员提供符合国家标准和行业标准的劳动防护用品，并监督、教育从业人员按照使用规则佩戴、使用。

劳动防护用品，是保护员工在劳动过程中的安全和健康所必需的一种预防性装备。

在生产经营活动过程中各种有害因素及物质造成尘、毒、噪声、强磁、辐射、触电、静电感应、爆炸、烧烫、冻伤、淹溺、腐蚀、打击、坠落、绞碾和刺割等对人体的急、慢性危害或工伤事故，严重的甚至危及生命。为了预防上述伤害，保证从业人员的安全，采取各种安全工程技术措施改善劳动条件、消除危害源是根本性的措施。但是，由于技术和经济等方面的原因，不能从工程技术等方面来改善生产作业条件，防止伤亡事故，职业病和职业中毒发生的时候，佩戴和使用劳动防护用品，就成为一种必要的预防性措施，构成了保护劳动者的最后一道防线。改革开放以来，我国虽然在安全生产方面做了大量的工作，但在安全生产方面的投入还存在不足，防护的手段还处于比较低的水平，因此，为从业人员配备劳动防护用品并督促、教育他们正确使用，仍然是目前大多数生产经营单位所必须采取的措施之一。

按照规定，单位必须为从业人员免费提供符合国家标准或者行业标准的劳动防护用品。不得提供不符合标准或者超过使用期限甚至应当报废的劳动防护用品，也不得以货币或者其他物品代替劳动防护用品。用人单位应建立健全劳动防护用品的购买、验收、保管、发放、使用、更换和报废等管理制度，保证劳动防护用品质量和正确使用，保障劳动者的安全与健康。

2. 劳动防护用品的分类及其选购、选用

（1）劳动防护用品的分类　劳动防护用品种类很多，从劳动卫生学角度，通常按防护部位分类。

① 头部防护用品。头部防护用品是为防御头部不受外来物体打击和其他因素危害配备的个人防护装备。根据防护功能要求，主

要有一般防护帽、防尘帽、防水帽、安全帽、防寒帽、防静电帽、防高温帽、防电磁辐射帽、防昆虫帽等九类产品。

② 呼吸器官防护用品。呼吸器官防护用品是为了防御有害气体、蒸汽、粉尘、烟、雾等有害物质的呼吸道吸入，或直接向使用者供氧或清净空气，保证尘、毒污染或缺氧环境中作业人员能正常呼吸的防护用具。

呼吸器官防护用品按防护功能主要分为防尘口罩和防毒口罩（面具），按类型又可分为过滤式和隔离式两类。

③ 眼面部防护用品。预防烟雾、尘粒、金属火花和飞屑、热、电磁辐射、激光、化学试剂飞溅等伤害眼睛或面部的个人防护用品称为眼面部防护用品。眼面部防护用品种类很多，根据防护功能，大致可分为防尘、防水、防冲击、防高温、防电磁辐射、防射线、防化学飞溅、防风沙、防强光九类。

目前，我国生产和使用比较普遍的有三种类型，即焊接护目镜和面罩、炉窑护目镜和面罩以及防冲击眼护具。

④ 听觉器官防护用品。预防由噪声对人产生听觉影响的个体防护用品，称为听觉器官防护用品。听觉器官防护用品主要有耳塞、耳罩和防噪声头盔三大类。

⑤ 手部防护用品。具有保护手和手臂的功能，供作业者劳动时戴用的手套称为手部的防护用品，通常又称作劳动防护手套。

手部防护用品按照防护功能分为十二类，即一般防护手套、防水手套、防寒手套、防毒手套、防静电手套、防高温手套、防 X 射线手套、防酸碱手套、防油手套、防振手套、防切割手套、绝缘手套。每类手套按照材料又能分为许多种。

⑥ 足部防护用品。足部防护用品是防止生产过程中有害物质和能量损伤劳动者足部的护具，通常称为劳动防护鞋。

足部防护用品按照防护功能分为防尘鞋、防水鞋、防寒鞋、防足趾鞋、防静电鞋、防高温鞋、防酸碱鞋、防油鞋、防烫脚鞋、防滑鞋、防刺穿鞋、电绝缘鞋、防振鞋等十三类。每类鞋根据材质不同又能分为许多种。

⑦ 躯干防护用品。躯干防护用品就是通常讲的防护服。根据

防护功能，防护服分为一般防护服、防水服、防寒服、防砸背心、防毒服、阻燃服、防静电服、防高温服、防电磁辐射服、耐酸碱服、防油服、水上救生衣、防昆虫服、防风沙服等十四类产品，每一类产品又可根据具体防护要求或材料分为不同品种。

⑧ 护肤用品。护肤用品用于防止皮肤（主要是面、手等外露部分）免受化学、物理等因素的危害。按照防护功能，护肤用品分为防毒、防腐、防射线、防油漆及其他类。

⑨ 防坠落用品。防坠落用品是防止人体从高处坠落，通过绳带将高处作业者的身体系接于固定物体上或在作业场所的边沿下方张网，以防不慎坠落，这类用品主要有安全带和安全网两种。

安全带按使用方式，分为围杆安全带和悬挂、攀登安全带两类。

安全网是应用于高处作业场所边侧立装或下方平张的防坠落用品，用于防止和挡住人和物体坠落，使操作人员避免或减轻伤害的集体防护用品。根据安装形式和目的，安全网分为立网和平网。

(2) 劳动防护用品的选用原则与正确选购　劳动防护用品的门类品种繁多，涉及面广，正确选用是保证劳动者的安全与健康的前提。我国已颁布了《劳动防护用品选用的规则》国家标准（GB 11651—89），为选用劳动防护用品提供了依据。

为了保证劳动防护用品质量，我国特种劳动防护用品实行三证制度，即生产许可证、安全鉴定证和产品合格证。生产特种劳动防护用品的企业除了应具有生产许可证外，应按照产品所依据的标准对产品进行自检，并出具产品合格证。特种劳动防护用品在出厂前应接受地方劳动防护用品质量监督检验机构的抽检，检验机构按批量配给安全鉴定证。目前，我国特种劳动防护用品已对安全帽、过滤防毒面具面罩、过滤式防毒面具滤毒罐、安全带、电焊面罩、电焊护目镜、防静电导电安全鞋、防尘口罩、护足趾安全鞋（靴）、阻燃防护服、安全网、防冲击眼护具、胶面防砸安全靴、防酸服、防静电服、耐酸碱鞋、防刺穿鞋、绝缘皮鞋、低压绝缘鞋等 19 种产品实行生产许可证制度。这些产品没有许可证不得生产，而且必须在产品上贴有"安全鉴定证"。当选购时应查问是否有"产品合格证"和"安全鉴定证",如没有则不能选用。

四、生产经营单位安全生产的管理保障

(一)设备的安全管理

1. 安全设备的管理

安全设备是用于保证生产经营活动正常进行,防止事故发生,保障职工人身安全与健康的所有设备的总称。由于安全设备关系到人身安全与健康,因此国家的法律、法规对这类设备作出了严格的规定。从设计、制造、安装、使用、检测、维修、改造直到报废,都制定了国家标准或者行业标准。而且,在《安全生产法》中规定:安全设备的设计、制造、安装、使用、检测、维修、改造直到报废,应当符合国家标准或者行业标准。

① 生产安全设备单位(简称"生产单位")的责任。我国法律第一次规定:生产安全设备的单位也有保障使用安全设备单位安全生产的责任。生产单位要保证安全设备的设计、制造符合标准,生产出合格的安全设备。如果由于安全设备的设计和制造不符合标准,导致事故发生,将追究生产单位的法律责任。

② 使用安全设备的生产经营单位(简称"使用单位")的责任。使用单位要做到安全设备的安装、使用、检测、维修、改造直到报废,每一个环节都按照标准的规定要求进行,严禁违章操作。

安全设备的正常运行是使用单位安全生产的重要保障。为此,《安全生产法》规定:生产经营单位保证对安全设备进行经常性维护、保养,并定期检测,保证正常运转。维护、保养、检测应当做好记录,并由有关人员签字。

使用单位要对安全设备进行经常性维护、保养,并定期检测,是安全设备正常运行的保证。由于一般安全设备的技术含量较高,专业性较强,国家对安全设备检测的单位实行资格审查。使用单位应当指定专门人员定期对安全设备进行维护、保养,并定期请有检测资格的单位进行检测。

为加强对安全设备的管理,应当做好维护、保养、检测记录,并由有关人员签字。这是落实安全生产责任制,避免流于形式"走过场"、弄虚作假,保证维护、保养、检测效果的措施,也是事故发生以后，分析事故原因与责任的依据。

2. 淘汰严重危及生产安全的工艺和设备

改革开放以来，我国各种经济成分并存，非公有制企业快速发展，其中相当数量是小型企业，如小煤矿、小工厂、小运输（公路、水路）等，它们大多数使用的是落后工艺、落后设备，有些是国有企业淘汰的报废工艺和设备。这些工艺和设备成为事故隐患——好似一颗颗"地雷"，随时都可能爆炸，严重危及单位的安全生产。为此，《安全生产法》明确规定："国家对严重危及生产安全的工艺和设备实行淘汰制度。生产经营单位不得使用国家明令淘汰、禁止使用的、危及生产安全的工艺、设备。"对此规定，所有单位应严格遵守，否则，将负法律责任。

（二）危险物品的安全管理

危险物品是指易燃易爆物品、危险化学品、放射性物品等可能危及人身安全和环境安全的物品。这些物品的危险性较大，容易发生事故，导致严重后果。对于危险物品的安全管理，《固体废物污染环境防治法》、《危险化学品安全管理条例》以及其他有关法规、规章、标准都作出了严格具体的规定。作为保障单位安全生产的一项重要内容，《安全生产法》规定："生产、经营、运输、储存、使用危险物品或者处置废弃危险物品的，由有关主管部门依照有关法律、法规和国家标准或者行业标准审批并实施监督管理。生产、经营、运输、储存、使用危险物品或者处置废弃危险物品的，必须执行有关法律、法规和国家标准或者行业标准，建立专门的安全生产管理制度，采取可靠的安全措施，接受有关主管部门依法实施的监督管理。"

另外，针对我国一些小企业现存的车间、仓库、宿舍"三合一"现象，为了切实保障从业人员的安全与健康，防止和减少事故的发生，减少人员与财产损失。《安全生产法》还规定："生产、经营、使用、储存危险物品的车间、商店、仓库不得与员工宿舍在同一座建筑物内，并应与员工宿舍保持安全距离。"

（三）重大危险源的安全管理

顾名思义，"重大危险源"是可能导致重大、恶性事故的隐患。

为了预防重大、特大事故的发生，降低事故损失，必须建立有效的重大危险源辨识与控制机制，加强对重大危险源的安全管理。为此，《安全生产法》规定："生产经营单位对重大危险源应当建档，进行定期检测、评估、监控，并制定应急预案，告知从业人员和相关人员在紧急情况下应当采取的应急措施。生产经营单位应当按照国家有关规定将本单位重大危险源及有关安全措施、应急措施报有关地方人民政府负责安全生产监督管理的部门和有关部门备案。"

① 单位首先应当按照有关法律、法规、标准，对本单位所辖范围内的重大危险源，按照不同层次，进行分析、辨识，逐一登记、建档。这是重大危险源安全管理的基础性工作，是预防事故的第一步。国家标准《重大危险源辨识》（GB 18218—2000）是辨识重大危险源的重要依据。

② 单位应当对重大危险源定期进行严格的检测、评估及监控。重大危险源是处于变化之中的，应当按照规定，定期进行检测，掌握其动态变化情况。如果发现其处于不安全状态，应当及时采取有效的治理措施，排除事故隐患，保证重大危险源处于安全的和可控制的状态。一般危险源由三个要素构成：潜在危险性、存在条件和触发条件。潜在危险性是指一旦发生事故，可能带来的危害程度或者损失大小；存在条件是指危险源所处的约束存在状态（即保持不发生事故的状态）；触发条件不属于危险源的固有属性，而是危险源转化为事故的外部原因。几乎每一类危险源都有相应的敏感触发因素（如火对于易燃物品等）。在触发条件作用下，危险源转化为事故。从这个角度来说，所谓对重大危险源的检测、评估、监控，就是对这三个要素之间关系的检测、评估、监控，而其中的要点是防止它们的相互作用。

③ 单位要制定应急预案，并告知从业人员和相关人员在紧急情况下应当采取的应急措施。一般重大危险源引发的事故大多损失严重。因此，制定事故应急预案，其目的是为了一旦事故发生之时，能够及时、有效地进行救援，最大限度地减少人、财、物的损失。为此，单位应认真制定事故应急预案，并定期检验和评估其有效程度，随情况变化作必要的修订。同时，要通过安全教育、培训

等方式，把有关应急救援知识及时告知从业人员和相关人员，以便他们在紧急情况下采取应急措施，进行自救。

④ 单位必须将本单位重大危险源及有关安全措施报告有关地方人民政府的安全生产监督管理部门和有关部门，以便政府及其有关部门能够及时掌握情况。一旦发生事故，政府及其有关部门可以调动有关力量进行救援，以减少事故损失。

（四）安全警示标志的管理

在有危险因素的生产经营场所和危险设施、设备上，设置安全警示标志，及时提醒从业人员和其他人员注意危险，防止发生事故，是一项保障单位安全生产的较为简便而有效的措施。《安全生产法》规定："生产经营单位应当在较大危险因素的生产经营场所和有关设施、设备上，设置明显的安全警示标志。"所谓"较大危险因素"，由单位根据本单位的性质和具体情况确定。安全警示标志的制作和设置要严格遵守国家法规和标准的规定要求。标志必须明显，否则起不到应有的作用。

（五）现场安全检查

1. 法律对现场安全检查的规定

《安全生产法》规定：生产经营单位的安全管理人员应当根据本单位的生产经营特点，对安全状况进行经常性检查；对检查中发现的安全问题，应当立即处理；不能处理的，应当及时报告本单位的有关负责人。检查及处理情况应当记录在案。

所谓现场安全检查，又称安全生产检查或安全检查，是生产经营单位根据生产特点，对生产过程中的安全生产状况进行经常性、定期性、监督性的管理活动，也是促使单位在整个生产活动的过程中，贯彻落实国家安全生产方针，执行相关法律、法规及标准、规范等，按章作业、依制度办事，实施对安全生产管理的一种行之有效的方法。

2. 现场安全检查的简要介绍

（1）安全检查的内容及频次　不同的行业、不同的企业，由于其在原材料、生产活动特点、生产工艺过程、作业环境条件等诸方面的差异，生产过程中存在的危险危害因素差别较大，安全工作的难易程度和具体内容也有很大不同，因此，安全检查的具体内容自然相差悬殊。但概括起来都不外乎以下六个方面，即查思想、查领导、查现场、查隐患、查制度、查管理。查思想就是检查企业的广大干部职工的安全意识，尤其是领导干部对安全生产工作的重视程度，看是否把安全工作放在了重要位置；查领导，主要是检查领导是否履行了其安全职责；查现场，主要是看各种安全生产规章制度是否被执行、落实，各级人员的职责是否得到履行；查隐患，是检查现场是否还存在对安全生产产生影响的各种不安全行为和不安全状态，并采取措施加以整改；查制度，主要是检查企业是否建立健全了贯彻落实国家安全生产法律、法规、规程、规章、标准等各项安全生产制度；查管理，主要是检查企业是否采取了适应的管理方法，是否建立健全了相关安全管理机构，配备了相应的管理人员等。

安全检查的频次因实施检查的主体不同而有所差别。一般来说，班组级的安全检查是日常性的，每天都要进行安全巡查。车间（项目、部门）的检查是每周进行一次。厂、矿、公司级的安全检查一般每月要组织一次。此外，不同的行业还会在不同的季节、重大的节日前、汛前等，实施一些有针对性的专项检查。

(2) 安全检查分类

① 定期安全检查。

② 专业（项）安全检查。

③ 经常性安全检查。

④ 季节性及节假日前安全检查。

(3) 安全检查的方法

① 常规检查。常规检查是常见的一种检查方法。通常是由安全管理人员作为检查工作的主体，到作业场所和现场，通过感官或辅助一定的简单工具、仪表等，对作业人员的行为、作业场所的环境条件、生产设备设施等进行的定性检查。安全检查人员通过这一手段，及时发现现场存在的安全隐患并采取措施予以消除，纠正施工人员的不安全行为。

这种方法完全依靠安全检查人员的经验和能力，检查的结果直接受安全检查人员个人素质的影响。因此，对安全检查人员要求较高，一般应具备下列条件：a. 具备一定的专业知识和学历水平；b. 从事相关生产工作若干年以上，具有一定的实践经验，熟悉现场生产系统、工艺过程、机具设备情况、劳动组织、作业方式和方法等；c. 较熟练地掌握安全法律、法规、技术规程和标准的规定；d. 有一定的灾害防治技能，遇事能拿出解决问题的办法和措施。

② 安全检查表。在常规检查中，由于安全检查人员个体间能力的差异，对同一检查对象的检查深度、广度可能差别很大，检查的随意性也很大。为使检查工作更加规范，使个人的行为对检查结果的影响减少到最小，常采用安全检查表法。目前，安全检查表已经成为各国安全生产管理及安全评价的一个常用工具。

③ 仪器检查。常规检查法和安全检查表法虽然是常用的检查方法，有很好的效果，但它也有明显的不足。由于人眼和其他感觉器官无法得到机器、设备内部的缺陷及作业环境条件的真实信息或定量数据，这时只能通过仪器检查法来进行定量化的检验与测量，才能发现安全隐患，从而为后续整改提供信息。

(4) 安全检查的工作程序　安全检查工作一般包括以下几个步骤。

① 安全检查准备。安全检查准备的内容包括以下几条。

a. 确定检查对象，明确检查目的、任务。

b. 查阅、掌握有关法规、标准、规程的要求。

c. 了解检查对象的工艺流程、生产情况、可能出危险危害的情况。

d. 制订检查计划，安排检查内容、方法、步骤。

e. 编写安全检查表或检查提纲。

f. 准备必要的检测工具、仪器、书写表格或记录本。

g. 挑选和训练检查人员，并进行必要的分工等。

② 实施安全检查。实施安全检查就是通过访谈、查阅文件和记录、现场观察、仪器测量的方式获取信息。

a. 访谈，与有关人员谈话来了解相关部门、岗位执行规章制度的情况。

b. 查阅文件和记录,看设计文件、作业规程、安全措施、责任制度、操作规程等是否齐全,是否有效;查阅相应记录,判断上述文件是否执行。

c. 现场观察,即到作业现场寻找不安全因素、事故隐患、事故征兆等。

d. 仪器测量,是利用一定的检测检验仪器设备,对正在使用的设施、设备、器材状况及作业环境条件等进行测量,以发现隐患。

③ 通过分析作出判断。掌握情况(获得信息)之后,就要进行分析、判断和检验。既可凭经验、技能来分析、判断,作出结论,又可通过分析、判断并结合仪器、检验作出结论。有了正确的结论,才能客观地发现存在的问题,从而为进一步采取措施提供基础。

④ 及时作出决定进行处理。有了判断,就要及时作出处理决定。针对存在的问题采取相应安全措施,保障安全生产。根据掌握的情况,分析的结论,作出采取措施的决定,即通过下达隐患整改意见和要求,并要求进行信息的反馈。

⑤ 通过复查整改落实情况,获得整改效果的信息,以实现安全检查工作的闭环。

以上程序,就是常说的安全检查工作发现问题、分析问题、整改问题、落实效果的过程方法。对于这一过程总的要求是:获取的信息要客观真实,分析、判断所发现的问题要准确,对问题的处理要及时正确,反馈快速。

第四节 安全生产责任追究

安全生产责任追究是指因安全生产责任者未履行安全生产有关的法定责任,根据其行为的性质及后果的严重性,追究其行政、民事或刑事责任的一种制度。追究责任人的安全生产责任能有效地警戒、教育责任者本人和社会。

一、安全生产法律责任

违反安全生产法律、法规的规定就要承担法律责任。法律责任主要包括行政责任、民事责任、刑事责任,责任者究竟承担什么样的法律责任,取决于责任者在安全生产过程中违法行为的性质及违法行为所产生的危害后果。

(一)违法行为

违法行为有广义与狭义之分,广义的违法行为包括犯罪行为和狭义的违法行为。狭义的违法行为可称为一般侵权行为,包括民事侵权行为和行政侵权行为,是指除犯罪以外所有非法侵犯他人人身权、财产权、政治权利、精神权利或知识产权的行为。

违法行为的构成要素一般为:违反法律规定;违法行为必须是某种违反法律规定的行为;在不同程度上侵犯了法律所保护的社会关系的行为;违法一般必须有行为人的故意或过失;违法者具有法定的责任能力或法定的行为能力。根据违法行为性质的不同,一般可将违法分为行政违法行为、民事违法行为、刑事违法行为、违宪行为几种。

(二)法律责任

法律责任是指违法行为人对违法行为所应承担的法律后果。违法行为人包括自然人和法人,其中,自然人概念涵盖特定身份的自然人,法人包括机关法人、企事业法人、社团法人和其他合法组织。法律责任与违法行为存在密切联系。法律责任与违法行为是一种因果关系,违法行为是产生法律责任的原因和依据,而法律责任是违法行为引起的后果。

由于法律责任基于违法行为而产生,故法律责任按违法行为的性质不同可分为刑事责任、民事责任、行政责任与违宪责任。

(三)追究法律责任的原则

在追究违法者的法律责任时,应遵循以下原则。

① 因果原则。在认定违法者有无法律责任时,首先必须确认因果关系的有无。

② 责任法定原则。法律责任作为一种否定性法律后果应当由法律规范预先规定,包含在法律规范的逻辑结构中。即"法无明文规定不处罚"、"法无明文规定不为罪"。在处理安全生产违法行为时,责任法定原则要求处理权力机关应当按有关法规规定的行为性

质、处罚范围、处罚幅度、处罚程序进行安全执法行为。

③ 公正原则。公正是规则的道德基础和价值基础。公正要求有责必究，责任与违法行为相均衡或相当，执法机关或执法人员必须查清违法事实，准确适用有关法律规定，正确行使自由裁量权，做到处罚得当、得体、严格、合法、合理执法。

④ 及时、违法必究原则。

二、安全生产行政责任

行政责任是指行为人因违反行政管理法规所应承担的法律责任。被追究行政责任者多为企业、事业单位及其领导人员、直接责任人员，也包括其他公民。

（一）行政责任

行政责任是指行为人因违反行政管理法规所应承担的法律责任。行政责任一般分为职务过错责任和行政过错责任，前者是指行政机关工作人员在执行公务中因滥用职权或违法失职行为而应承担的法律责任，被追究的责任者为行政机关领导人员和直接责任人员；后者是指行政管理人员因违反行政管理法规而应承担的法律责任，被追究的责任者多为企业、事业单位及其领导人员、直接责任人员，也包括其他公民。

（二）行政处分

行政处分又称纪律处分，是指国家行政机关、企业、事业单位，根据行政隶属关系，依照有关行政法规或内部规章对犯有违法失职和违纪行为的下属人员给予的一种行政制裁。安全生产行政处分的依据是国家安全生产的法律、法规和企业、事业单位内部的规章，还包括国家关于行政处分的有关行政法规，如《中华人民共和国行政监察法》（简称《行政监察法》）、《国务院关于国家行政机关工作人员的奖惩暂行规定》和《企业职工奖惩条例》等。

（三）行政处罚

行政处罚是由特定的国家行政机关对违反有关法律或行政法规尚不构成犯罪的公民、法人或其他组织给予的法律制裁。实施行政处罚必须有法定依据，即依照法律、法规或规章的规定，并且依照法定的程序进行。

1. 行政处罚种类

根据《中华人民共和国行政处罚法》（简称《行政处罚法》），行政处罚包括以下种类。

① 警告。
② 罚款。
③ 没收违法所得、没收非法财物。
④ 责令停产、停业。
⑤ 暂扣或者吊销许可证、暂扣或者吊销执照。
⑥ 行政拘留。
⑦ 法律、行政法规规定的其他行政处罚。

2. 行政处罚权限与时效

行政处罚权由有关的法律、法规来设定。法律、法规分为几个层次：法律、行政法规、地方性法规、部门和地方政府规章。

根据《行政处罚法》的规定，设定行政处罚的主体包括：全国人民代表大会（简称人大）及其常委会、国务院所属部委以及直属机构、省级地方人大及其常委会和人民政府、省会所在地的市和经国务院批准的较大的市的人大及其常委会和人民政府。全国人大及其常委会制定的法律可以设定任何形式的行政处罚。这既是立法权的体现，又是控制和规范行政处罚设定权的必然要求；国务院有权依据宪法和法律，在其职权范围内设定行政处罚；省、自治区、直辖市的人民代表大会及其常委会可以制定地方性法规，根据《行政处罚法》规定，地方性法规可以设定除限制人身自由、吊销企业营业执照以外的行政处罚；国务院各部、委员会，省、自治区、直辖市人民政府制定的规章或地方性规定，可以将法律、行政法规规定的行政处罚行为、种类和幅度作出具体的规定。

行政机关对违法行为应在法定时效内给予处罚，在法定期限内未发现违法行为或者超过法定期限后发现违法行为的不能处罚。《行政处罚法》规定，违法行为在两年内未被发现的，不再给予行政处罚，法律另有规定的除外。此两年的期限，从违法行为发生之日起计算，违法行为有连续或者继续状态的，从行为终了之日起计算。

三、安全生产刑事责任

刑事责任是对犯罪行为人的严厉惩罚，安全生产责任人或责任单位构成犯罪的将按《刑法》所规定的罪名追究刑事责任。我国1997年颁布的《刑法》，在危害公共安全罪中规定了重大飞行事故罪、铁路运营安全事故罪、交通肇事罪、重大责任事故罪、重大劳动安全事故罪、危险物品肇事罪、工程重大安全事故罪、教育设施重大安全事故罪和消防责任事故罪9种罪名。在其他罪名中也涉及了安全生产刑事责任。

根据《刑法》中的规定，与安全生产有关的犯罪主要有危害公共安全罪，渎职罪，生产、销售伪劣商品罪和重大环境污染事故罪。

四、安全生产民事责任

安全生产的民事责任主要是侵权民事责任，包括财产损失赔偿责任和人身伤害民事责任。

我国《民法通则》规定了6种属于安全生产的侵权民事责任。

(1) 产品质量不合格造成损害的民事责任 产品质量不合格造成损害的民事责任，是指产品在使用、消费的过程中因产品质量不合格造成人身伤害或者财产损害所引起的民事责任。实行无过错责任原则。

产品质量不合格是构成损害民事责任的基本要件，因此，产品质量不合格造成损害的民事责任的成立应具备以下条件。

① 产品确实存在缺陷或处于不合理危险状态。

② 该产品的缺陷在制造者或销售者把产品投放市场出卖时业已存在。

③ 有给消费者或使用者造成损害的事实。

④ 该产品的缺陷是造成损害的直接原因。

(2) 高度危险作业造成损害的民事责任 高度危险作业是指利用现代化科学技术设施从事对于周围环境的人身或财产安全具有高度危险性的高空、高速、高压、易燃、易爆、剧毒以及放射性的业务操作活动。因从事对周围环境具有高度危险性的作业造成他人损害，其经营人应承担民事责任。一般认为，凡是按现有科学技术水平不能完全控制或有效防止危险，并可能使这种危险危及周围人和物的作业，均属于高度危险作业。高度危险作业的民事责任是一种典型的无过错责任。其构成要件如下。

① 作业行为活动属于高度危险作业行为。
② 存在损害后果和严重危险。
③ 高度危险作业与损害后果之间存在因果关系。
④ 侵权行为的责任主体是从事高度危险的作业人。

（3）环境污染造成损害的民事责任

环境污染造成损害的民事责任是指环境污染造成他人财产和人身损害而承担的民事责任。我国《民法通则》第124条规定："违反国家环境防止污染的规定，污染环境造成他人损害的，应当依法承担民事责任。"因此，环境污染造成损害的民事责任的构成必须具备三个条件。

① 须有污染环境造成的损害事实。
② 须有污染环境的行为。
③ 污染环境行为与损害事实之间有因果关系。

污染环境的侵权责任适用无过错责任归责原则。除非符合下列免责条件。

① 不可抗力。
② 受害人的过错。
③ 第三人的行为。

（4）在公共场所施工造成损害的民事责任　我国《民法通则》第125条规定：在公共场所、道旁或者通道上挖坑、修缮安装地下设施等，没有设置明显标志和采取安全措施造成他人损害的，施工人应当承担民事责任。

（5）建筑物和建筑物上的悬置物造成损害的民事责任　我国《民法通则》第126条规定：建筑物或者其他设施以及建筑物上的搁置物、悬挂物发生倒塌、脱落、坠落造成他人损害的，它的所有人或者管理人应当承担民事责任，但能够证明自己没有过错的除外。

（6）企业法人对其工作人员造成损害的民事责任。

复习思考题

1. 《中华人民共和国安全生产法》对安全生产作出了哪些方面的规定?
2. 2009年5月1日修订后的《消防法》对机关、团体、企业、事业等单位规定了哪些消防安全职责?
3. 什么是安全生产责任追究?

第三章　化工生产安全管理

第一节　石油化工安全管理的内容

一、石油化工生产的特点

石油化工生产具有易燃、易爆、易中毒，高温、高压，有腐蚀等特点。因而，较其他工业部门有更大的危险性。石油化工生产有以下四个特点。

① 石油化工生产使用的原料、半成品和成品种类繁多，绝大部分是易燃、易爆、有毒害、有腐蚀的危险化学品。这给原材料、燃料、中间产品和成品的贮存和运输都提出了特殊的要求。

② 石油化工生产要求的工艺条件苛刻。有些化学反应在高温、高压下进行，有的要在低温、高真空度下进行。如由轻柴油裂解制乙烯、进而生产聚乙烯的生产过程中，轻柴油在裂解炉中的裂解温度为 800℃；裂解气要在深冷（-96℃）条件下进行分离；纯度为 99.99% 的乙烯气体在 294kPa 压力下聚合，制取聚乙烯树脂。

③ 生产规模大型化。近 20 多年来，国际上化工生产采用大型生产装置是一个明显的趋势。以化肥为例，20 世纪 50 年代合成氨的最大规模为 6 万吨/年；60 年代初为 12 万吨/年；60 年代末，发展到 30 万吨/年；70 年代发展为 54 万吨/年。乙烯装置的生产能力也从 50 年代的 10 万吨/年，发展到 70 年代的 60 万吨/年。裂解炉单台炉的生产能力从 4.5 万吨/年达到 10 万吨/年。

采用大型装置可以明显降低单位产品的建设投资和生产成本，提高劳动生产能力，降低能耗。因此，世界各国都积极发展大型化工生产装置。但大型化会带来重大的潜在危险性。

④ 生产方式的高度自动化与连续化。石油化工生产已经从过

去落后的手工操作、间断生产转变为高度自动化、连续化生产;生产设备由敞开式变为密闭式;生产装置从室内走向露天;生产操作由分散控制变为集中控制。同时,也由人工手动操作变为仪表自动操作,进而又发展为计算机控制。连续化与自动化生产是大型化的必然结果,但控制设备也有一定的故障率。据美国石油保险协会统计,控制系统发生故障而造成的事故占炼油厂火灾爆炸事故的 6.1%。

20 世纪 70 年代初,我国陆续从日本、美国、法国等国家引进了一批大型现代化的石油化工装置。如 30 万吨级乙烯、合成氨、化纤等,使我国的石油化工生产水平和技术水平有了很大提高。特别是使我国的化工原料基础由粮食和煤转为石油和天然气,使我国的化学工业结构、生产规模和技术水平都发生了根本性变化。

正因为石油化工生产具有以上特点,安全生产在石油化工行业就更为重要。一些发达国家的统计资料表明,在工业企业发生的爆炸事故中,石油化工企业占了 1/3。此外,石油化工生产中,不可避免地要接触有毒有害的化学物质,石油化工行业职业病发生率明显高于其他行业。

二、石油化工行业的安全检查

(一)安全检查的目的和意义

安全检查是发现和消除事故隐患、落实安全措施、预防事故发生的重要手段,是发动员工共同搞好安全工作的一种有效形式。在石油化工管理中,安全检查占有重要的地位。

安全检查就是要对化工生产过程中的各种因素,如流程、机械、设备物与人的因素进行深入细致的调查和研究,发现不安全因素,消除不安全因素,避免事故的发生。因此,安全检查不仅是企业本身,也是每位员工的一项重要任务。

安全检查的目的在于发现和消除事故隐患,也就是把可能发生的各种事故消灭在萌芽之中,做到防患于未然。

安全检查的意义在于宣传贯彻了党的安全生产方针和劳动保护政策、法规,提高了各级领导和广大员工对安全生产的认识,端正对安全生产的态度，有利于安全管理和劳动保护工作的开展。安全检查还在于能及时发现和消除事故隐患，及时了解石油化工生产中的职业危害，有利于制订治理规划，消除危害，保护员工的安全和健康。还能及时发现先进经验，总结和推广他们的先进经验，以此带动全局。

安全检查的形式、组织与实施过程如下。

（1）安全检查的形式　安全检查的形式主要有：日常、定期、专业、不定期四种。

① 日常安全检查的主要内容

a. 生产岗位的班组长和工人应进行交接班检查和班中巡回检查，特别要对危险岗位和危险品进行重点监控检查。

b. 各级领导应经常深入现场进行安全检查，发现影响安全生产的问题，要按专业分工及时督促有关部门解决。

c. 安全总监、安全监督要根据职责对生产现场、作业现场进行监督，发现问题要及时提出整改意见。

② 定期安全检查的主要内容

a. 季节性检查

春季安全检查以防火、防雷、防静电、防风、防解冻跑漏、防建筑倒塌为重点。

夏季安全检查以防暑降温、防汛、防暴风为重点。

秋季安全检查以防火、防冻、防凝为重点。

冬季安全检查以防火、防爆、防冻、防凝、防滑、防坠落为重点。

b. 节日前安全检查

节日前对安全、保卫、消防、生产准备、设备及材料备用、岗位责任制执行、岗位人员及值班人员安排等情况进行重点检查。

③ 专业性安全检查的主要内容　每年应对锅炉、压力容器、电气设备、机械设备、起重机械、监测仪器、危险物品、防护器具、消防设施、运输车辆、职业卫生设施、液化石油气系统及其他认为有必要的部位等，分别进行专业性检查。

（2）安全检查的组织与实施　安全检查的组织与实施具体内容如下：

a. 日常检查由当班的班组长组织当班人员对本班的安全情况进行检查；

b. 周检由车间主任组织装置安全技术人员和其他工程技术人员、工段长对车间所有岗位进行安全检查；

c. 季检由厂统一组织有关科室、车间，发动全体员工进行安全检查，其形式可组成检查组，开展自检与互检；

d. 定期检查应根据生产检修或临时性任务的需要，由公司或厂组织有关人员开展安全检查；

e. 专业检查以专业处（科）室为主，有关处（科）室参加，开展安全检查；

f. 检查前应根据检查内容编制安全评价检查表，按表中条款认真检查，详细填写检查记录。对检查出的问题要及时告知被检单位。检查结束要形成检查总结或评价报告。安全监督部门要对问题整改情况进行监督。

（二）石油化工行业通用安全检查表

安全检查表及其在安全检查中的应用有以下几个方面。

（1）安全检查表及其功能　安全检查表实际上是一种以表格的形式，将实施安全检查的项目罗列其上，然后根据生产和工作经验，对照有关安全法规、规范、标准逐项检查。该图表不仅适用于生产过程的安全检查，也适用于工程设计的安全分析和评价。

概括起来，安全检查表具有以下功能。

① 使设计或检查人员按照预定的目的、要求和检查要点实施检查，避免遗漏和疏忽，便于发现和查明已暴露的和潜在的各种隐患。

② 依据安全检查表进行检查，是监督执行各种安全规章制度，制止违章指挥和违章作业的有效方式，也是使企业安全教育、安全活动经常化的一种有效手段。

③ 针对不同受检对象和要求编制相应的安全检查表，有助于实现安全检查工作标准化、科学化和规范化。

④ 可以作为安全检查人员履行职责的凭据，有利于落实安全生产责任制和其他各项安全规章制度。能够客观地反映受检单位安

全生产情况。

(2) 安全表的种类　安全检查表根据其用途可分以下几种。

① 安全设计检查表　这种检查表主要供工程设计人员进行安全设计或安全监督部门对工程设计审查使用。其主要内容包括：厂址选择、平面布置、工艺流程、装置的配置、建构物、安全装置与设施，操作的安全、危险物品的贮存与运输、消防设施等。

② 企业安全检查表　这种检查表可同时供厂际安全检查和全厂性安全检查使用。其内容可根据具体情况编制，有简有繁。检查表主要供工段、岗位或班组自查、互查之用。其内容应根据岗位的工艺与设备的防止事故要点确定，要求内容具体、简单易行。

③ 专业性安全检查表　这种检查表由专业机构或职能部门编制供专业性安全检查之用。如对人身安全的安全检查，电气、工艺、锅炉与压力容器安全技术检查，特殊装置与设备安全检查，防火检查以及季节性安全检查等。

(3) 安全检查表的编制要求　安全检查表是安全检查工作中的一个有效手段。为了系统地发现工厂、车间、工序或机械设备以及各种操作管理和组织措施中的不安全因素，事先把检查对象加以分析，把大系统分割为小系统。通常由专业人员、管理人员和实际操作者共同编制成表格。在检查中依据安全检查表中的项目，逐一检查，避免疏漏。同时，也可以作为开展化工行业危害辨识和风险评价工作的一个参考。编制时一般按以下要求进行。

① 全面细致地了解系统的功能、结构、工艺条件等有关资料，包括系统或同类系统发生过的事故、事件的原因和后果，并收集系统的说明书、布置图、结构图、环境条件等技术文件。

② 收集与系统有关的国家标准、法规、制度及公认的安全要求，为检查表的编制提供依据。

③ 按系统的功能、结构或因素，逐一列出清单。

④ 针对危险因素清单，从有关法规、标准等安全技术文件中，逐一找出对应的安全要求及应达到的安全指标和应采取的安全措施，形成一一对应的系统检查表。

⑤ 有关安全管理机构、安全管理制度方面的检查内容，也可列入检查表中。

安全检查表是一种定性的检查方法。它以提问的形式，对系统或子系统确定检查项目。根据生产性质及检查要求的不同，检查表也可以有不同的类型。其内容一般可包括：序号、检查项目和内容、检查方法、结果确认（是／否或打分）等。下面介绍一种适用于化工系统通用的安全检查表，便于大家参考。

（三）工厂的总体要求

1. 工厂设置的检查表

序号	检查项目	检查内容	检查方式	检查确认（是/否或打分）	备注
1	项目设计	①工厂的设计是否按工业企业的标准设计？②工厂的设计是否按防火标准设计？	查阅资料		
2	应急预案	遭受自然灾害的应急措施（如暴风雨、雪、落雷、地震）	查阅资料和演练方案		
3	周围环境	周围有无发生火灾、爆炸、噪声、大气污染或水质污染的可能性？	现场检查		
4	三废污染	工厂"三废"对周围社区的影响？	现场检查		

2. 工厂平面布置的检查表

检查项目	检查内容	检查方式	检查确认（是/否或打分）	备注
安全措施	①重要装置是否设置了围栏？②装置和生产车间所占位置离开公用工程、仓库、办公室、实验室、化验室是否有隔离区？③易燃易爆车间、装置是否与控制室隔开？④贮罐间是否具备防溢堤和地下贮罐？	现场检查		

3. 建筑标准

序号	检查项目	检查内容	检查方式	检查确认（是/否或打分）	备注
1	项目设计	①工厂的设计是否按建筑有关标准设计？ ②地耐力及基础强度是否足够？ ③钢结构（及耐火衬里）在火灾情况下的耐受能力如何？ ④台阶、地面、梯子、通路等是否按人机工程要求设计，窗扇和窗子对道路出入口是否会造成影响？	查阅资料和现场检查		
2	周围环境	①周围有无发生火灾、爆炸、噪声、大气污染或水质污染的可能性？ ②出入口和紧急通道设计数量是否够用，是否阻塞？ ③凡是有助于火焰传播和蔓延部分，如地板和墙壁开口，通风和空调管道，电梯竖井，楼梯道路等的防火情况，凡开孔部分，其孔口面积和个数是否限制在最小程度？	现场检查		
3	安全措施	①有爆炸危险的工艺是否采用了防爆墙，其层顶材料、防爆排气孔是否够用？ ②出入口和紧急通道设计数量是否够用，有无明显标志或警告装置？ ③为排除有毒物质和可燃物质的通风，换气状况如何（包括换气风扇、通风机、空气调节、有毒气体捕集、新鲜空气入口位置、排热风用风门等）？ ④建筑物的排水情况如何？ ⑤各种构筑物、道路、避难通路、门等处的照明情况如何？			

(四) 车间环境

序号	检查项目	检查内容	检查方式	检查确认(是/否或打分)	备注
1	车间环境	①车间中有毒气体浓度是否经常检测？是否超过最大允许浓度？ ②各种管线（蒸汽、水、空气、电线）及其支架等，是否妨碍了工作地点的通路？ ③对有火灾爆炸危险的工作是否采取隔离操作？隔离墙是否是加强墙壁？窗户是否做得最小，玻璃是否采用不碎玻璃或内嵌铁丝网，屋顶或必要地点是否准备了爆炸压力排放口？ ④车间通道是否畅通，避难通路是否通向安全地点？ ⑤进行设备维修时，是否准备了必要的地面和工作空间？ ⑥通道和工作地点，头顶与天花板是否留有适当的空间？	现场检查		
2	安全设施	①电动升降机是否有安全钩和行程限制器，电梯是否装有内部连锁？ ②噪声大的操作是否有防止噪声措施？ ③危险性工作场所是否保证至少有两个出口？			

(五) 生产工艺

1. 原料、材料与燃料

检查项目	检查内容	检查方式	检查确认(是/否或打分)	备注
原料、材料与燃料	①对原料、材料、燃料的理化性质（熔点、沸点、蒸气压、闪点、燃点、危险性等级等）的了解程度受到冲击或发生异常反应时的后果？ ②工艺中所用原材料分解时产生的热量是否经过详细核算？	现场检查和预案检查		

续表

检查项目	检查内容	检查方式	检查确认（是/否或打分）	备注
原料、材料与燃料	③对可燃物的防范措施？ ④有无粉尘爆炸的潜在危险性？ ⑤对材料的毒性容许浓度是否了解？ ⑥容纳化学物质分解的设备是否适用，有何种安全措施？ ⑦为了防止腐蚀及反应生成危险物质，应采取何种措施？ ⑧原料、材料、燃料的成分是否经常变更，混入杂质会造成何种不安全影响？流程的变化对安全造成何种影响？ ⑨是否根据原料、材料、燃料的特性进行合理管理？ ⑩一种或一种以上的原料如果补充不上有什么潜在性的危险，原料的补充是否能得到及时保证？ ⑪使用惰性气体进行清扫、封闭时会引起何种危险，气源供应有无保证？ ⑫原料在贮藏中的稳定性如何，是否会发生自燃、自聚和分解等反应？ ⑬对包装和原料、材料、燃料的标志有何要求（如受压容器的检验标志、危险物品标志等）？ ⑭对所用原料使用何种消防装置及灭火器材？ ⑮发生火灾时有何紧急措施？	现场检查和预案检查		

2. 工艺操作

检查项目	检查内容	检查方式	检查确认（是/否或打分）	备注
工艺操作	①对发生火灾爆炸危险的反应操作，采取了何种隔离措施？ ②工艺中的各种参数是否接近了危险界限？ ③操作中会发生何种不希望的工艺流向或工艺条件以及污染？	现场检查和预案检查		

续表

检查项目	检查内容	检查方式	检查确认（是/否或打分）	备注
工艺操作	④装置内部会发生何种可燃或可爆性混合物？ ⑤对接近闪点的操作，采取何种防范措施？ ⑥对反应或中间产品，在流程中采取了何种安全裕度？如果一部分成分不足或者混合比例不同，会产生什么样的结果？ ⑦正常状态或异常状态都有什么样的反应速率？如何预防温度、压力、反应的异常，混入杂质、流动阻塞、跑冒滴漏，发生了这些情况后，如何采取紧急措施？ ⑧发生异常状况时，有无将反应物质迅速排放的措施？ ⑨有无防止急剧反应和制止急剧反应的措施？ ⑩泵、搅拌器等机械装置发生故障时会发生什么样的危险？ ⑪设备在逐渐或急速堵塞的情况下，生产会出现什么样的危险状态？	现场检查和预案检查		

（六）机械设备

1. 生产设备

检查项目	检查内容	检查方式	检查确认（是/否或打分）	备注
生产设备	①各种气体管线有哪些潜在危险性？ ②液封中的液面是否保持得适当？ ③如果外部发生火灾会使设备内部处于何种危险状态？ ④如果发生火灾爆炸的情况，有无抑制火灾蔓延和减少损失的必要设施？ ⑤使用玻璃等易碎材料制造的设备是否采用了强度大的改性材料，未用这种材料时应采取何种防护措施？否则会出现哪些危险？	现场检查和预案检查		

第三章　化工生产安全管理　**57**

续表

检查项目	检　查　内　容	检查方式	检查确认 （是/否 或打分）	备注
生产设备	⑥是否在特别必要的情况下才装设视镜玻璃，在受压或有毒的反应容器中是否装设耐压的特殊玻璃？ ⑦紧急用阀或紧急开关是否易于接近操作？ ⑧重要的装置和受压容器最后的检查期限是否超过？ ⑨是否实现了有组织的通风换气，如何进行评价？ ⑩是否考虑了防静电的措施？ ⑪对有爆炸敏感性的生产设备是否进行了隔离？是否安设了屏蔽物和防护墙？ ⑫为了缓和爆炸对建筑物的影响，采取了什么样的措施？ ⑬压力容器是否符合国家有关规定并进行了登记？ ⑭压力容器是否进行了外观检查及无损探伤和耐压试验？ ⑮压力容器是否具备档案，是否已检查过？ ⑯重要设备是否制定了安全检查表？ ⑰设备的可靠性、可维修性如何？ ⑱设备本身的安全装置如何？	现场检查和预案检查		

2. 仪表管理

检查项目	检　查　内　容	检查方式	检查确认 （是/否 或打分）	备注
仪表管理	①仪表的动力源如果同时发生故障时，将会出现何种危险状态？ ②在所有仪表都发生故障时，系统自动防止故障的能力如何？ ③在系统中部分仪表进行检修时，如何保证系统的安全操作？	现场检查和预案检查		

续表

检查项目	检查内容	检查方式	检查确认（是/否或打分）	备注
仪表管理	④如果仪表应答安全运动状态时间过慢,是否采取了措施?重要的仪表和控制装置是否采取不同的独立样式并具备回授装置?对于特别危险的生产而双重保险仍控制不了时,那么安全停车装置能否及时动作? ⑤安全控制仪表是否已作为整体设计的一部分? ⑥由气候所造成的温、湿度变化对仪表会造成何种影响? ⑦液位计、仪表、记录装置等显示情况如何,是否易于辨识?采取何种改善措施? ⑧玻璃视镜、液面计玻璃管以及其他装置在损坏情况下如有内容物逸出,是否有防护措施? ⑨如何进行仪表的性能试验和定期检查?	现场检查和预案检查		

3. 电气安全

检查项目	检查内容	检查方式	检查确认（是/否或打分）	备注
电气安全检查	①电气系统是否与生产系统完全平行地进行设计? 　a. 如装置的一部分发生故障,其他独立部分会受到什么影响? 　b. 由于其他部分的缺陷和电压波动,装置的仪表能否得到保护? ②内部连锁或紧急切断装置是否能自动防止故障? 　a. 所用的内部连锁和紧急切断装置在何种情况下才会发生作用? 　b. 对这种装置来说是否已经把重复性和复杂性降至最小限度?	现场检查和预案检查		

续表

检查项目	检查内容	检查方式	检查确认（是/否或打分）	备注
电气安全检查	c. 保险用的零部件和设施能够连续使用的情况如何？ d. 对于特别选用的零部件是否具备标准中规定的条件？ ③使用的电气设备是否符合国家标准（按照生产上的要求分类）？ ④对电气系统的设计是否进行了最简便、最合理的布置，从而对传输负荷、减少误操作都会起到作用？ ⑤怎样做到使用电气用具不致妨碍生产？为了进行预防性检修，是否能从设备外部操作？ ⑥监视装置操作的电气系统是否已经仪表化？是否能以最少的时间了解到由超负荷引起的故障？ ⑦是否有防止超负荷和短路的装置？ a. 布线上是否配备了将发生缺陷部分分离的措施？ b. 在切断电线的情况下，电容能达到何种程度？ c. 连锁装置安装是否齐全？ d. 对所用零部件的寿命如何进行现场试验？ ⑧如何进行接地？ a. 如何防止发生静电和消除静电？ b. 对落雷采取何种措施？ c. 动力线发生损坏时，如何防止触电？ ⑨对照明的检查要求： a. 能否保证日常的安全操作（危险区与非危险区有无区别）？ b. 能否保证日常的维修作业？ c. 在动力电源受到损坏时，避难通路和地点有无事故照明？ ⑩贮罐的地线是否采取了阴极保护？ ⑪动力切断器和启动器发生故障时，应采取什么措施？	现场检查和预案检查		

续表

检查项目	检查内容	检查方式	检查确认（是/否或打分）	备注
电气安全检查	⑫在大风的情况下，通信网能否安全地传递信息（电话、无线电、信号、警报等）？ ⑬内部连锁如何进行点检，并如何以进度表格说明之？ ⑭进行程序控制时，对控制装置变化前后的关键步骤，能否同时进行警报和自动点检？	现场检查和预案检查		

（七）锅炉和机械装置

1. 锅炉

这部分内容另见资料。

2. 管线与阀门

检查项目	检查内容	检查方式	检查确认（是/否或打分）	备注
管线与阀门	①管线系统在热膨胀发生应力和变位时会有何种影响？ ②管路系统的支撑和保护是否适当？ ③管线中特别是冷却用管线，与仪表连接管线备用泵管线，是否考虑冻结的可能？ ④启动时管线中的所有法兰情况如何？ ⑤能发生应力的管线系统中是否使用了铸铁阀门？ ⑥是否使用了扬程不足的针形阀了？ ⑦控制装置或控制阀是否易于进行维修操作？ ⑧副线阀在操作时是否容易接近？阀门开放时是否易处于不安全状态？ ⑨是否采用蒸汽喷射冷却方式？ ⑩动力源或仪表用空气在发生故障时，控制阀如何进行安全动作？ ⑪在不停车的情况下，警报和仪表连锁控制装置元件能否进行试验和维修？ ⑫在蒸汽管上是否安装了排水管和放液管？	现场检查和预案检查		

3. 带压及真空排放

检查项目	检查内容	检查方式	检查确认（是/否或打分）	备注
带压及真空排放	①带压排放阀和爆破板的更换、试验、检查等是否制订了计划？ ②紧急带压排放装置、通气阀、排放阀、爆破板、液体水封等的必要性如何，其尺寸是根据什么设计的？ ③为防止爆炸损失，是否采用了爆破板，是否根据压力容器的容量和设计等采用了适合的尺寸？ ④从爆破板排出的物料导向何处，所用排出口是否符合设计要求，出口管是否会引起振动？ ⑤通气阀、排气阀、排放火炬等所排出的物料是否会对人身和财产造成损失？ ⑥受内压作用的装置和流程，在内压发生异常时，有无压力释放装置？ ⑦连接压力排放阀的排出管是否由独立支架支撑？管子是否尽可能短，弯度是否尽可能小？ ⑧连接压力排放阀的排出管中，其液体凝结部分有否排水管？ ⑨往复泵的排气侧，压缩机和断流阀之间，反压力透平的排出侧和断流阀之间有无压力排放阀？ ⑩为了防止阀的腐蚀或毒性物质泄漏，爆破板和放出阀之间压力计的监控部分是否安装在接近压力放出管部分？ ⑪在一定温度情况下，安全装置的性能是否会因固体物质积聚而造成压力排放阀的阻塞？	现场检查和预案检查		

4. 机械装置

检查项目	检查内容	检查方式	检查确认（是/否或打分）	备注
机械装置	①由于热膨胀对管线造成的外力是否在允许范围之内，有无适当的伸缩性和支撑？	现场检查和预案检查		

续表

检查项目	检查内容	检查方式	检查确认（是/否或打分）	备注
机械装置	②正常运转速度和危险界限有无明确概念？ ③泵、压缩机、动力机械在不作反向转动和逆流时，逆止阀是否也应能灵活动作？ ④进行冲击性操作时，变速机齿轮有无适当的安全率？ ⑤对铝制轴承使用润滑油系统是否全部经过了过滤器？ ⑥蒸汽透平的吸入侧和排出侧是否都装设了排水管的抽出口？ ⑦凡蒸汽透平中能够产生冷凝力的地方，能否见到排水管的阀门中有水流出？ ⑧被驱动机械的耐受能力对透平运行速度是否适应？ ⑨使用无润滑或不燃性油润滑的出口压力为 4.9×10^5 Pa（5kgf/cm³）以上的空气压缩机有无防止爆炸的措施？ ⑩平常运转或紧急停车时，是否考虑了对重要机械的紧急润滑？ ⑪对重要机械是否准备了备机或备件？ ⑫动力发生故障时，如何考虑运转或安全紧急停车的情况？ ⑬冷却塔送风机警报器或连锁装置是否装备了联动开关。通风装置固定在地面的输入侧燃烧时，为了进行冷却是否安装了喷水装置？	现场检查和预案检查		

（八）操作管理

检查项目	检查内容	检查方式	检查确认（是/否或打分）	备注
操作管理	①各种操作规程、岗位操作法、安全守则等准备情况如何，是否定期地或在工艺流程、操作方式改变后进行过讨论、修改？	现场检查和预案检查		

续表

检查项目	检查内容	检查方式	检查确认（是/否或打分）	备注
操作管理	②操作人员是否受过安全训练,对本岗位的潜在性危险了解的程度如何？ ③开、停车操作规程是否经过安全审查？ ④特殊危险作业是否有专门的规章制度(如动火制度等)？ ⑤操作人员对紧急事故的处理方法受过训练没有？ ⑥工人对使用安全设备、个人防护用具等是否熟练？ ⑦日常进行的维护检修作业,会发生什么样的潜在性危险？ ⑧定期安全检查和点检制度执行情况如何？	现场检查和预案检查		

（九）防灾设施

检查项目	检查内容	检查方式	检查确认（是/否或打分）	备注
防灾设施	①根据建筑物的结构和建筑材料(如开放式或封闭式,可燃材料或非燃烧材料),是否选用了不同类型的消防设备？ ②根据所使用原料、材料、燃料不同的危险性和等级,是否选用了不同类型的消防器材？ ③为了有效地扑灭火灾,洒水装置、消防水管、消火栓的容量和数量是否够用(补给水量、最大容量等)？ ④建筑物内部是否配备了消防栓和消防带？ ⑤可燃性液体罐区是否装置了适用的防火设施和泡沫灭火器等,防溢堤外侧是否有排液设备？ ⑥对于需要负重的钢结构,在发生可燃性液体或气体火灾时,钢材强度会减弱,为了避免此类情况,应在钢材上涂敷防火材料,其厚度及高度应为多少？	现场检查和预案检查		

续表

检查项目	检查内容	检查方式	检查确认（是/否或打分）	备注
防灾设施	⑦为了排掉漏出的可燃性液体,建筑物、贮罐或生产设备是否有适当的排水沟？ ⑧有何防止粉尘爆炸的措施？ ⑨可燃性液体贮罐之间安全距离有多少？ ⑩可燃性液体在闪点温度时发生设备破损,可燃液体的剩余量是否保持在最小范围之内？ ⑪为了防止外部火灾,生产设备应采取何种防护措施？ ⑫大型贮罐发生火灾时,为使生产设备少受损失,应如何采取安全布置？ ⑬对于贵重器材、特别危险的操作和不能停顿的重要生产设备,是否采用不燃烧的建筑物、防火墙、隔壁等加以隔离？ ⑭火灾警报装置是否安置在适当的地点？ ⑮发生火灾时,紧急联络措施是否有事先准备？	现场检查和预案检查		

第二节 危险源辨识、风险评价和风险控制策划

组织建立和实施安全管理体系的目的是控制风险、实现事故预防,并持续改进安全绩效。危险源是导致事故的根源,所以对危险源的辨识是安全管理体系的核心问题。危险源辨识、风险评价和风险控制策划是组织建立安全管理体系初始状态评审阶段的一项主要工作内容,也是安全管理体系的核心要素,是安全管理体系运行的重要环节。

一、危险源辨识、风险评价和风险控制策划的步骤

图 3-1 给出了危险源辨识、风险评价控制策划的基本步骤。

（一）业务活动分类

组织将实施的业务活动进行适当分类。不同的组织所实施的业务活动可能有很大的不同，因此，组织对业务活动进行分类时应结合组织的特点。组织在对业务活动进行分类时除考虑常规的业务活动外，还应考虑到在异常和紧急情况下需要实施的非常规活动。

图 3-1　危险源辨识、风险评价控制策划的基本步骤

对业务活动的分类方法可以包括：
① 按组织厂界内、外的地理位置分类；
② 按生产或服务过程的不同阶段分类；
③ 按主动性工作活动（如计划安排的工作）和被动性工作活动（出现过事故、事件的工作）分类；
④ 按具体工作项目（如驾驶、化工操作、焊接工作等）分类。

通常情况下，组织会根据业务活动的分类情况编制一份业务活动表，其内容可以包括厂房、设备、人员、程序等，并收集与这些业务活动有关的信息，以便对这些活动中的危险源进行识别。

在业务活动分类的基础上，全面地、有针对性地进行危险源辨识、风险评价及风险控制策划。组织通常会设计一种用于进行危险源辨识、风险评价及风险控制策划的表格，其内容一般包括：
① 业务活动；
② 危险源；
③ 现行控制措施；
④ 暴露于风险中的人员；
⑤ 伤害的可能性；
⑥ 伤害的严重程度；
⑦ 风险水平；
⑧ 根据评价结果而需要采取的风险控制措施；
⑨ 管理细节，如评价者姓名、日期等。

（二）危险源辨识

对各项业务活动中的危险源进行辨识，辨识危险源时应考虑到谁会受到伤害以及会受到何种伤害。

（三）风险评价

以现有的风险控制措施为基础，对辨识出的危险源的风险进行评价，评价时应考虑到控制措施失效时可能会造成的后果。

1. 判定风险是否可容许

以组织应承担的法律义务和组织的安全方针为依据，判定组织现有的风险控制措施是否能够将风险控制到组织可接受的程度并符合法律要求和组织的要求。

2. 必要时制订风险控制措施

针对组织评价出的需要采取控制措施的风险，组织应制订相应的风险控制措施。

3. 评审风险控制措施的充分性

对制订的风险控制措施进行评审，以确定这些措施能够充分、有效地消除或降低风险，将风险控制到可容许的程度。

二、危险源辨识

（一）危险源的分类

危险源是可能导致伤害或疾病、财产损失、工作环境破坏或这些情况组合的根源或状态。实际生活和工作中的危险源的因素很多，存在的形式也比较复杂，这给危险源辨识增加了难度。如果把各种构成危险源的因素，按其在事故过程中所起的作用进行分类，无疑会给危险源辨识工作带来方便。

人的不安全行为和物的不安全状态是导致事故的直接原因。人的不安全行为或物的不安全状态使能量或危险物质失去控制，是能量或危险物质释放或失去控制的导火索。事故是能量、有害物质失去控制两方面因素的综合作用，所以在危险源辨识之前首先明确任何存在能量、有害物质和可能导致其失控的危险因素。在识别危险（源）因素时，首先需要了解危险（源）因素的分类。

（二）危险源的基本分类

根据危险源在事故发生过程中的作用，安全科学理论把危险源划分为两大类。

1. 第一类危险源

可能发生意外释放的能量（能源或能量载体）或危险物质（如危险化学品、锅炉等）。

根据能量意外释放理论，能量或危险物质的意外释放是导致伤亡事故发生的物理本质，是发生事故的基本因素。因此，为了防止第一类危险源导致事故，必须采取约束、限制能量或危险物质的措施，对能量或危险物质进行控制。在正常情况下，能量或危险物质是受到约束或限制的，不会发生意外释放，即不会发生事故。但是，一旦这些约束物质或限制能量或危险物质的措施受到破坏或失效（出现故障），就有可能会发生事故。

2. 第二类危险源

导致能量或危险物质的约束或限制措施破坏或失效的各种因素。

第二类危险源是导致第一类危险源失控的因素，主要包括物的故障、人的失误和环境因素。

① 物的故障通常指机械设备、装置、元器件等性能低下而不能达到预定功能的现象。从安全功能的角度，物的不安全状态也是物的故障。物的故障可能是固有的（如由设计、制造缺陷造成的问题），也可能是由于维修、使用不当、磨损、腐蚀、老化等原因造成的。

② 人的失误是指人的行为偏离了规定的要求。人的不安全行为（如石油化工装置的操作人员未按规定戴安全帽、穿工作服等）也属于人的失误。人的失误会造成能量或危险物质的控制系统出现故障，如石油化工装置的操作人员未按操作法操作而导致事故的发生。

③ 环境因素是指生产作业活动环境中温度、湿度、噪声、振动、照明或通风换气等方面的问题，这些环境因素可能会促使人的失误或物的故障发生。例如，工作场所中的噪声会导致操作人员听力下降、沟通不便等情况，这些情况会造成人的失误；又如，化学品仓库中温度过高可能导致有些化学品自燃。

一起伤亡事故的发生往往是两类危险源共同作用的结果。第一类危险源是伤亡事故发生的能量主题，决定事故后果的严重程度；第二类危险源是第一类危险源造成事故的必要条件，决定事故发生的可能性。两类危险源相互关联、相互依存。第一类危险源的存在是第二类危险源出现的前提，第二类危险源的出现是第一类危险源导致事故的必要条件，因此，危险源辨识的首要任务是辨识第一类危险源，在此基础上再辨识第二类危险源。

3. 危险源的其他分类

实际生活和工作中危险源很多，存在的形势也很复杂。目前对危险源的分类方法很多，举例如下。

(1) 按能量将危险源分为7种类型　a. 机械能，b. 电能，c. 热能，d. 化学能，e. 放射能，f. 生物因素，g. 人机工程因素（生理、心理）。

(2) 按 GB/T 13861—92《生产过程危险 yy 和有害因素分类代码》将危险源分为6种类型

① 物理性危险、危害因素　a. 设备、设施缺陷，b. 防护缺陷，c. 电危害，d. 噪声危害，e. 振动危害，f. 电磁辐射，g. 运动物危害，h. 明火，i. 造成灼伤的高温物质，j. 造成冻伤的低温物质，k. 粉尘与气溶胶，l. 信号缺陷，m. 作业环境不良，n. 标志缺陷，o. 其他。

② 化学性危险、危害因素　a. 易燃、易爆物质，b. 自燃性物质，c. 有害物质，d. 腐蚀性物质，e. 其他。

③ 生物性危险、危害因素　a. 传染病媒介物，b. 致病微生物，c. 致害动物，d. 致害植物，e. 其他。

④ 心理、生理性危害因素　a. 负荷超限：体力、听力、视力、其他负荷超限；b. 健康状况异常；c. 心理异常：情绪异常、冒险心理、过度紧张、其他；d. 辨识功能缺陷：感知延迟、辨识错误、其他；e. 其他。

⑤ 行为性危害因素　a. 指挥错误：指挥失误、违章指挥、其他；b. 操作失误、误动作、违章作业、其他；c. 监护失误；d. 其他错误。

⑥ 其他。

（3）GB 6441—86《企业职工伤亡事故分类》将危险源导致的事故分为 20 种类型　a. 物体打击，b. 车辆伤害，c. 机械伤害，d. 起重伤害，e. 触电，f. 淹溺，g. 灼伤，h. 火灾，i. 高处坠落，j. 坍塌，k. 冒顶片帮，l. 透水，m. 放炮，n. 瓦斯爆炸，o. 火药爆炸，p. 锅炉爆炸，q. 容器爆炸，r. 其他爆炸，s. 中毒和窒息，t. 其他伤害。

这些标准或方法可以帮助组织了解危险源及其分类，帮助组织更好地识别危险源。

但上面所列的标准或方法并不全面，组织必须根据其业务活动的性质和工作场所的特点识别危险源。

（三）**危险源辨识的方法**

危险源辨识的方法很多，每一种方法都有其目的性和应用范围。下面介绍几种可用于建立安全管理体系的危险源辨识的简单方法。

1. 询问、交谈

向组织中对某项工作或活动具有经验的人进行了解和询问，请他们指出工作或活动中存在的危害，这种方法可以初步分析工作或活动中所存在的危险源。

2. 现场观察

由具备安全技术知识并掌握安全法规、标准的人员对作业活动的现场进行观察，以识别出存在的危险源。

3. 查阅有关记录

查阅已发生的事故、职业病的纪录，从中识别出存在的危险源。

4. 获取外部信息

从有关类似组织、文献资料、专家咨询等方面获得有关危险源的信息，并结合组织的实际情况加以分析研究，以辨识出存在的危险源。

5. 工作任务分析

通过分析组织成员工作任务中所涉及的危害，识别出有关的危险源

6. 安全检查表

见第一节。

三、风险评价和风险控制策划

（一）风险评价

风险评价是安全管理体系的一个关键环节。进行风险评价的目的是对现阶段的危险源所带来的风险进行分级，根据评价分级的结果有针对性地策划并实施风险控制措施，从而取得良好的安全绩效。

风险评价的方法很多，但每一种方法都有一定的局限性，因此，在开发或确定所需使用的风险评价方法时，必须首先明确评价的目的、对象及范围。

按照选定的风险评价方法进行风险评价时，应充分考虑到其现有的风险控制措施所起到的作用和达到的效果，围绕每种特定危险情况发生的可能性和后果来评价，这样才能比较客观地判断出组织所面临的各种风险的大小，才能对风险进行合理分级。

（二）风险控制措施的策划和评审

根据其评价出的风险和确定的风险分级，针对需要采取措施加以控制的风险，策划所需的风险控制措施。

1. 策划和选择风险控制措施的原则

在策划和选择风险控制措施时，应考虑以下几方面的原则：

① 如果可能，采取停止使用有危害的物质或用安全品代替危险品等措施，以消除危险源或风险；

② 如果不可能消除危险源或风险，采取改用危害性较低的物质等措施以降低或减小风险的措施；

③ 对原有的风险控制措施或有关程序进行改善或修改，以降低或减小工作活动中的危害；

④ 利用技术进步，使工作适合于人，如考虑人的精神和体力等因素；

⑤ 采取隔离工作人员或危害风险的措施；

⑥ 采用安全防护措施和装置对危害进行限制；

⑦ 将工程技术控制与管理控制相结合，以提高控制措施的有

效性;

⑧ 所需的应急预案和监测控制措施;

⑨ 作为最终手段,使用个人防护用品进行个体防护。

2. 风险控制措施的评审

组织应在实施风险控制措施之前,对拟采取的风险控制措施进行评审,以确保这些措施是充分和适宜的。评审的内容可包括以下几点。

① 计划的风险控制措施是否能使风险降低到可容许的水平。

组织采取的风险控制措施应是能够使风险降低到可容许水平的控制措施,因此,组织在实施计划的风险控制之前,应对这些措施的有效性进行评审。例如,一企业的空压机运行时噪声超标,该企业计划在空压机上安装隔音罩,组织应评审安装隔音罩这种措施是否能够将噪声降低到可容许的水平。

② 在实施风险控制措施时是否会产生新的危险源。

组织采取的风险控制措施是为了将已有的风险降低到可容许水平,但在采取这些控制措施时可能会产生新的危险源和风险。因此,组织应通过评审来判断需要采取的风险控制措施是否会产生新的危险源和风险,如果会产生新的危险源和风险,组织应考虑选择另外的不会产生新的危险源和风险的措施,或针对产生新的危险源和风险确定相应的风险控制措施。

③ 计划的风险控制措施是否是投资效果最佳的风险控制方案。

组织在评审计划的风险控制措施时,应充分考虑到组织的资金能力和投资效果,选择投资和收益最合理的风险控制方案。

④ 受影响的人员采取预防措施的必要性和可行性。

组织在评审风险控制措施时,应考虑到受到这些控制措施影响的人员是否需要采取相应的预防措施,拟采取的预防措施是否必要、可行,以及如何评价预防措施的有效性。

⑤ 计划的风险控制措施是否能被应用于实际工作中。

组织拟实施的风险控制措施应与组织的实际情况和能力相适应,并能够在组织的实际工作中应用,组织应通过评审来确保这些风险控制措施在组织中是可行的。

(三) 风险评价和风险控制策划方法介绍

1. 方法一

这种方法是根据估算伤害的可能性和严重程度来对风险进行分级，并进行风险控制措施策划的方法。表 3-1 给出了评价水平和判断风险是否可容许的一种简单方法，仅供参阅。

表 3-1　风险评价表

发生情况	轻微伤害	伤　害	严重伤害
极不可能	可忽略风险	可容许风险	轻度风险
不可能	可容许风险	轻度风险	中度风险
可能	轻度风险	中度风险	重大风险

(1) 在判断伤害的严重程度时，应考虑如下因素。

① 轻微伤害，如表面损伤、轻微的割伤和擦伤、粉尘对眼睛的刺激、烦躁和刺激、导致暂时性不适的疾病等。

② 伤害，如划伤、烧伤、脑震荡、严重扭伤、轻微骨折、耳聋、皮炎、哮喘、与工作相关的上肢损伤、导致永久性轻微功能丧失的疾病。

③ 严重伤害，如截肢、严重骨折、中毒、复合伤害、致命伤害、职业癌、其他导致寿命严重缩短的疾病、急性不治之症等。

(2) 判断伤害的可能性时，需考虑如下因素：

① 暴露人数；

② 持续暴露时间和频率；

③ 供应 (如电、水) 中断；

④ 设备和机械部件以及安全装置失灵；

⑤ 暴露于恶劣气候；

⑥ 个体防护用品所能提供的保护及其使用率；

⑦ 人的不安全行为 (失误或故意违反操作规程) 等。

表 3-2 给出了针对不同等级的风险进行相应的风险控制措施策划的信息，供参考。

表 3-2 风险控制措施策划表

风险等级	风险控制措施策划
可忽略风险	不需采取措施且不必保留纪录
可容许风险	不需要另外的控制措施,应考虑投资效果更佳的解决方案或不增加额外成本的改进措施,需要对现行的风险控制措施进行监测,以确保控制措施得以保持并有效
轻度风险	应努力降低风险,但应仔细测定并限定预防成本,并在规定时间期限内实施降低风险的措施 在轻度风险与严重伤害后果相关的场合,必须进行进一步的评价,以更准确地确定伤害的可能性,确保是否需要改进控制措施
中度风险	直至风险降低后才能开始工作。为降低风险有时必须配备大量资源。当风险涉及正在进行的工作时,应采取应急措施
重大风险	只有当风险已降低时,才能开始或继续工作。如果无限的资源投入也不能降低风险,就必须禁止工作

2. 方法二

作业条件危险性评价法是一种定量计算每一种危险源所带来的风险方法。计算公式为

$$D=LEC$$

式中,D 代表"风险值(危险等级划分)";L 代表"发生事故的可能性";E 代表"暴露在危险环境的频率程度";C 代表"发生事故产生的后果"。

(1)L——发生事故的可能性 事故发生的可能性通常用概率来表示,绝对不可能发生的事故概率为 0,而必然发生事故的概率为 1。从系统安全的角度来说,绝对不可能发生事故是不存在的,所以人为地将发生事故可能性极小的分数定为 0.1,而必然要发生的事故的分数定为 10,介于这两种之间的情况指定为若干中间值。表 3-3 提供了事故发生的可能性的分数值,供参考。

(2)E——暴露在危险环境的频率程度 暴露在危险环境的频率程度是指人员出现危险环境中的时间,通常出现在危险环境中的时间越多则危险性越大。规定连续出现在危险环境的情况为 10,非常罕见的出现在危险环境中的为 0.5,介于这两种之间的情况指

定为若干值。表 3-4 提供了暴露在危险环境的频率程度的分数值，供参考。

表 3-3　事故发生的可能性（L）

分数值	事故发生的可能性	分数值	事故发生的可能性
10	极为可能	0.5	很不可能，可以设想
6	相当可能	0.2	极不可能
3	可能，但不经常	0.1	实际不可能
1	很不可能，完全意外		

注：每个组织可以结合其自身的特点来确定事故发生可能性的分数值。

表 3-4　暴露在危险环境的频率程度（E）

分数值	频率程度	分数值	频率程度
10	连续暴露	2	每月一次暴露
6	每天工作时间暴露	1	每年一次暴露
3	每周一次或偶然暴露	0.5	非常罕见的暴露

注：每个组织可以结合其自身的特点来确定暴露在危险环境频率程度的分数值。

（3）C——发生事故产生的后果　发生事故产生的后果是指造成的人身伤害或财产损失的严重程度。因事故造成的人身或财产损失变化范围很大，所以，规定的分数值为 $1\sim100$。将需要救护的轻微伤害或较小财产损失的可能性分数规定为 1，将造成多人死亡或重大财产损失的可能性分数规定为 100，其他情况的数值均为 $1\sim100$，表 3-5 提供了发生事故后果的分数值，供参考。

表 3-5　发生事故产生的后果（C）

分数值	后　果	分数值	后　果
100	大灾难，许多人死亡	7	严重，重伤
40	灾难，数人死亡	3	重大，致残
15	非常严重，一人死亡	1	引人注目，不利于基本的健康安全要求

注：每个组织可以结合其自身的特点来确定发生事故产生后果的分数值。

(4) D——风险值（危险等级划分） 风险值（危险等级划分）求出后关键是如何确定风险级别的界限值，而界限值并不是一成不变的，在不同时期，应根据其具体情况确定风险级别的界限值，以符合持续改进的思想。表 3-6 提供了确定风险级别界限值及其相应控制策划，供参考。

表 3-6　风险等级划分（D）

D 值	风险程度	D 值	风险程度
大于 320	极其危险,不能继续作业	20～70	一般危险,可能接受
160～320	高度危险,需立即整改	小于 20	稍有危险,可能接受
70～160	显著危险,需要注意		

第三节　化工生产的安全管理

化工企业生产安全管理的范围，广义的指生产经营活动的全过程。而本章所指的生产安全管理是狭义的，是指原料进入加工系统之后的工艺操作过程、化学危险品，以及操作人员与工作场所的安全管理。

一、工艺操作安全管理

（一）工艺操作安全管理的概念

① 工艺是指对劳动对象进行加工或再制以改变其形状或性质时，所采取的技术方法和程序。

② 工艺操作是指用特定的工艺对某种劳动对象进行加工时所进行的一切现场劳动的总称。

③ 工艺操作安全管理是指为使工艺操作顺利进行，并取得合格产品所采取的组织和技术措施。

（二）工艺操作安全管理的重要性

工艺操作是生产产品的重要手段，是企业的最主要生产活动。工艺操作安全管理是化工企业管理的重要组成部分，是保证生产顺利进行，取得经济效益的基础，是化工企业安全管理的核心部分。

（三）工艺操作安全管理的主要内容

① 工艺规程的制定、修订及执行；
② 安全技术规程的制定、修订及执行；
③ 安全管理制度的制定、修订及执行；
④ 岗位操作法的制定、修订及执行。

（四）工艺规程的安全管理

1. 工艺规程

（1）工艺规程的概念　工艺规程是阐述某类产品的生产原理、工艺路线、生产方法等一系列技术规定性的文件。

工艺规程所规定的内容反映了生产某种产品过程中必须遵守的客观自然规律。一般来说，在整个生产过程中严格按照工艺规程管理生产，就可杜绝事故的发生，做到安全生产，文明生产。从而保证能够顺利生产出合格的产品，并获得较好的经济效益。

（2）工艺规程的内容

① 产品说明与原料规格说明。包括名称（俗名、别名、化学名称、商品名称）、理化性质、质量指标和用途等。

② 根据单元操作和生产控制环节划分生产工序；按生产过程顺序阐明工作原理和反应条件。

③ 按生产过程顺序列出各控制点的技术指标控制范围（工艺操作条件一览表）。

④ 各项物料消耗指标及其说明。

⑤ 生产控制分析和检验方法。

⑥ 可能出现的不正常情况及处理方法。

⑦ 使用设备一览表及其说明。包括设备的规格、结构、材质、介质和特殊处理以及保护设备的措施。

⑧ 本产品开、停工说明。

⑨ 安全生产基本要点，劳动保护设施。

⑩ 附带控制点和反应条件的生产工艺流程图。

（3）工艺规程的制定、修订　工艺规程应由生产技术部门负责起草，由总工程师负责组织审查并负责批准。

(4) 工艺规程的执行　工艺规程经总工程师（或技术总负责人）审批后，由厂长颁发在全厂推行。与本产品生产有关的职能部门都必须严格执行，不得违反。

安全技术部门要根据工艺规程制定安全技术规程及安全管理制度。设备管理部门要根据工艺规程和设备性能制定机电设备（含管道、仪表等）、建筑物、构筑物的维护检修规程和管理制度。根据工艺规程、安全技术规程和安全管理制度、设备维护检修规程制定各岗位的操作法。

2. 安全技术规程

(1) 安全技术规程的概念　安全技术规程是根据工艺规程阐明的产品生产原理、工艺路线、生产方法，指出整个生产过程中可能产生的危害及其原因，明确预防事故发生的若干措施和方法，做出规定让人们去执行的技术文件。安全技术规程要随着生产技术的发展变化而及时修订。

(2) 安全技术规程的内容

① 物料的物理、化学性质。在安全技术规程中，除首先介绍物料（原料、燃料、中间产品和产成品以及辅助材料等）的理化性质外，应着重介绍与安全直接有关的数据，如密度、自燃点、熔点、沸点、爆炸极限、最小启爆能量、电阻系数等。此外，什么物质间相抵触（相遇发生剧烈反应），什么条件下易燃烧、易爆炸，以及毒性、毒理、防护方法和储运方法等。这些对于进行化工生产的安全管理、科学合理的制定操作程序，分析事故、预防事故都是重要的依据。

② 阐明生产的基本原理与生产工序的划分。安全技术规程的任务就是根据生产基本原理和基本单元操作的具体条件，指明生产中可能造成的危害，明确规定工艺操作中应遵循的程序、方法和应采取的安全措施。

③ 工艺参数与安全的关系。工艺规程中的工艺参数是正常生产的根本保证，它们是经过小试、中试、小生产、扩大生产验证得到的。一般来说，工艺参数是指温度、压力、流量、流速、配料

比、加料时间、升温速度、保温时间、降温、降压速度、出料时间、密度、黏度、凝固点、熔点、浓度（含量）、真空度、硝化脱水值、碳化值、氯化的氯化率等。总之，凡是控制生产操作正常进行的定量数据，即为工艺参数。每种工艺参数对安全生产都很重要，因为每个单元操作和典型的工艺过程都有各自的控制项目和标准。

④ 安全技术规程中应包括设备安全，设备的功能失效有时不但使生产中断，而且危及人身安全。设备的安全性能是制约工艺指标的重要因素。规程必须对设备的安全指标和安全附件给予说明和规定。

⑤ 安全技术规程中应包括工业卫生方面的内容，除急性中毒的预防和抢救的技术规定外，还要有本产品尘毒等有害物质的允许浓度和达到指标的措施。对于辐射、放射性、射频辐射、高频、噪声等有碍身体健康的因素，都应有明确的允许值，并达到要求的措施。

⑥ 安全仪器、仪表、防护和消防器材的原理、使用维护保养等均是安全技术规程必须阐明的内容。

（3）安全技术规程的执行　安全技术规程的内容与生产某种产品过程中所接触的物料的理化性质和作业方式密切相关。因此，对工艺操作的安全而言，品种是固定的。它是厂长通过行政系统向生产车间贯彻执行的。车间是通过各项管理制度和岗位操作法、操作单来实现的。

3. 安全管理制度

（1）安全管理制度的概念　为贯彻执行安全技术规程，需要人们共同遵守的行动准则。

规程与制度是有区别的，工艺规程、安全技术规程主要反映生产过程中客观的自然规律的要求。而管理制度主要是为满足客观规律的要求，指明人们应该做什么？怎么做？是限制人们主观行动的规范。按照安全管理制度的要求去认真办理，安全技术规程就能得到落实。

安全管理制度要随着安全技术规程、管理体制、机构的变化而制定和修订。

（2）安全管理制度的内容　安全管理制度的内容包括以下各点：a. 安全管理基本原则和安全生产责任制；b. 安全教育制度；c. 安全作业证制度；d. 安全检查制度；e. 安全技术措施制度；f. 安全检修制度；g. 防火防爆的安全规定；h. 危险物品的管理；i. 防止急性中毒的制度；j. 新建、改建、扩建工程三同时制度；k. 安全装置与防护器具管理；l. 厂内交通管理；m. 建筑与安装有关安全管理制度；n. 事故管理制度；o. 要害岗位安全管理制度；p. 仓库安全管理制度；q. 锅炉、压力容器安全管理制度；r. 气瓶、液化气体钢瓶安全管理制度；s. 液化气体铁路罐车和汽车槽车安全管理制度。

（3）安全管理制度的执行　安全管理制度的贯彻执行是通过各岗位的岗位操作法和各种操作单得到落实的。各级领导和职能人员执行制度主要靠他们对安全生产的认识，还要依靠安全部门和员工的监督，厂长还应定期向职代会汇报安全生产情况。员工有权对厂领导安全生产不利情况提出批评，要求改正。

二、危险化学品的安全管理

2002年1月9日国务院的52次常务会议通过了《危险化学品安全管理条例》，此条例自2003年3月15日起施行。此条例中明确规定危险化学品的管理规定。

（一）危险化学品的生产和使用

生产和使用化学品的企业，应当根据危险化学品的种类、性能，设置相应的通风、防火、防爆、防毒、监测、报警、降温、防潮、避雷、防静电、隔离操作等安全设施，并根据需要，建立消防和急救组织。生产危险化学品的企业，必须严格执行有关工业产品质量责任的法规，保证产品质量符合国家标准，并应经过包装监督检验机构的测试或检查。生产、使用危险化学品的企业必须遵守各项安全生产制度，严格用火管理制度。生产、使用危险化学品时，必须有安全防护措施和用具。盛装危险化学品的容器，在使用前后，必须进行检查，消除隐患，防止火灾、爆炸、中毒等事故发生。生产化学危险品的装置应当密闭，并设有必要的防爆、泄压设施。生产有毒物品应当设有监测、报警、自动连锁、中和、消除等安全及工业卫生设施。

(二) 危险化学品贮存方式、贮存场所及贮存量的限制

1. 危险化学品贮存方式

①隔离贮存；②隔开贮存；③分离贮存。

2. 贮存场所的要求

① 贮存危险化学品的建筑物不得有地下室或其他地下建筑，其耐火等级、层数、占地面积、安全疏散和防火间距，应符合国家有关规定。

② 贮存地点及建筑结构的设置，除了应符合国家的有关规定外，还应考虑对周围环境和居民的影响。

③ 贮存场所的电气安装

a. 危险化学品贮存建筑物、场所消防用电设备应能充分满足消防用电的需要；

b. 危险化学品贮存区域或建筑物内输配电线路、灯具、火灾事故照明和疏散指示标志，都应符合安全要求；

c. 贮存易燃、易爆危险化学品的建筑，必须安装避雷设备。

④ 贮存场所通风或温度调节

a. 贮存危险化学品的建筑必须安装通风设备，并注意设备的防护措施；

b. 贮存危险化学品的建筑通、排风系统应设有导除静电的接地装置；

c. 通风管应采用非燃烧材料制作；

d. 通风管道不宜穿过防火墙等防火分隔物，如必须穿过时应用非燃烧材料分隔；

e. 贮存危险化学品建筑采暖的热媒温度不应过高，热水采暖温度不应超过80℃，不得使用蒸汽采暖和机械采暖；

f. 采暖管道和设备的保温材料，必须采用非燃烧材料。

3. 贮存安排及贮存量限制

① 危险化学品贮存安排取决于危险化学品分类、分项、容器

类型、贮存方式和消防的要求。

② 贮存量及贮存安排见表 3-7 所示。

表 3-7 危险化学品贮存量及贮存安排

贮存要求	贮存类别			
	露天贮存	隔离贮存	隔开贮存	分离贮存
平均单位面积贮存量/t·m^{-2}	1.0～1.5	0.5	0.7	0.7
贮存区最大贮存量/t	2000～2400	200～300	200～300	400～600
垛距限制/m	2	0.3～0.5	0.3～0.5	0.3～0.5
通道宽度/m	4～6	1～2	1～2	5
墙距宽度/m	2	0.3～0.5	0.3～0.5	0.3～0.5
与禁忌品距离/m	10	不得同库贮存	不得同库贮存	7～10

③ 遇火、遇热、遇潮能引起燃烧、爆炸或发生化学反应，产生有毒气体的危险化学品不得在露天或在潮湿、积水的建筑物中贮存。

④ 受日光照射能发生化学反应引起燃烧、爆炸、分解、化合或能产生有毒气体的危险化学品应贮存在一级建筑物中。其包装应采取避光措施。

⑤ 爆炸物品不准和其他类物品同贮，必须单独隔离、限量贮存。仓库不准建在城镇，还应与周围建筑、交通干道、输电线路保持一定安全距离。

⑥ 压缩气体和液化气体必须与爆炸物品、氧化剂、易燃物品、自燃物品、腐蚀性物品隔离贮存。易燃气体不得与助燃气体、剧毒气体同贮；氧气不得与油脂混合贮存，盛装液化气体的容器属压力容器的，必须有压力表、安全阀、紧急切断装置，并定期检查，不得超装。

⑦ 易燃液体、遇湿易燃物品、易燃固体不得与氧化剂混合贮

存，具有还原性的氧化剂应单独存放。

⑧ 有毒物品应贮存在阴凉、通风、干燥的场所，不要露天存放，不要接近酸类物质。

⑨ 腐蚀性物品，包装必须严密，不允许泄漏，严禁与液化气体和其他物品共存。

（三）危险化学品出入库管理及消防措施

1. 危险化学品出入库管理

① 贮存危险化学品的仓库，必须建立严格的出入库管理制度。

② 危险化学品出入库前均应按合同进行检查、验收、登记。验收内容包括：数量；包装；危险标志。经核对后方可入库、出库，当物品性质未弄清时不得入库。

③ 进入危险化学品贮存区域的人员、机动车辆和作业车辆，必须采取防火措施。

④ 装卸、搬运危险化学品时应按有关规定进行，做到轻装、轻卸。严禁摔、碰、撞、击、拖拉、倾倒和滚动。

⑤ 装卸对人身有毒害及腐蚀性的物品时，操作人员应根据危险性，穿戴相应的防护用品。

⑥ 不得用同一车辆运输互为禁忌的物料。

⑦ 修补、换装、清扫，装卸易燃、易爆物料时，应使用不产生火花的铜制、合金制或其他工具。

2. 消防措施

① 根据危险品的特性和仓库条件，必须配置相应的消防设备、设施和灭火药剂，并配备经过培训的兼职和专职的消防人员。

② 贮存危险化学品的建筑物内应根据仓库条件安装自动监测和灭火报警系统。

③ 贮存危险化学品的建筑物内，如条件允许，应安装灭火喷淋系统（遇水燃烧化学危险品，不可用水扑救的火灾除外），其喷淋强度和供水时间为：喷淋强度 $15L/(min \cdot m^2)$；持续时间为 90min。

三、生产现场及人员的安全管理

（一）人员的安全管理

人员管理在企业安全管理中十分重要，生产过程的指挥人员和劳动者是生产要素最为活跃的因素，也是安全生产的主要因素。必须掌握以下几个环节。

1. 人员质量的控制

在石油化工企业参加生产建设的人员，都必须有相应的身体素质和文化、技术素质，以保证生产建设的顺利进行。①身体素质主要指能承担所分配工作所需的体力。特别要控制石油化工生产的禁忌症。②文化、技术素质是指人员于所分配的工作应有相应的文化和技术知识，经过培养能掌握生产操作技能和具备相应的管理能力。

2. 人员进入现场的控制

新入厂人员进入生产现场之前必须经过三级安全教育。厂安全科（处）建立三级安全教育卡，厂人力资源部门协同有关部门执行厂级安全教育，车间和班组分别履行二、三级安全教育。经考试合格才能进入岗位学习。三级安全教育的要求应按上级统一规定的内容结合本厂实际进行。

3. 人员的安全思想和行为的管理

生产、劳动过程是生产各要素相互结合、矛盾运动的过程。人们在劳动和工作中受到各种矛盾的影响和制约，因此，对于在现场劳动和工作人员的安全思想和安全行为必须加以管理，这是保证安全生产最重要的问题。安全思想和安全行为的视线，主要靠思想教育、安全知识和技能教育。使劳动、工作人员自觉遵守各项规章制度。另外，对各种不安全思想和不安全行为进行检查，及时纠正，并以此为例教育全体人员，形成良好温馨的安全生产氛围。

（二）生产现场的安全管理

生产劳动都是在现场进行的，现场管理的水平直接影响着安全制度的正确贯彻，也直接影响着安全生产是否能真正实现。加强现场管理才能使规章制度落到实处。生产现场应该指一切有生产要素存在的地方和场所，所以涉及面广，牵制着许多专业管理在现场的实现。

1. 安全宣传

① 安全宣传的作用：它是人们的心理因素和教育因素在具体环境中的融合。通过具体的宣传形式（包括标语、标牌和广播等），使人们一进厂就能清醒地意识到自己已经从生活环境进入了生产环境中。随着人员向生产岗位的深入，安全宣传也应不断深入，使其思想、心理都与生产紧密结合起来，掌握好生产的主动权。

② 安全宣传的形式和内容：主要形式是安全标语、安全标语牌、安全宣传画、安全标志牌等。主要内容以"安全生产、人人有责"、"安全第一"、"禁止吸烟"及"佩戴好劳动保护用具"等为主，根据生产性质和生产环境特点，制定出适合本厂的"进入厂区有关规定"。

2. 厂区公用设施的管理

厂区公用设施涉及安全方面的有厂区道路、下水道和阴井、地面水等。

3. 厂内交通安全管理

厂内与厂外交通规则虽然是相同的，但厂内交通有其特殊性。厂内一般不设交通警察。此外，厂内道路复杂，管线、支架、地沟等纵横交错；车间在修、抢修、基建施工有时占用道路；车辆要进出库房、车间等危险场地；厂内的车辆类型多种多样，除常见的运输车辆外，还有不出厂的翻斗车、叉车（铲车）、电瓶车等特殊车辆，这些车辆常常运输各类危险品。因此，要保证安全必须搞好厂内道路、车辆交通安全管理。

第四节 化工生产的火灾爆炸危险性评价

一、化工生产装置的火灾危险性分类

（一）化工生产装置火灾危险性分类原则

目前，我国对于化工生产装置火灾危险性的分类，主要是依据生产中所使用的原料、中间产品及产品的物理化学性质、数量及工艺技术条件等综合考虑而决定的。共分为五大类，其中甲类最危险，戊类的火灾危险性小。其分类原则详见表 3-8。

表 3-8　化工生产的火灾危险性分类原则

生产类别	特征
甲	生产中使用或产生下列物质： ①闪点<28℃的易燃液体 ②爆炸下限<10%的可燃气体 ③常温下能自行分解或在空气中氧化即能导致迅速自燃或爆炸的物质 ④常温下受到水或空气中水蒸气的作用，能产生可燃气体并引起燃烧或爆炸的物质 ⑤遇酸、受热、撞击、摩擦以及遇有机物或硫磺等易燃无机物，极易引起燃烧或爆炸的强氧化剂 ⑥受撞击、摩擦或与氧化剂、有机物接触时能引起燃烧或爆炸的物质 ⑦在压力容器内物质本身温度超过自燃点的生产
乙	生产中使用或产生下列物质： ①28℃≤闪点<60℃的易燃、可燃液体 ②爆炸下限≥10%的可燃气体 ③助燃气体和不属于甲类的氧化剂 ④不属于甲类的化学易燃危险固体 ⑤排出浮游状态的可燃纤维或粉尘，并能与空气形成爆炸性混合物
丙	生产中使用或产生下列物质： ①闪点≥60℃的可燃液体 ②可燃固体
丁	具有下列情况的生产： ①对非燃烧物质进行加工，并在高热或熔化状态下经常产生辐射热、火花或火焰的生产 ②利用气体、液体、固体作为燃料或将气体、液体进行燃烧做其他用的 ③常温下使用或加工难燃烧物质的生产
戊	常温下使用或加工非燃烧物质的生产

注：1. 在生产过程中，如使用或产生易燃、可燃物质的量较少，不足以构成爆炸或火灾危险时，可以按实际情况确定其火灾危险性的类别。

2. 一座厂房内或其防火墙间有不同性质的生产时，其类别应按火灾危险性较大的部分确定，但火灾危险性较大的部分占本层面积的比例小于5%，且发生事故时不足以蔓延到其他部分，或采取防火措施能防止火灾蔓延时，其类别可按火灾危险性较小的部分确定。

3. 生产设备区内有不同性质的生产时，其类别应按火灾危险性较大的部分确定；但火灾危险性较大的部分占本区占地面积的比例小于10%，且发生事故时不足以蔓延到其他部分或采取防火措施能防止火灾蔓延时，其类别可按火灾危险性较小的部分确定。

4. 生产的火灾危险性分类，适用于露天生产设备区以及敞开或半敞开式建筑物、构筑物和厂房。

根据上述原则，表 3-9 中详细列举了化工生产装置的火灾危险性分类的举例。

化工厂的防火设计必须遵循上述分类原则。对不同类型的危险性装置，采取相应的安全技术措施，遵守化工企业设计防火规定和规范。厂房和构筑物必须符合建筑设计防火规范。

表 3-9　生产装置的火灾危险性分类举例

生产类别	举　　例
甲	①闪点<28℃的油品和有机溶剂的提炼、回收或洗涤工段及其泵房，二硫化碳工段，环氧丙烷工段，甲醇、乙醚、丙酮、异丙酮、醋酸乙酯、苯等的合成或精制工段，苯酚丙酮车间 ②乙烯、丙烯制冷、分离工段，丁烯氧化脱氢制丁二烯工段，乙烯水合制酒精工段，顺丁橡胶、丁苯橡胶的聚合工段 ③硝化棉工段、赛璐珞车间、黄磷制备工段 ④金属钠、金属钾加工车间，五氧化二磷工段，三氯化磷工段 ⑤氯酸钠、氯酸钾车间，过氧化氢工段，过氧化钠工段 ⑥赤磷制备工段，五硫化二磷工段 ⑦轻质油、重质油、天然气裂解工段
乙	①28℃≤闪点<60℃的油品和有机溶剂的提炼、回收、洗涤工段及其泵房，己内酰胺的萃取精制工段，乙二醇精制工段，环己酮精馏、肟化、转位、中和工段 ②一氧化碳压缩及净化工段，发生炉煤气或鼓风炉煤气净化工段，氨压缩、氨制冷工段，氨水吸收工段，尿素合成、汽提工段，氨接触氧化制硝酸工段 ③氧气站，发烟硫酸或发烟硝酸浓缩工段，高锰酸钾工段 ④硫磺回收车间，精萘车间 ⑤铝粉、镁粉车间，煤粉车间，活性炭制造及再生工段
丙	①闪点≥60℃的油品和有机液体的提炼、回收工段及其泵房，焦油生产，沥青加工，润滑油再生工段，苯甲酸工段，苯乙酮工段 ②顺丁橡胶生产的后处理、脱水、干燥包装工段，橡胶制品的压延成型和硫化工段 ③合成氨生产用煤焦和煤的备料干燥及输送，尿素生产的蒸发造粒输送工段
丁	①碳酸氢铵离心分离、包装工段 ②石灰焙烧工段，电石炉，硫酸生产焙烧工段 ③金属冶炼、锻造、铆焊、铸造、热处理车间，锅炉房，汽车库
戊	纯碱车间(煅烧炉除外)，氰化钠生产工段，空气分离、压缩、净化工段，二氧化碳压缩、装瓶工段，氮气、压缩、装瓶工段

在化工企业也可采用火灾爆炸指数评价法，对化工工艺过程和生产装置的火灾爆炸危险性进行评价。

（二）化工生产装置的防火要求

1. 各类化工生产装置的布置

① 在化工生产中，为了防火、防爆的需要，宜将生产装置露天布置，或者布置在敞开或半敞开式的建筑物中。生产装置内的设备、建筑物、构筑物之间的防火间距必须符合建筑设计防火规定。

② 根据不同火灾危险类别和生产工艺过程的特点，装置内可分区布置，并用道路将甲、乙类工序分隔为占地面积不大于 $8000m^2$ 的设备区或建筑物、构筑物区。区与区之间的防火间距不应小于 8m。建筑物与建筑物之间的距离不宜小于 4m。

③ 明火设备应远离可能泄漏液化石油气、可燃气体、可燃蒸气的设备及贮罐。当有一个以上的明火设备时，应将其集中布置在装置的边缘，并应设在有散发可燃气体的设备、建筑物、构筑物的侧风或上风向；但有飞火的明火设备应布置在上述设备、建筑物、构筑物的侧风向。因工艺生产过程或热能利用的需要，将明火设备与有可燃气体、可燃蒸气的密闭设备布置在一起时，其两者间的距离不作规定。

④ 有火灾爆炸危险的甲、乙类生产设备、建筑物、构筑物宜布置在装置的边缘。其中有爆炸危险的和高压设备应布置在防爆构筑物内。

⑤ 主要为甲、乙类的生产装置，其集中控制的自控仪表室、变电配电室、分析化验室等辅助建筑物，应布置在安全、便于操作和管理的地方，不宜与可能泄漏液化石油气及散发比重大于 0.7 的可燃气体的甲类生产设备、建筑物、构筑物贴邻布置。如需贴邻布置时，应用密封的非燃烧材料的实体墙或走廊相隔，必要时宜采用室内正压通风措施。

可燃气体及易燃液体的在线自动分析仪，宜设置在生产现场或与分析化验室等辅助建筑物隔开的单独房间内。

⑥ 装置区内不宜大量贮存可燃气体、易燃和可燃液体，只设置为平衡生产用的小型中间罐或罐区。

2. 厂房的耐火等级、层数和面积

① 各种生产类别的厂房的耐火等级、层数和占地面积应符合表 3-10 的规定。

表 3-10　厂房的耐火等级、层数和占地面积

生产类别	耐火等级	最多允许层数	防火分区最大允许占地面积/m²			
			单层厂房	多层厂房	高层厂房	厂房的地下室和半地下室
甲	一级 二级	除生产必须采用多层者外,宜采用单层	4000 —	3000 2000	— —	— —
乙	一级 二级	不限	3000	4000 3000	2000 1500	
丙	一级 二级 三级	不限 不限 2	5000 4000	6000 4000 2000	3000 2000	500 500
丁	二级 三级 四级	不限 3 1	不限 8000 3000	不限	4000	1000
戊	二级 三级 四级	不限 3 1	不限 5000 1500	不限 3000	6000	1000

注：1. 防火分区间应用防火墙分隔。一、二级耐火等级的单层厂房（甲类厂房除外）如面积超过本表规定，设置防火墙有困难时，可用防火水幕带或防火卷帘加水幕分隔。

2. 一级耐火等级的多层及二级耐火等级的单层、多层纺织厂房（麻纺厂除外）可按本表的规定增加 50%，但上述厂房的原棉开包、清花车间均应设防火墙分隔。

3. 一、二级耐火等级的单层、多层造纸生产联合厂房，其防火分区最大允许占地面积可按本表的规定增加 1.5 倍。

4. 甲、乙、丙类厂房装有自动灭火设备时防火分区最大允许占地面积可按本表的规定增加 1 倍；丁、戊类厂房装设自动灭火设备时，其占地面积不限。局部设置时，增加面积可按该局部面积的 1 倍计算。

② 在小型企业中，面积不超过 300m² 的独立的甲、乙类生产厂房，可采用三级耐火等级的单层建筑。

③ 使用或生产可燃液体的丙类生产厂房和有火花、赤热表面、明火的丁类生产厂房均应采用一、二级耐火等级的建筑。

但丙类生产厂房面积不超过 $500m^2$、丁类生产厂房面积不超过 $1000m^2$ 的，也可采用三级耐火等级的单层建筑。

④ 甲、乙类生产不应设在建筑物的地下室或半地下室内。

⑤ 有爆炸危险的甲、乙类生产厂房必须符合防爆厂房的规定，宜采用钢筋混凝土柱、钢柱或框架承重结构。泄压面积与厂房体积比一般在 $0.05 \sim 0.1 m^2/m^3$。防爆厂房内不应设办公室和休息室。

⑥ 在一座厂房内有不同生产类别的设备时，必须实行隔开布置。隔离墙应是不开孔的防火墙。如需设门时，应设防火门。

有爆炸危险的甲、乙类生产部位，宜设在单层厂房靠外墙处或多层厂房的最上一层靠外墙处。

3. 安全技术措施

① 工艺设计应选定先进可靠的生产流程。对有火灾爆炸危险的过程及设备，应有必要的自控检测仪表、报警信号或其他安全设施。甲类生产在有液化石油气及可燃气体容易泄漏扩散处，宜设置可燃气体浓度检测报警器。

② 设备和管道的设计，特别是高温、低温、高压设备和管道，应选择合适的材料，以确保机械强度和使用期限。设备和管道的设计、制造、安装及试压，应符合国家现行标准和规范的要求。

③ 生产和使用可燃气体的设备和装置，在发生事故时应能及时放空。大型生产装置应设有排放火炬。火炬的高度应满足其辐射热不致伤害人身及设备安全。火炬应设有长明灯及可靠的点火设施。

因反应物料爆聚、分解造成超温、超压可能引起火灾爆炸危险的装置，有突然超压或瞬间分解爆炸危险物料的设备，均应设置报警信号系统及自动或手动紧急泄压排放设施，并设有安全阀、爆破板、导爆筒等，导爆筒应朝向安全方向，应设置蒸汽喷射管，防止二次爆炸。

可燃气体排放管、导爆筒等都要有静电接地、避雷设施或在避雷设施的保护范围之内。放空管的高度应高于附近有人操作的最高设备 2m 以上。设在建筑物、构筑物内或紧靠建筑物、构筑物的放空管，应高出建筑物、构筑物 2m 以上。

④ 含重组分的气体燃料管线，在接入燃烧器之前应有防止回火及分液设施。分出的液体要排至回收系统或安全排放。

⑤ 工业炉内应配备蒸汽管线，供灭火和炉膛吹扫之用。灭火用蒸汽压力不小于 0.6MPa，炉膛内水蒸气的供给强度不小于 $0.003kg/(s \cdot m^3)$。

⑥ 生产、贮存和装卸液化石油气、可燃气体、易燃液体，用空气干燥、掺和、输送可燃粉状、粒状物料等的设备和管道，都应设置静电接地或消除静电的措施。

⑦ 甲、乙类生产有散发可燃气体及蒸气的设备、建筑物、构筑物区，其物料管线和电缆宜架空敷设。如需要在管沟和电缆沟敷设时，宜有防止可燃气体沉集和含有易燃、可燃液体的污水流渗至沟内的措施。进入变配电室、自控仪表室的管沟和电缆沟的入口处以及穿墙孔洞，应予填实密封。

⑧ 甲、乙类生产的物料管线不应穿过与它无关的建筑物，如卧室、浴室、地下室、易燃易爆品的仓库、有腐蚀介质的房间配电室、烟道、进风道等地方。

⑨ 有易燃、易爆物料的设备及管道系统，应有用惰性气体置换和灭火的设施。甲、乙、丙类生产设备和厂房，宜根据物料的性质和设备的布置情况，采用固定或半固定式水蒸气或惰性气体灭火。所谓固定式灭火管线是利用固定的水蒸气或惰性气体管线，在管线上开成小孔，使蒸汽或惰性气体从小孔中喷出，达到灭火的目的，也称为气幕。所谓半固定式灭火管线，是在灭火蒸汽或惰性气体管线上装上短接头，再接上软管直接引向着火点，进行灭火。

⑩ 生产中产生的含有可燃气体及易燃可燃液体的污水，宜采取回收或处理措施。严禁将几种能相互发生化学反应而引起火灾或爆炸的污水直接混合排放。

化工厂的消防设计应根据工厂的规模、火灾危险程度及邻近单位的消防协作条件综合考虑。大中型化工厂及石油化工联合企业应设立消防站，消防站的服务范围按行车距离不得大于 2.5km。超出消防站服务范围的应设立分站或其他消防设施。化工厂的消防给水可采用高压、临时高压或低压系统。消防水管网应采用环状管网。有关具体要求请参见化工企业设计规定。

二、化学反应的安全技术管理

在化工生产中，不同的化学反应有不同的工艺条件，不同的化工过程有不同的操作规程。评价一套化工生产装置的危险性，不单要看它所加工的介质、中间产品、产品的性质和数量，还要看它所包含的化学反应类型及化工过程和设备的操作特点。因此，化工安全技术管理与化工工艺是密不可分的。化工安全技术要求对化工生产装置从设计、制造、安装直至投产实施一条龙管理，以保证其工艺技术合理，机械设备、管道、阀门、仪表可靠以及操作人员技术娴熟。

（一）氧化反应

绝大多数氧化反应都是放热反应。这些反应很多是易燃、易爆物质（如甲烷、乙烯、甲醇、氨等）与空气或氧气参加，其物料配比接近爆炸下限。倘若配比及反应温度控制失调，即能发生爆炸燃烧。某些氧化反应能生成危险性更大的过氧化物，它们的化学稳定性极差，受高温、摩擦或撞击便会分解，引燃或爆炸。

有些参加氧化反应的物料本身是强氧化剂，如高锰酸钾、氯酸钾、铬酸酐、过氧化氢，它们的危险性很大，在与酸、有机物等作用时危险性更大。因此，在氧化反应中，一定要严格控制氧化剂的投料量（即适当的配料比），氧化剂的加料速度也不宜过快。要有良好的搅拌和冷却装置，防止温升过快、过高。此外，要防止因设备、物料含有的杂质为氧化剂提供催化剂，如有些氧化剂遇金属杂质会引起分解。使用空气时一定要净化，除掉空气中的灰尘、水分和油污。

当氧化过程以空气和氧气为氧化剂时，反应物料配比应严控制在爆炸范围以外。如乙烯氧化制环氧乙烷，乙烯在氧气中的爆炸下限为 91%，即含氧量 9%。反应系统中氧含量要求严格控制在 9% 以下。其产物环氧乙烷在空气中的爆炸极限很宽，为 $3\%\sim100\%$。其次，反应放出大量的热增加了反应体系的温度。

在高温下，由乙烯、氧和环氧乙烷组成的循环气具有更大的爆炸危险性。针对上述两个问题，工业上采用加入惰性气体（N_2，CO_2 或甲烷等）的方法，来改变循环气的成分，缩小混合气的爆炸极限，增加反应系统的安全性。其次，这些惰性气体具有较高的热容，能有效地带走部分反应热，增加反应系统的稳定性。这些惰性气体称为致稳气体，致稳气在反应中不消耗，可循环使用。因此，氧化反应一般列为危险要害岗位，重点管理。

（二）还原反应

还原反应种类很多。虽然多数还原反应的反应过程比较缓和，但是许多还原反应会产生氢气或使用氢气，从而使防火、防爆问题突出。另外，有些反应使用的还原剂和催化剂有很大的燃烧爆炸危险性。

1. 利用初生态氢还原

利用铁粉、锌粉等金属，在酸、碱作用下生成初生态氢起还原作用。硝基苯在盐酸溶液中被铁粉还原成苯胺。铁粉和锌粉在潮湿空气中遇酸性气体时可能引起自燃，在贮存时应特别注意。

反应时酸、碱的浓度要控制适宜，浓度过高或过低均使产生初生态氢的量不稳定，使反应难以控制。反应温度也不易过高，否则容易突然产生大量氢气而造成冲料。反应过程中应注意搅拌效果，以防止铁粉、锌粉下沉。一旦温度过高，底部金属颗粒翔动，将产生大量氢气而造成冲料。反应结束后，反应器内残渣中仍有铁粉、锌粉在继续作用，不断放出氢气，很不安全，应放入室外贮槽中，加冷水稀释，槽上加盖并设排气管以导出氢气。待金属粉消耗殆尽，再加碱中和。若急于中和，则容易产生大量氢气并生成大量的热，将导致燃烧爆炸。所以，此类列为危险要害岗位，进行重点管理。

2. 在催化剂作用下加氢

有机合成工业和油脂化学工业中，常用雷内镍（Raney-Ni）、钯碳等为催化剂使氢活化，然后加入有机物质的分子中起还原反应。例如，苯在催化作用下，经加氢生成环己烷。

催化剂雷内镍和钯碳在空气中吸潮后有自燃的危险。钯碳更易自燃，平时不能暴露在空气中，而要浸在酒精中。反应前必须用氮气置换反应器的全部空气，经测定证实含氧量降低到符合要求后，方可通入氢气。反应结束后，应先用氮气把氢气置换掉，并以氮封保存。

此外，无论是利用初生态氢还原，还是催化加氢，都是在氢气存在下，并在加热、加压条件下进行。氢气的爆炸极限为 $4\%\sim 75\%$，如果操作失误或设备泄漏，都极易引起爆炸。操作中要严格控制温度、压力和流量。厂房的电气设备必须符合防爆要求，且应采用轻质屋顶，开设天窗或风帽，使氢气易于飘逸。尾气排放管要高出房顶并设阻火器。

高温高压下的氢对金属有渗碳作用，易造成氢腐蚀，所以，对设备和管道的选材要符合要求。对设备和管道要定期检测，以防发生事故。此类列为危险要害岗位，进行重点管理。

3. 使用其他还原剂还原

常用还原剂中火灾危险性大的有硼氢类、四氢化锂铝、氢化钠、保险粉（连二亚硫酸钠 $Na_2S_2O_4$）、异丙醇铝等。

常用的硼氢类还原剂为钾硼氢和钠硼氢。钾硼氢通常溶解在液碱中比较安全。它们都是遇水燃烧物质，在潮湿的空气中能自燃，遇水和酸即分解放出大量的氢，同时产生大量的热，可使氢气燃爆。所以应贮于密闭容器中，置于干燥处。在生产中，调节酸、碱度时要特别注意防止加酸过多、过快。

四氢化锂铝有良好的还原性，但遇潮湿空气、水和酸极易燃烧，应浸没在煤油中贮存。使用时应先将反应器用氮气置换干净，并在氮气保护下投料和反应。反应热应由油类冷却剂取走，不应用水，防止水漏入反应器内，发生爆炸。

用氢化钠做还原剂与水、酸的反应与四氢化锂铝相似，它与甲醇、乙醇等反应也相当激烈，有燃烧、爆炸的危险。

保险粉是一种还原效果不错且较为安全的还原剂。它遇水发热，在潮湿的空气中能分解析出黄色的硫磺蒸气。硫磺蒸气自燃点低，易自燃。使用时应在不断搅拌下，将保险粉缓缓溶于冷水中，待溶解后再投入反应器与物料反应。

异丙醇铝常用于高级醇的还原，反应较温和。但在制备异丙醇铝时需加热回流，将产生大量氢气和异丙醇蒸气，如果铝片或催化剂三氯化铝的质量不佳，反应就不正常，往往先是不反应，温度升高后又突然反应，引起冲料，增加了燃烧、爆炸的危险性。此类列为危险要害岗位，进行重点管理。

采用危险性小而还原性强的新型还原剂对安全生产很有意义。例如，用硫化钠代替铁粉还原，可以避免氢气产生，同时，也消除了铁泥堆积问题。

（三）硝化反应

有机化合物分子中引入硝基（—NO_2）取代氢原子而生成硝基化合物的反应，称为硝化。常用的硝化剂是浓硝酸或浓硝酸与浓硫酸的混合物（俗称混酸）。硝化反应是生产染料、药物及某些炸药的重要反应。

硝化反应使用硝酸做硝化剂，浓硫酸为触媒，也有使用氧化氮气体做硝化剂的。一般的硝化反应是先把硝酸和硫酸配成混酸，然后在严格控制温度的条件下将混酸滴入反应器，进行硝化反应。

制备混酸时，应先用水将浓硫酸适当稀释，稀释应在有搅拌和冷却情况下将浓硫酸缓缓加入水中，并控制温度。如温度升高过快，应停止加酸，否则易发生爆溅。

浓硫酸适当稀释后，在不断搅拌和冷却条件下加浓硝酸。应严格控制温度和酸的配比，直至充分搅拌均匀为止。配酸时要严防因温度猛升而冲料或爆炸。更不能把未经稀释的浓硫酸与硝酸混合，因为浓硫酸猛烈吸收浓硝酸中的水分而产生高热，将使硝酸分解产生多种氮氧化物（NO_2、NO、N_2O_3），引起突沸冲料或爆炸。浓硫酸稀释时，不可将水注入酸中，因为水的密度比浓硫酸小，上层的水被溶解放出的热量加热而沸腾，引起四处飞溅。

配制成的混酸具有强烈的氧化性和腐蚀性，必须严格防止触及棉、纸、布、稻草等有机物，以免发生燃烧爆炸。硝化反应的腐蚀性很强，要注意设备及管道的防腐性能，以防渗漏。

硝化反应是放热反应，温度越高，硝化反应速率越快，放出的热量越多，极易造成温度失控而爆炸。所以，硝化反应器要有良好的冷却和搅拌，不得中途停水、断电及搅拌系统发生故障。要有严格的温度控制系统及报警系统，遇有超温或搅拌故障，能自动报警并自动停止加料。反应物料不得有油类、醋酐、甘油、醇类等有机杂质，含水也不能过高，否则遇酸易燃烧爆炸。因此，此类列为危险要害岗位，进行重点管理。硝化器应设有泄爆管和紧急排放系统。一旦温度失控，紧急排放到安全地点。

硝化产物具有爆炸性，处理硝化物时要格外小心。应避免摩擦、撞击、高温、日晒，不能接触明火、酸、碱。卸料时或处理堵塞管道时，可用蒸汽慢慢疏通，千万不能用金属棒敲打或明火加热。拆卸的管道、设备应移至车间外安全地点，用水蒸气反复冲洗，刷洗残留物，经分析合格后，才能进行检修。

（四）磺化反应

在有机物分子中导入磺酸基或其衍生物的化学反应称为磺化反应。磺化反应使用的磺化剂主要是浓硫酸、发烟硫酸和硫酸酐，都是强烈的吸水剂。吸水时放热，会引起温度升高，甚至发生爆炸。磺化剂有腐蚀作用，磺化反应与硝化反应在安全技术上相似。因此，此类列为危险要害岗位，进行重点管理。

（五）氯化反应

以氯原子取代有机化合物中氢原子的反应称为氯化反应。常用的氯化剂有：液态或气态氯、气态氯化氢和不同浓度的盐酸、磷酰氯（三氯氧化磷）、三氯化磷、硫酰氯（二氯硫酰）、次氯酸钙［漂白粉 $Ca(OCl)_2$］等。最常用的氯化剂是氯气。氯气由氯化钠电解得到，通过液化贮存和运输。常用的容器有贮罐、气瓶和槽车，它们都是压力容器。氯气的毒性很大，要防止设备泄漏。

在化工生产中用以氯化的原料一般是甲烷、乙烷、乙烯、丙烷、丙烯、戊烷、苯、甲苯及萘等，它们都是易燃易爆物质。氯化反应是放热反应。有些反应比较容易进行，如芳烃氯化，反应温度较低，而烷烃和烯烃氯化则温度高达 $300\sim500℃$。在这样苛刻的反应条件下，一定要控制好反应温度、配料比和进料速度。反应器要有良好的冷却系统。设备和管道要耐腐蚀，因为氯气和氯化产物（氯化氢）的腐蚀性极强。

气瓶或贮罐中的氯气呈液态，冬天汽化甚慢，有时需加热，以促使氯的汽化。加热一般用温水而切忌用蒸汽和明火，以免温度过高，液氯剧烈汽化，造成内压过高而发生爆炸。停止通氯时，应在氯气瓶尚未冷却的情况下关闭出口阀，以免温度骤降，瓶内氯气体积缩小，造成物料倒灌，形成爆炸性气体。

三氯化磷、三氯氧磷等遇水猛烈分解，会引起冲料或爆炸，所以要防水。冷却剂最好不用水。氯化氢极易溶于水，可以用水来冷却和吸收氯化反应的尾气。

（六）裂解反应

广义地说，凡是有机化合物分子在高温下发生分解的反应过程都称为裂解。而石油化工中所谓的裂解是指石油烃（裂解原料）在隔绝空气和高温条件下，分子发生分解反应而生成小分子烃类的过程。在这个过程中还伴随着许多其他的反应（如缩合反应），生成一些别的反应物（如由较小分子的烃缩合成较大分子的烃）。

裂解是总称，不同的情况可以有不同的名称。如单纯加热不使用催化剂的裂解称为热裂解；使用催化剂的裂解称为催化裂解；使用添加剂的裂解，随着添加剂的不同，有水蒸气裂解、加氢裂解等。

石油化工中的裂解与石油炼制工业中的裂化有共同点，即都符合前面所说的广义定义。但是也有不同，主要区别有二：一是所用的温度不同，一般大体以 600℃ 为分界，在 600℃ 以上所进行的过程为裂解，在 600℃ 以下的过程为裂化；二是生产的目的不同，前者的目的产物为乙烯、丙烯、乙炔、联产丁二烯、苯、甲苯、二甲苯等化工产品，后者的目的产物是汽油、煤油等燃料油。

在石油化工中用的最为广泛的是水蒸气热裂解，其设备为管式裂解炉。

裂解反应在裂解炉的炉管内并在很高的温度（以轻柴油裂解制乙烯为例，裂解气的出口温度近 800℃）、很短的时间内（0.7s）完成，以防止裂解气体二次反应而使裂解炉管结焦。

炉管内壁结焦会使流体阻力增加，影响生产，同时影响传热。当焦层达到一定厚度时，因炉管壁温度过高，而不能继续运行下去，必须进行清焦，否则会烧穿炉管，裂解气外泄，引起裂解炉爆炸。

裂解炉运转中，一些外界因素可能危及裂解炉的安全。这些不安全因素大致有以下几个。

① 引风机故障。引风机是不断排除炉内烟气的装置。在裂解炉正常运行中，如果由于断电或引风机机械故障而使引风机突然停转，则炉膛内很快变成正压，会从窥视孔或烧嘴等处向外喷火，严重时会引起炉膛爆炸。为此，必须设置连锁装置，一旦引风机故障停车，则裂解炉自动停止进料并切断燃料供应。但应继续供应稀释蒸汽，以带走炉膛内的余热。

② 燃料气压力降低。裂解炉正常运行中，如燃料系统大幅度波动，燃料气压力过低，则可能造成裂解炉烧嘴回火，使烧嘴烧坏，甚至会引起爆炸。

裂解炉采用燃料油做燃料时，如燃料油的压力降低，也会使油嘴回火。因此，当燃料油压降低时应自动切断燃料油的供应，同时停止进料。

当裂解炉同时用油和气为燃料时，如果油压降低，则在切断燃料油的同时，将燃料气切入烧嘴，裂解炉可继续维持运转。

③ 其他公用工程故障。裂解炉其他公用工程（如锅炉给水）中断，则废热锅炉汽包液面迅速下降，如不及时停炉，必然会使废热锅炉炉管、裂解炉对流段锅炉给水预热管损坏。

此外，水、电、蒸汽出现故障，均能使裂解炉发生事故。在此情况下，裂解炉应能自动停车。

（七）聚合反应

由低分子单体合成聚合物的反应称为聚合反应。聚合反应的类型很多，按聚合物和单体元素组成和结构的不同，可分成加聚反应和缩聚反应两大类。

单体加成而聚合起来的反应称为加聚反应。氯乙烯聚合成聚氯乙烯就是加聚反应。

加聚反应产物的元素组成与原料单体相同，仅结构不同，其分子量是单体分子量的整数倍。

另外一类聚合反应中，除了生成聚合物外，同时还有低分子副产物产生，这类聚合反应称为缩聚反应。如己二胺和己二酸反应生成尼龙-66的缩聚反应：

$$nH_2N(CH_2)_6NH_2 + nHOOC(CH_2)_4COOH \longrightarrow$$
$$H[NH(CH_2)_6NHCO(CH_2)_4CO]_nOH + (2n-1)H_2O$$

缩聚反应的单体分子中都有官能团，根据单体官能团的不同，低分子副产物可能是水、醇、氨、氯化氢等。由于副产物的析出，缩聚物结构单元要比单体少若干原子；缩聚物的分子量不是单体分子量的整数倍。

由于聚合物的单体大多数都是易燃、易爆物质，聚合反应多在高压下进行，反应本身又是放热过程，所以，如果反应条件控制不当，很容易出事故。例如，乙烯在温度为 150～3000℃、压力为 130～300MPa 下聚合成聚乙烯。此条件下，乙烯不稳定，一旦分解，会产生巨大的热量，反应加剧，会产生暴聚，反应器和分离器可能发生爆炸。

聚合反应过程中的不安全因素有以下几种。

① 单体在压缩过程中或在高压系统中泄漏，发生火灾爆炸。

② 聚合反应中加入的引发剂都是化学活泼性很强的过氧化物，一旦配料比控制不当，容易引起暴聚，反应器压力骤增易引起爆炸。

③ 聚合反应热未能及时导出，如搅拌发生故障、停电、停水等，由于反应釜内聚合物粘壁作用，使反应热不能导出，造成局部过热或反应釜飞温，发生爆炸。

针对上述不安全因素，应设置可燃气体检测报警器，一旦发现设备、管道有可燃气体泄漏，将自动停车。

对催化剂、引发剂等要加强贮存、运输、调配、注入等工序的严格管理。反应釜的搅拌和温度应有检测和连锁，发现异常能自动停止进料。高压分离系统应设置爆破片、导爆管，并有良好的静电接地系统。一旦出现异常，及时泄压。

三、化工单元操作的安全技术管理

（一）加热

温度是化工生产中最常见的需控制的条件之一。加热是控制温度的重要手段，其操作的关键是按规定严格控制温度的范围和升温速度。

温度过高会使化学反应速率加快，若是放热反应，则放热量增加，一旦散热不及时，温度失控，发生冲料，甚至会引起燃烧和爆炸。

升温速度过快不仅容易使反应超温，而且还会损坏设备。例如，升温过快会使带有衬里的设备及各种加热炉、反应炉等设备损坏。

化工生产中的加热方式有直接火加热（包括烟道气加热）、蒸汽或热水加热、载体加热以及电加热。加热温度在 100℃ 以下的，常用热水或蒸汽加热；100～140℃ 用蒸汽加热；超过 140℃ 则用加热炉直接加热或用热载体加热；超过 250℃ 时，一般用电加热。

用高压蒸汽加热时，对设备耐压要求高，须严防泄漏或与物料混合，避免造成事故。使用热载体加热时，要防止热载体循环系统堵塞，热油喷出，酿成事故。使用电加热时，电气设备要符合防爆要求。直接火加热危险性最大，温度不易控制，可能造成局部过热烧坏设备，引起易燃物质的分解爆炸。当加热温度接近或超过物料的自燃点时，应采用惰性气体保护。若加热温度接近物料分解温度，此生产工艺称为危险工艺，必须设法改进工艺条件，如负压或加压操作。加热的重点安全管理在于温度的控制。

（二）冷却

在化工生产中，把物料冷却在大气温度以上时，可以用空气或循环水作为冷却介质。冷却温度在 15℃ 以上，可以用地下水；冷却温度在 0～15℃ 之间，可以用冷冻盐水。

还可以借某种沸点较低的介质的蒸发从需冷却的物料中取得热量来实现冷却。常用的介质有氟里昂、氨等。此时，物料被冷却的温度可达 $-15℃$ 左右。更低温度的冷却，属于冷冻的范围。如石油气、裂解气的分离采用深度冷冻，介质需冷却至 $-100℃$ 以下。冷却操作时冷却介质不能中断，否则会造成积热，系统温度、压力骤增，引起爆炸。开车时，应先通冷却介质；停车时，应先停物料，后停冷却系统。

有些凝固点较高的物料，遇冷易变得黏稠或凝固，在冷却时要注意控制温度，防止物料卡住搅拌器或堵塞设备及管道。

（三）加压操作

凡操作压力超过大气压的都属于加压操作。加压操作所使用的设备要符合压力容器的要求。加压系统不得泄漏，否则，在压力下物料以高速喷出，产生静电，极易发生火灾爆炸。加压操作一定要控制压力，不允许超压操作，此类列为安全管理的重点。

所用的各种仪表及安全设施（如爆破泄压片、紧急排放管等）都必须齐全完好。

（四）负压操作

负压操作即低于大气压下的操作。负压系统的设备也和压力设备一样，必须符合强度要求，以防在负压下把设备抽瘪。

负压系统必须有良好的密封，否则，一旦空气进入设备内部，形成爆炸混合物，易引起爆炸。当需要恢复常压时，应待温度降低后，缓缓放进空气，以防自燃或爆炸。因此，此类列为安全管理的重点。

（五）冷冻

在某些化工生产过程中，如蒸发、气体的液化、低温分离以及某些物品的输送、贮藏等，常需将物料降到比 0℃更低的温度，这就需要进行冷冻。

冷冻操作其实质是利用冷冻剂不断地由被冷冻物体取出热量，并传给高温物质（水或空气），以使被冷冻物体温度降低。制冷剂自身通过压缩—冷却—蒸发（或节流、膨胀）循环过程，反复使用。工业上常用的制冷剂有氨、氟里昂。在石油化工生产中常用乙烯、丙烯为深冷分离裂解气的冷冻剂。

对于制冷系统的压缩机、冷凝器、蒸发器以及管路，应注意耐压等级和气密性，防止泄漏。此外，还应注意低温部分的材质选择。

（六）物料输送

在化工生产过程中，经常需要将各种原料、中间体、产品以及副产品和废弃物从一个地方输送到另一个地方。由于所输送物料的形态不同（块状、粉状、液体、气体），所采用的输送方式、器械也各异，但不论采取何种形式的输送，保证它们的安全运行都是十分重要的。

固体块状和粉状物料的输送一般多采用胶带输送机、螺旋输送器、刮板输送机、链斗输送机、斗式提升机以及气流输送等多种方式。这类输送设备除了其本身会发生故障外，还会造成人身伤害。因此，除要加强对机械设备的常规维护外，还应对齿轮、皮带、链条等部位采取防护措施。

气流输送分为吸送式和压送式。气流输送系统除设备本身会产生故障之外，最大的问题是系统的堵塞和由静电引起的粉尘爆炸。

粉料气流输送系统应保持良好的严密性。其管道材料应选择导电性材料并有良好的接地。如采用绝缘材料管道，则管外应采取接地措施。输送速度不应超过该物料允许的流速。粉料不要堆积管内，要及时清理管壁。

用各种泵类输送可燃液体时，其管内流速不应超过安全速度。

在化工生产中，也有用压缩空气为动力来输送一些酸碱等有腐蚀性液体的，俗称酸蛋。这些设备也属于压力容器，要有足够的强度。在输送有爆炸性或燃烧性物料时，要采用氮、二氧化碳等惰性气体代替空气，以防造成燃烧或爆炸。

气体物料的输送采用压缩机。输送可燃气体要求压力不太高时，采用液环泵比较安全。可燃气体的管道应经常保持正压，并根据实际需要安装逆止阀、水封和阻火器等安全装置。

（七）熔融

在化工生产中常常需将某些固体物料（如苛性钠、苛性钾、萘、磺酸等）熔融之后进行化学反应。碱熔过程中的碱屑或碱液飞溅到皮肤上或眼睛里会造成灼伤。

碱融物和磺酸盐中若含有无机盐等杂质，应尽量除掉，否则，这些无机盐因不熔融会造成局部过热、烧焦，致使熔融物喷出，容易造成烧伤。

熔融过程一般在 150～350℃ 下进行，为防止局部过热，必须不间断地搅拌。

（八）干燥

在化工生产中将固体和液体分离的操作方法是过滤，要进一步除去固体中液体的方法是干燥。干燥操作有常压和减压，也有连续与间断之分。用来干燥的介质有空气、烟道气等。此外，还有升华干燥（冷冻干燥）、高频干燥和红外干燥。

干燥过程中要严格控制温度，防止局部过热，以免造成物料分解爆炸。在过程中散发出来的易燃、易爆气体或粉尘，不应与明火和高温表面接触，防止燃爆。在气流干燥中应有防静电措施，在滚筒干燥中应适当调整刮刀与筒壁的间隙，以防止火花。

（九）蒸发与蒸馏

蒸发是借加热作用使溶液中所含溶剂不断汽化，以提高溶液中溶质的浓度或使溶质析出的物理过程。蒸发按其操作压力不同可分为常压蒸发、加压蒸发和减压蒸发。按蒸发所需热量的利用次数不同可分为单效蒸发和多效蒸发。

凡蒸发的溶液皆具有一定的特性。如溶质在浓缩过程中可能有结晶、沉淀和污垢生成，这些都能导致传热效率的降低，并产生局部过热，促使物料分解、燃烧和爆炸。因此，要控制蒸发温度。为防止热敏性物质的分解，可采用真空蒸发的方法。降低蒸发温度或采用高效蒸发器，增加蒸发面积，减少停留时间。对具有腐蚀性的溶液，要合理选择蒸发器的材质。

蒸馏是借液体混合物各组分挥发度的不同，使其分离为纯组分的操作。蒸馏操作可分为间歇蒸馏和连续蒸馏。按压力分为常压蒸馏、减压蒸馏和加压（高压）蒸馏。此外，还有特殊蒸馏——水蒸气蒸馏、萃取蒸馏、恒沸蒸馏和分子蒸馏。

在安全技术上，对不同的物料应选择正确的蒸馏方法和设备。在处理难于挥发的物料时（常压下沸点在150℃以上）应采用真空蒸馏，这样可以降低蒸馏温度，防止物料在高温下分解、变质或聚合；在处理中等挥发性物料（沸点为100℃左右）时，采用常压蒸馏；对于沸点低于30℃的物料，则应采用加压蒸馏。

水蒸气蒸馏通常用于在常压下沸点较高，或在沸点时容易分解的物质的蒸馏；也常用于高沸点物与不挥发杂质的分离，但只限于所得到的产品完全不溶于水。

萃取蒸馏与恒沸蒸馏主要用于分离由沸点极接近或恒沸组成的各组分所组成的、难以用普通蒸馏方法分离的混合物。

分子蒸馏是一种相当于绝对真空下进行的一种真空蒸馏。在这种条件下，分子间的相互吸引力减少，物质的挥发度提高，使液体混合物中难以分离的组分容易分开。由于分子蒸馏降低了蒸馏温度，所以可以防止或减少有机物的分解。

第五节　化工企业检修的安全技术及管理

一、化工企业检修的特点

化工生产具有高温、高压、腐蚀性强等特点，因而，化工设备、管道、阀件、仪表等在运行中易于受到腐蚀和磨损。为了维持正常生产，必须加强对它们的维护、保养、检测和维修。这些工作有的是日常的正常维修，如通过备用设备的更替，来实现对故障设备的维修；有的是根据设备的管理、使用的经验和生产规律，制订设备的检修计划，按计划进行检修。这种按计划对设备进行的检修，称为计划检修。根据检修内容、周期和要求的不同，计划检修可以分为小修、中修和大修。还有一种称为计划外检修。在生产过程中设备突然发生故障或事故，必须进行不停车或停车检修。这种检修事先难以预料，无法安排检修计划，而且要求检修时间短，检修质量高，检修的环境及工况复杂，其难度相当大。当然这种计划外检修随着日常的保养、检测管理技术和预测技术的不断完善和发展，必然会日趋减少，但在目前的化工生产中，仍然是不可避免的。

化工检修具有频繁、复杂、危险性大的特点。所谓频繁是指计划检修、计划外检修的次数多；化工生产的复杂性，决定了化工设备及管道的故障和事故的频繁性，因而也决定了检修的复杂性。

化工检修的复杂性是由于化工生产中使用的化工设备、机械、仪表、管道、阀门等的种类多、数量大、结构和性能各异造成的，这就要求从事检修的人员具有丰富的知识和技术，熟悉和掌握不同设备的结构、性能和特点。检修中由于受到环境、气候、场地的限制，有些要在露天作业，有些要在设备内作业，有些要在地坑或井下作业，有时要上、中、下立体交叉作业，所有这些，都给化工检修增加了复杂性。

化工生产的危险性决定了化工检修的危险性。化工设备和管道中有很多残存的易燃易爆、有毒有害、有腐蚀性的物质，而化工检修又离不开动火、进罐作业，稍有疏忽就会发生火灾爆炸、中毒和化学灼伤等事故。统计资料表明，国内外化工企业发生的事故中，停车检修作业或在运行中抢修作业发生的事故占有相当大的比例。

综上所述，不难看到化工安全检修的重要性。实现化工安全检修不仅确保了在检修工作中的安全，防止各种事故的发生，保护职工的安全和健康，而且还可以使检修工作保质保量按时完成，为安全生产创造良好的条件。

二、安全检修的管理

不论是大修还是小修，计划内检修还是计划外检修，都必须严格遵守检修工作的各项规章制度，办理各种安全检修许可证（如动火证）的申请、审核和批准手续。这是化工检修的重要管理工作。其他的管理工作还包括以下几点。

（一）组织领导

中修和大修应成立检修指挥系统，负责检修计划、调度、安排人力、物力、运输及安全工作。在各级检修指挥机构中要设立安全组。各车间负责安全的负责人及安全员与厂指挥部安全组构成安全联络网（小修也要指定专人负责安全工作）。各级安全机构负责对安全规章制度的宣传、教育、监督、检查、办理动火、动土及检修许可证。

化工厂检修的安全管理工作要贯穿检修的全过程，包括检修前的准备、装置的停车、检修，直至开车的全过程。

（二）检修计划的制订

在化工生产中，特别是大型石油化工联合企业中，各个生产装置之间，以至于厂与厂之间，是一个有机整体，它们相互制约，紧密联系。一个装置的开停车必然要影响到其他装置的生产，因此，大检修必须要有一个全盘的计划。在检修计划中，根据生产工艺过程及公用工程之间的相互关联，规定各装置先后停车的顺序；停水、停气、停电的具体时间；什么时间灭火炬，什么时间点火炬；还要明确规定各个装置的检修时间和检修项目的进度以及开车顺序。一般都要画出检修计划图（鱼翅图），在计划图中标明检修期间的各项作业内容，便于对检修工作的管理。

（三）安全教育

化工厂的检修不但有化工操作人员参加，还有大量的检修人员参加，同时有多个施工单位进行检修作业，有时还有临时工人进厂作业。安全教育包括对本单位参加检修人员的教育，也包括对其他单位参加检修人员的教育。安全教育的内容包括化工厂检修的安全制度和检修现场必须遵守的有关规定。这些规定是：

① 停工检修的有关规定；
② 进入设备作业的有关规定；
③ 动火的有关规定；
④ 动土的有关规定；
⑤ 科学文明检修的有关规定。

要学习和贯彻检修现场的十大禁令：

① 不戴安全帽、不穿工作服者禁止进入现场；
② 穿凉鞋、高跟鞋者禁止进入现场；
③ 上班前饮酒者禁止进入现场；
④ 在作业中禁止打闹或其他有碍作业的行为；
⑤ 检修现场禁止吸烟；
⑥ 禁止用汽油或其他化工溶剂清洗设备、机具和衣物；
⑦ 禁止随意泼洒油品、危险化学品、电石废渣等；
⑧ 禁止堵塞消防通道；
⑨ 禁止挪用或损坏消防工具、设备；
⑩ 现场器材禁止为私活所用。

对各类参加检修人员都必须进行安全教育，并经考试合格后才能准许参加检修。

（四）安全检查

安全检查包括对检修项目的检查、检修机具的检查和检修现场的巡回检查。

① 检修项目，特别是重要的检修项目，在制定检修方案时，就要制定安全技术措施。没有安全技术措施的项目，不准检修。

② 检修所用的机具，特别是起重机具、电焊设备、手持电动工具等，都要进行安全检查，检查合格后由主管部门审查并发给合格证。合格证贴在设备醒目处，以便安全检查人员现场检查。未有检查合格证的设备、机具不准进入检修现场和使用。

③ 在检修过程中，要组织安全检查人员到现场巡回检查，检查各检修现场是否认真执行安全检修的各项规定。发现问题及时纠正、解决，如有严重违章者安全检查人员有权令其停止作业，并用统计表的形式公布各单位安全工作的情况、违章次数，进行安全检修评比。

三、装置的安全停车与处理

化工装置在停车过程中，要进行降温、降压、降低进料量一直到切断原燃料的进料，然后进行设备倒空、吹扫、置换等工作。各工序和各岗位之间联系密切，如果组织不好、指挥不当或联系不周、操作失误等都容易发生事故。停车和吹扫、置换工作进行得好坏，直接关系到装置的安全检修，因此，装置的停车和处理对于安全检修工作有着特殊的意义。

（一）停车前的准备工作

① 编写停车方案。在装置停车过程中，操作人员要在较短的时间内开关很多阀门和仪表，密切注意各部位的温度、压力、流量、液位的变化，因此，劳动强度大，精神紧张。虽然有操作规程，但为了避免差错，还应当结合停车检修的特点和要求，制定出"停车方案"。其主要内容应包括：停车时间、步骤、设备管线倒空及吹扫流程、抽堵盲板系统图。还要根据具体情况制定防堵、防冻措施。对每一步骤都要有时间要求、达到的指标，并有专人负责。

② 做好检修期间的劳动组织及分工。根据每次大检修工作的内容，合理调配人员，分工明确。在检修期间，除派专人与施工单

位配合检修外，各岗位、控制室均应有人坚守岗位。

③ 进行大检修动员。在停车检修前要进行一次大检修的动员，使每个职工都明确检修的任务、进度，熟悉停开车方案，重温有关安全制度和规定，以提高认识，为安全检修打下扎实的思想基础。

（二）停车操作

按照停车方案确定的时间、步骤、工艺参数变化的幅度进行有秩序的停车。在停车操作中应注意的事项如下。

① 把握好降温、降量的速度。在停车过程中，降温、降量的速度不宜过快，尤其在高温条件下。温度的骤变会引起设备和管道的变形、破裂和泄漏。易燃易爆介质的泄漏会引起着火爆炸，有毒物质泄漏易引起中毒。

② 开关阀门的操作一般要缓慢进行，尤其是在开阀门时，打开头两扣后要停片刻，使物料少量通过，观察物料畅通情况（对热物料来说，可以有一个对设备和管道的预热过程），然后再逐渐开大，直至达到要求为止。开水蒸气阀门时，开阀前应先打开排凝阀，将设备或管道内的凝液排净，关闭排凝阀后再由小到大逐渐把蒸汽阀打开，以防止蒸汽遇水造成水锤现象，产生震动而损坏设备和管道。

③ 加热炉的停炉操作，应按工艺规程中规定的降温曲线逐渐减少烧嘴，并考虑到各部位火嘴熄火对炉膛降温的均匀性。

加热炉未全部熄灭或炉膛温度很高时，有引燃可燃气体的危险性。此时，装置不得进行排空和低点排放凝液，以免有可燃气体飘进炉膛引起爆炸。

④ 高温真空设备的停车，必须先破真空，待设备内的介质温度降到自燃点以下后，方可与大气相通，以防空气进入引起介质的燃爆。

⑤ 装置停车时，设备及管道内的液体物料应尽可能倒空，送出装置，可燃、有毒气体应排至火炬烧掉。对残存物料的排放，应采取相应措施，不得就地排放或排入下水道中。

（三）抽堵盲板

化工生产，特别是大型石油化工联合企业，厂际之间、装置之间、设备与设备之间都有管道相连通。停车检修的设备必须与运行系统或有物料系统进行隔离,而这种隔离只靠阀门是不行的。因为阀门经过长期的介质冲刷、腐蚀、结垢或杂质的积存,难保严密,一旦易燃易爆、有毒、有腐蚀、高温、窒息性介质窜入检修设备中,易造成事故。最保险的办法是将与检修设备相连的管道用盲板相隔离。装置开车前再将盲板抽掉。抽堵盲板工作既有很大的危险性,又有较复杂的技术性,必须由熟悉生产工艺的人员负责,严加管理。抽堵盲板应注意以下几点。

① 根据装置的检修计划,制定抽堵盲板流程图,对需要抽堵的盲板要统一编号,注明抽堵盲板的部位和盲板的规格,并指定专人负责作业和现场监护。对抽堵盲板的操作人和监护人要进行安全教育,交代安全措施。操作前要检查设备及管道内压力是否已降下来,残液是否已排净。

② 要根据管道的口径、系统压力及介质的特性,制造有足够强度的盲板。盲板应留有手柄,便于抽堵和检查。有的把盲板做成8字型,一端为盲板,另一端是开孔的,抽堵操作方便,标志明显。

③ 加盲板的位置,应加在有物料来源的阀门后部法兰处,盲板两侧均应有垫片,并用螺栓把紧,以保持其严密性。

④ 抽堵盲板时要采取必要的安全措施,高处作业要搭设脚手架,系安全带。当系统中存在有毒气体时要佩戴防毒面具。若系统中有易燃易爆介质,抽堵盲板作业时,周围不得动火。用照明灯时,必须用电压小于36V的防爆灯。应使用铜质或其他不产生火花的器具,防止作业时产生火花。拆卸法兰螺栓时,应小心操作,防止系统内介质喷出伤人。

⑤ 做好抽堵盲板的检查登记工作。应有专人对抽堵的盲板分别逐一进行登记。并对照抽堵盲板的流程图进行检查,防止漏堵或漏抽。

(四)置换、吹扫和清洗

为了保证检修动火和罐内作业的安全,检修前要对设备内的易燃、易爆和有毒气体进行置换;对易燃、有毒液体要在倒空后用惰性气体吹扫；对积附在器壁上的易燃、有毒介质的残渣、油垢或沉积物要进行认真的清理，必要时要进行人工刮铲、热水煮洗等；对酸碱等腐蚀性液体及经过酸洗或碱洗过的设备，则应进行中和处理。

1. 置换

对易燃、有毒气体的置换，大多采用水蒸气、氮气等惰性气体为置换介质，也可采用注水排气法，将易燃、有毒气体排出。对用惰性气体置换过的设备，若需进罐作业，还必须用空气将惰性气体置换掉，以防止窒息。根据置换和被置换介质密度的不同，选择确定置换和被置换介质的进出口和取样部位。若置换介质的密度大于被置换介质的密度，应由设备或管道的最低点进入置换介质，由最高点排出被置换介质，取样点宜设置在顶部及易产生死角的部位。反之，则改变其方向，以免置换不彻底。

用注水排气法置换气体时，一定要保证设备内充满水，以确保将被置换气体全部排出。

置换出的易燃、有毒气体，应排至火炬或安全场所。置换后应对设备内的气体进行分析，测验易燃、易爆气体浓度和含氧量，直至合格为止。氧含量$\geqslant 18\%$，可燃气体浓度$\leqslant 0.2\%$。

2. 吹扫

对设备和管道内没有排净的易燃、有毒液体，一般采用以蒸汽或惰性气体进行吹扫的方法来清除，这种方法也称为扫线。扫线作业应该根据停车方案中规定的扫线流程图，按管段号和设备位号逐一进行，并填写登记表。在登记表上注明管段号、设备位号、吹扫压力、进气点、排放点、负责人等。扫线结束时，应先关闭物料阀，再停气，以防止管路系统介质倒回。设备和管道吹扫完毕并分析合格后，应及时加盲板与运行系统隔离。

3. 清洗

对置换和吹扫都无法清除的油垢和沉积物，应用蒸汽、热水、溶剂、洗涤剂或酸、碱来清洗。有的还需人工铲除。这些油垢和残渣如铲除不彻底，即使在动火前分析设备内可燃气体含量合格，动火时由于油垢、残渣受热分解出易燃气体，也可能导致着火爆炸。清洗的方法和注意事项如下。

① 水洗。水洗适用于对水溶性物质的清洗。常用的方法是：将设备内灌满水，浸渍一段时间。如有搅拌或循环泵则更好，使水在设备内流动，这样既可节省时间，又能清洗彻底。

② 水煮。冷水难溶的物质可加满水后再煮沸。此法可以把吸附在垫圈中的物料清洗干净，防止垫圈中的吸附物在动火时受热挥发，造成燃爆。有些不溶于水的油类物质，经热水煮后，可能化成小液滴而悬浮在热水中，随水放出。此法可以重复多次，也可在水中放入适量的碱或洗涤剂，开动搅拌器加热清洗。

搪玻璃设备不可用碱液清洗。金属设备也应注意减少腐蚀。

③ 蒸汽冲。对不溶于水、常温下不易汽化的黏稠物料，可以用蒸汽冲的办法进行清洗。要注意蒸汽压力不宜过高，喷射速度不宜太快，防止高速摩擦产生静电。蒸汽冲过的设备还应用热水煮洗。

④ 化学清洗。对设备、管道内不溶于水的油垢、水垢、铁锈及盐类沉积物，可用化学清洗的方法除去。常用的有碱洗法。除了用氢氧化钠液外，还可以用磷酸氢钠、碳酸氢钠并加适量的表面活性剂，在适当的温度下进行。

酸洗法是用盐酸加缓蚀剂清洗。对不锈钢及其他合金钢则用柠檬酸等有机酸清洗。有些物料的残渣可用溶剂（例如乙醇、甲醇等）清洗。

（五）其他

按停车方案在完成了装置的停车、倒空物料、中和、置换、清洗和可靠的隔离等工作后，装置停车即告完成。在转入装置检修之前，还应对地面、明沟内的油污进行清理，封闭全装置的下水井盖和地漏。因为下水道与全厂各装置是相通的，这个系统中仍有可能存在易燃易爆物质。因此，必须认真封盖，防止下水道系统有易燃、易爆气体外逸，也防止检修中有火花落入下水道中。

对于有传动设备或其他有电源的设备，检修前必须切断一切电源，并在开关处挂上标志牌。对要实施检修的区域或重要部位，应设置安全界标或栅栏，并有专人负责监护，非检修人员不得入内。

操作人员与检修人员要做好交接和配合。设备停车并经操作人员进行物料倒空、吹扫等处理，经分析合格后方可交检修人员进行检修。在检修过程中动火、动土、罐内作业等均按有关规定进行，操作人员要积极配合。

四、安全检修中的特殊作业

检修过程中，以下几类作业需要特别加强管理。

（一）动火作业

1. 动火作业范围

在化工厂里，凡是动用明火或存在可能产生火种作业的区域都属于动火作业范围。例如，存在焊接、切割、喷灯加热、熬沥青、烘炒砂石、凿水泥基础、打墙眼、电气设备的耐压试验、打砂、砂轮作业、金属器具的撞击等作业。

凡在禁火区从事上述高温或易产生火花的作业，都要办理动火证手续，落实安全动火措施。

2. 禁火区与动火区的划分

在生产正常或不正常情况下都有可能形成爆炸性混合物的场所和存在易燃、可燃物质的场所都应划为禁火区。在禁火区内，根据发生火灾、爆炸危险性的大小，所在场所的重要性以及一旦发生火灾爆炸事故可能造成的危害大小，划分为一般危险区和危险区两类。在不同的区域内动火，其安全管理制度有所不同。

在化工企业里，为了正常的设备维修需要，在禁火区外，可在符合安全条件的地域设立固定动火区，在固定动火区内可进行动火作业。设立固定动火区的条件如下。

① 固定动火区距可燃、易爆物质的堆场、仓库、贮罐及设备的距离应符合防火规范的规定。

② 在任何气象条件下，固定动火区域内的可燃气体含量在允许范围以内。生产装置在正常运行时，可燃气体应扩散不到动火区内。一旦装置出现异常情况且可能危及动火区时，应立即通知动火区停止一切动火。

③ 动火区若设在室内，应与防爆区隔开，不准有门窗串通。允许开的窗、门都要向外开，各种通道必须畅通。

④ 固定动火区周围不得存放易燃、易爆及其他可燃物质。少

量的有盖桶装电石、乙炔气瓶等在采取可靠措施后，可以存放。

⑤ 固定动火区应备有适用的、足够数量的灭火器材。

⑥ 动火区要有明显的标志。

3. 动火证制度

① 在禁火区进行动火作业，施工单位在动火前应办理动火证的申请。应认真填写动火证，明确动火的地点、时间、负责人、动火人、监火人。

② 动火证必须由相应级别的审批人审批后才有效。动火的审批事关重大，直接关系到人身和国家财产的安危。动火时的环境和条件千差万别，这就要求审批人必须熟悉生产现场，有丰富的安全技术知识和实践经验，有强烈的责任感。审批人必须对每一处动火现场的情况深入了解，审时度势，考虑周详。首先，对动火设备本身必须吹扫、置换、清洗干净，进行可靠隔离；设备内的可燃气体分析及进罐作业的氧含量分析合格。其次，要检查周围环境，有无泄漏点或敞口设备；地沟、地漏、下水井应进行有效封挡；清除动火点附近的可燃物，环境空间要进行测爆分析；有风天气要采用措施，防止火星被风吹散；高空作业时要防止火花四处飞溅；室内动火应将门窗打开，注意通风；动火现场要有明显标志，并备足适用的消防器材；动火作业完毕应认真检查现场，灭绝火种。

审批人在认真审核各项防火措施后，签发动火证。施工动火人及监火人应持证动火和监火。动火人要做到"三不动火"：没有动火证不动火；防火措施不落实不动火；监护人不在现场不动火。此外，要严格控制动火期限，过期的动火证不能再用，需重新办理。

③ 动火分析。动火分析是指对动火现场周围环境及动火设备的易燃气体分析。动火分析不宜过早，一般应在动火前半小时以内进行。如果动火作业间断半小时以上，应重新分析。

从理论上讲，只要可燃物浓度在爆炸限以下动火就是安全的。但考虑到取样的代表性，分析仪器的误差等因素，应该留有适当的安全裕度。化工企业动火分析合格的标准定为：爆炸下限$<4\%$（容积百分比，下同）者，动火地点空气中可燃物含量在$<0.2\%$为合格；爆炸下限$>4\%$者，分析可燃物含量$<0.5\%$为合格。进入设

备内作业,设备内氧含量≥18%为合格。

④ 动火作业时,动火人员要与监火人协调配合,在动火中遇有异常情况,如生产装置紧急排放或设备、管道突然破裂,可燃气体外泄时,监火人应即令停止动火,待恢复正常后,重新分析合格并经原批准动火单位同意后,方可动火。

氧气瓶与乙炔发生器应保持 5m 以上距离,距动火点保持 10m 距离。电焊机应放在指定地点,施工用临时电源要安全可靠,接地线应接在被焊设备上,并应靠近焊接点。

高空作业除应遵守有关安全规定外,还应注意防止火花四处飞溅。对重点设备及危险部位应采取有效措施。有 5 级以上大风时,应停止高处动火。

4. 油罐带油动火

由于各种原因,罐内油品无法倒空,只能带油动火时,除按上述动火要求外,还应注意以下几点。

① 在油面以上,不准带油动火。

② 补焊前应先进行壁厚测定,补焊处的壁厚应大于 3mm。根据测得的壁厚确定合适的焊接电流,防止因电流过大而烧穿罐壁,造成泄油着火。

③ 动火前用铅或石棉绳等将裂缝塞严,外面用钢板补焊。

5. 带压不置换动火

在未经置换而带有一定压力的可燃性气体的设备或管道上动火,只要严格控制设备和管道内介质中的氧含量,使之无法形成爆炸混合气,是不会引起爆炸的。通常在正压下点燃外泄可燃气时,只会燃烧,不会爆炸。实际上,一些企业在抢修可燃气的设备和管道方面,积累了很多经验,在焊接中应注意以下几个环节。

① 正压操作。在整个动火作业过程中,设备和管道需保持稳定的正压,压力的大小以不使喷火太猛又不易造成回火为原则。

② 含氧量的控制。在带压不置换动火系统中,必须保持氧含量低于 1% (环氧乙烷例外)。当含氧量高于 1%时,应立即停止动火作业。

③ 焊接之前,首先测定壁厚,以确定合理的抢修方案;其次

对现场环境进行分析,当有有毒气体时,抢修人员须戴防毒面具;现场应准备轴流风机,若在高处作业,应搭好不燃性的作业平台,准备好灭火机具及安全撤离道路。

④ 动火作业前先将准备补焊的钢板覆盖在预定的部位,焊工点燃外泄可燃气体,开始补焊。焊接过程中可用轴流风机吹风以控制火焰喷燃的方向,为作业提供有利的工作环境。一旦设备、管道压力或含氧量超过允许条件,应立即停止作业。

整个作业期间,监护人、抢救人员及医务人员都不得离开现场。

(二) 动土作业

1. 动土作业的危险性

在化工厂,地下埋有动力、通讯和仪表等不同规格的电缆,各种管道纵横交错,还有很多地下设施(如阀门井),它们是化工厂的地下动脉。在化工厂进行动土作业(如挖土、打桩)及排放大量污水、重载运输、重物堆放等都可能影响到地下设施的安全。如果没有一套完整的管理办法,在不明了地下设施的情况下随意作业,势必会发生挖断管道、刨穿电缆、地下设施塌方毁坏等事故,不仅会造成停产,还有可能造成人身伤亡。

2. 动土证制度

(1) 动土证的申请与审批　凡是在化工厂内进行动土作业(包括重型物资的堆放和运输)的单位,在作业前应持施工图纸及施工项目批准手续等有关资料,到有关部门(有的是厂总图部门,也有的是机动部门)申办动土证。动土证上应写明施工项目、施工时间、地点、联系人等。

施工中如需破坏厂区道路,除动土主管部门签署意见外,还须请安全部门、保卫部门(主管道路交通)等单位会签。安全部门在签署意见后,应通知消防部门,以免在执行消防任务时因道路施工而延误时间。

施工单位应按批准的动土证,在规定的时间、地点、按图纸施工。在施工中必须遵守注意事项。施工完毕应将竣工资料交与管理部门,以保持化工厂地下设施资料的完整和准确。

(2) 动土作业的注意事项

① 动土作业如在接近地下电缆、管道及埋设物的附近施工时,不准使用大型机器挖土,手工作业时也要小心,以免损坏地下设施。当地下设施情况复杂时,应与有关单位联系,配合作业。在挖掘时发现事先未预料到的地下设施或出现异常情况时,应立即停止施工,并报告有关部门处理。

② 施工单位不得任意改变动土证上批准的各项内容及施工图纸。如需变更,须按变更后的图纸资料,重新申办动土证。

③ 在禁火区或生产危险性较大的地域内动土时,生产部门应派人监护。施工中生产出现异常情况时,施工人员应听从监护人员的指挥。

④ 开挖没有边坡的沟、坑、池等,必须根据挖掘的深度设置支撑物,注意排水。如发现土壤有可能坍塌或滑动裂缝时,应及时撤离人员,在采取妥善措施后,方可继续施工。

⑤ 挖掘的沟、坑、池等和破坏的道路,应设置围栏和标志,夜间设红灯,防止行人和车辆坠落。

⑥ 在规定以外的场地堆放荷重在 $5t/m^2$ 以上的重物或在正规道路以外的厂区内运输重型物资,其重在 3t 以上(包括运输工具)者,均应办理动土手续。

(三) 进入设备作业

1. 进入设备作业的内容

凡是进入塔、釜、槽、罐、炉、器、烟囱、料仓、地坑或其他闭塞场所内进行作业者均为进入设备作业。化工检修中进入设备作业很多,其危险性也很大。因为这类设备或设施内可能存在残存的有毒、有害物质和易燃、易爆物质,也可能存在令人窒息的物质,在施工中可能发生着火、爆炸、中毒和窒息事故。此外,有些设备或设施内有各种传动装置和电气照明系统,如果检修前没有彻底分离和切断电源或者由于电器系统的误动作,会发生搅伤、触电等事故。因此,必须对进入设备作业实行特殊的安全管理,以避免意外事故的发生。

2. 进入设备作业证制度

进入设备作业前,必须办理进入设备作业证。进入设备作业证由生产单位签发,由该单位的主要负责人签署。

生产单位在对设备进行置换、清洗并进行可靠的隔离后,进行设备内可燃气体分析和氧含量分析。有电动和照明设备时,必须切断电源,并挂上"有人检修、禁止合闸"的牌子。

检修人员凭经负责人签字的进入设备作业证及由分析人员签字的分析合格单,才能进入设备内作业。检修人员必须按进入设备作业证上的规定进行作业。在进入设备内作业期间,生产单位和施工单位应有专人进行监护和救护。在该设备外明显部位应挂上"设备内有人作业"的牌子。

3. 进入设备内作业的注意事项

① 设备必须实行可靠的隔离。要进入检修的设备必须与其他设备和管道进行可靠的隔离,绝不允许其他系统中的介质进入检修设备。不但要对可燃及有毒气体等物料系统进行可靠隔离,而且还要对蒸汽、水、压缩空气及氮气系统施行可靠隔离,防止造成烫伤、水淹或窒息。

设备内气体分析应包括三个部分:一是可燃气体的爆炸限分析;二是氧含量的分析;三是有毒气体分析。设备内的有毒气体浓度要符合该气体的最高允许浓度。如果有毒气体浓度达到允许浓度的标准,可采用长管防毒面具或采用强制通风等手段。在作业过程中要不断地取样分析,发现异常情况,应立即停止作业。

② 设备外的监护设备内有人作业时,必须指派两人以上的监护人。监护人应了解该设备的生产情况及介质的性质。发现异常应立即令其停止作业,并应立即召集救护人员,设法将设备内人员救出,进行抢救。

③ 用电安全。设备内使用的照明及电动工具必须符合安全电压标准:在干燥设备内作业使用的电压不得超过 36V;在潮湿环境或密封性能好的金属容器内作业使用的电压不得超过 12V;若有可燃物存在,使用的机具、照明器械应符合防爆要求。在设备内进行电焊作业时,人要在绝缘板上作业。

④ 进入设备人员在进入设备前应清理随身携带的物品,禁止

将与作业无关的物品带入设备内。其携带的工具、材料等要登记。作业结束后应将工具、材料、垫片、手套等杂物清理干净，防止遗漏在设备内。经检修单位和生产单位共同检查，确认设备内无人员和杂物后，方可上法兰加封。

⑤ 进入设备作业的人员，一次作业的时间不宜过长，应组织轮换，防止体力消耗过大而发生危险。

五、高处作业

（一）高处作业的范围与内容

在离地面垂直距离 2m 以上位置的作业或虽在 2m 以下，但在作业地段坡度大于 45°的斜坡下面，或附近有坑、井和有风雪袭击、机械振动的地方以及有转动机械或有堆放物易伤人的地段作业，均属高处作业，都应按照高处作业规定执行。

（二）高处作业的安全规定

① 高处作业人员须经体格检查，身体患有高、低血压，心脏病，贫血病，癫痫病，精神病，习惯性抽筋等疾病和身体不适、精神不振的人员都不应从事登高作业。

② 高处作业用的脚手架、吊篮、手动葫芦必须按有关规定架设。严禁用吊装机械载人。高处作业用的工具、材料，应设法用机械或吊绳传送，不可投掷。

高空作业下方应设置安全围栏、安全护体或安全网等。高空作业人员必须戴好安全帽，系好安全带。安全带的挂钩应固定在牢固的物体上，以防止坠落。

③ 高处作业时，一般不应垂直交叉作业，凡因工序原因必须上下同时作业时，必须采取防范措施。

④ 遇有 6 级以上强风或其他恶劣天气时，应停止露天高空作业。夜间作业须有足够的照明。

⑤ 在易散发有毒气体的厂房、设备上方施工时，要设专人监护。如发现有毒气体排放时，应立即停止作业。

⑥ 高处作业附近有架空电线时，应根据其电压等级与电线保持规定的安全距离（电压≤110kV，安全距离为 2m；220kV，3m；330kV，4m）。机具不得触及电线，防止触电。

⑦ 严禁不采取任何安全措施直接站在石棉瓦、油毡等易碎裂材料的屋顶上作业。应在这类结构的显眼地点挂上警告牌，以防止误登。若必须在此类结构上作业时，应采取架设木板等措施，防止坠落。

六、装置的开车

（一）开车前的准备

在检修作业结束前，检修负责人应会同生产人员和安全检查员进行一次安全检查。检查的内容如下。

① 检查检修的项目是否全部按计划完成，是否有漏项；要求进行测厚、探伤等检查的项目，是否已按规定完成；检修的质量是否符合规定。

② 检查设备及管道内是否有人、工具、手套等杂物遗留，在确认无误后，才能封盖设备，恢复设备上的防护装置。

③ 检查检修现场是否达到"工完、料净、场地清"和所有的通道都畅通的要求。

④ 对检修换下来的带有有毒有害物质的旧设备、管线等杂物，要有专人负责进行安全处理，以防后患。

⑤ 有污染的工业垃圾，要在指定的地点销毁或堆放。

（二）试车验收

在检修项目全部完成和设备及管线复位后，要组织生产人员和检修人员共同参加试车和验收工作。根据规定分别进行耐压试验、气密试验、试运转、调试、负荷试车和验收工作。在试车和验收前应做好下列工作。

① 盲板要按要求进行抽堵，并做好核实工作。

② 各种阀门要正确就位，开关动作灵活好用，并核实是否处在正确的开关状态。

③ 检查各种管件、仪表、孔板等是否齐全，是否正确复位。

④ 检查电机及传动机械是否按原样接线，冷却及润滑系统是否恢复正常，安全装置是否齐全，报警系统是否好用。

各项检查无误后方可试车。试车合格后，按规定办理验收手续，并有齐全的验收资料。其中包括：安装记录、缺陷记录、试验记录（如耐压试验、气密试验、空载试验、负荷试验等）、主要零部件的探伤报告及更换清单。

试车合格、验收完毕后，在正式投产前，应拆除临时电源及检修用的各种临时设施，撤除排水沟、井的封盖物。

（三）装置开车

装置的开车必须严格执行开车的操作规程。在接受易燃、易爆物料之前，设备和管道必须进行气体置换，将排放系统与火炬联通并点燃火炬。接受物料应缓慢进行，注意排凝，防止管线及设备的冲击、震动。接受蒸汽加热时，要先预热、放水，逐步升温升压。各种加热炉必须按程序点火，严格按升温曲线升温。

开车正常后检修人员才能撤离。厂有关部门要组织生产和检修人员全面验收，整理资料，归档备查。

复习思考题

1. 石油化工行业安全检查的目的和意义？
2. 风险评价和风险控制策划的方法有几种？
3. 工艺操作安全管理的主要内容有哪些？
4. 化工企业检修过程进入设备内作业的注意事项有哪些？
5. 检修过程动火作业要做好哪些管理？

第四章 锅炉、压力容器安全技术

锅炉、压力容器、压力管道等特种设备是生产和生活中广泛使用的一种危险性设备，锅炉压力容器用途广、数量多，工作条件恶劣，又容易发生事故，事故后果严重，发生爆炸时是灾难性的。世界各国不断发生事故，给人民生命、财产造成巨大损失。因此，必须重视锅炉压力容器的安全问题。我国和世界其他国家一样，把锅炉压力容器作为一种特殊设备，由专门机构对其安全进行监察、监督，并要求严格地按规定的规范进行设计、制造、使用和运行。

据调查统计，1999 年我国共发生锅炉、压力容器、气瓶、压力管道等设备爆炸事故 158 起，严重损坏事故 224 起，死亡 120 人，伤 374 人，直接经济损失 4505 万元。

目前，我国有在用锅炉 50.65 万台；固定式压力容器 126 万台；各类气瓶 6133.30 万只；在用罐车 17291 辆以及大量的其他特种设备。锅炉压力容器制造企业已有 3613 家；安装单位 4127 家。每年约有 3 万～5 万台锅炉产品出厂，近 20 万台压力容器产品出厂，近 2000 万只气瓶产品出厂。

第一节 锅炉、压力容器安全技术法规体系和基本要求

一、法律体系

由于锅炉、压力容器等特种设备具有发生爆炸或泄漏、造成人身伤害事故的危险性，世界上各主要工业发达国家一般制定专门的法律、建立完善的法规体系进行规范和管理。我国法律体系借鉴国外经验，结合我国特种设备安全技术法规和标准体系的实际情况，拟建立"以安全技术规范为核心内容的法规体系"，框架如下。

在锅炉、压力容器等特种设备立法方面，完善的法规体系结构

层次应该是:"法律—行政法规—部门规章—安全技术规范—引用标准"五个层次的法规体系结构。

1. 法律

法律是由全国人民代表大会或省人民代表大会通过并批准的。我国现行与特种设备有关的法律主要有以下几种。

拟定法律:《中华人民共和国特种设备安全法》

相关法律:《中华人民共和国安全生产法》、《中华人民共和国劳动法》、《中华人民共和国产品质量法》、《中华人民共和国商品检验法》

2. 法规

法规是由国务院颁布的行政法规和国务院部委以令的形式颁布的与特种设备相关的部门行政规章,及省、自治区、直辖市人大通过的条例。

《特种设备安全监察条例》(以下简称《条例》)于2003年3月11日由国务院颁布,自2003年6月1日起施行。

《国务院关于特大安全事故行政责任追究的规定》2001年4月1日颁布施行。

3. 部门规章

行政规章是指以国家质检总局局长令的形式发布的办法、规定、规则。例如《特种设备安全技术规范管理办法》、《特种设备事故处理规定》、《特种设备安全监察行政处罚规定》、《锅炉压力容器制造监督管理办法》、《锅炉压力容器使用监督管理办法》、《气瓶安全监察规定》等其他作为规章发布的管理规定、办法。

4. 安全技术规范

安全技术规范是指以总局领导签署或接受签署,以总局名义公布的技术规范和管理规范。管理类规范包括管理规则,核准规则,考核规则和程序。技术规范包括安全技术检查规程,检验规则,评定细则,考核大纲等。安全监察规程类包括实施办法及考核规则类、技术检验规则类。

锅炉类安全技术规范包括:

蒸汽锅炉安全技术监察规程

有机热载体炉安全技术监察规程
热水锅炉安全技术监察规程
小型和常压热水锅炉安全监察规程
锅炉压力容器产品安全性能监督检验规则
锅炉压力容器制造监督管理办法
锅炉压力容器制造许可条件
锅炉定期检验规则
锅炉压力容器使用登记管理办法
锅炉安装监督检验规则
锅炉房安全管理规则
锅炉水处理监督管理规则
锅炉化学清洗规则
锅炉司炉人员考核管理规定
锅炉压力容器压力管道及特种设备检验人员资格考核规则
锅炉压力容器压力管道焊工考核与管理规则
特种设备作业人员监督管理办法
特种设备无损检测人员考核与监督管理规则
容器类安全技术规范包括：
压力容器安全技术监察规程（以下简称《容规》）
超高压容器安全技术监察规程
液化气体汽车罐车安全监察规程
液化气体铁路罐车安全管理规程
医用氧舱安全管理规定
非金属压力容器安全技术监察规程
压力容器定期检验规则（以下简称《容检规》）
气瓶类安全技术规范包括：
气瓶安全监察规程
溶解乙炔气瓶安全监察规程
气瓶产品安全质量监督检验规则
气瓶使用登记管理规则
5. 技术标准

技术标准是指由行业或技术团体提出，经有关管理部门批准的技术文件，有国家标准、行业标准和企业标准。国家标准又分强制性标准和推荐性标准，如 GB 150—1998、GB 1576—1996 等。

二、锅炉、压力容器使用单位应当遵守《条例》的基本要求

《条例》是一部全面规范锅炉、压力容器、压力管道、电梯、客运索道、游乐场设施、起重机械等特种设备的生产（含设计、制造、安装、改造、维修，下同）、使用、检验检测及其安全监察的专门法规。锅炉压力容器使用单位应当遵守《条例》中的相关要求。

① 严格执行《条例》和有关安全生产的法律、行政法规的规定，保证特种设备的安全使用。

② 建立健全特种设备安全管理制度和岗位安全责任制度。主要负责人应当对本单位特种设备的安全全面负责。应当接受特种设备安全监督管理部门依法进行的特种设备安全监察。

③ 使用符合安全技术规范要求的特种设备。投入使用前，使用单位应当核对特种设备出厂时，是否附有安全技术规范要求的设计文件、产品质量合格证明、安装及使用维修说明、监督检验证明等文件。

④ 在投入使用前或者投入使用后 30 日内，使用单位应当向直辖市或者设区的市特种设备安全监督管理部门登记。登记标志应当置于或者附着于该特种设备的显著位置。

⑤ 建立特种设备安全技术档案。安全技术档案应当包括以下内容：

a. 设计文件、制造单位、产品质量合格证明、使用维护说明等文件以及安装技术文件和资料；

b. 定期检验和定期自行检查的记录；

c. 日常使用状况记录；

d. 锅炉压力容器其安全附件、安全保护装置、测量调控装置及有关附属仪器仪表的日常维护保养记录；

e. 运行故障和事故记录。

⑥ 对在用锅炉压力容器进行经常性日常维护保养，并定期自

行检查。应当至少每月进行一次自行检查，并做记录。对自行检查和日常维护保养时发现异常情况的，应当及时处理。对锅炉、压力容器的安全附件、安全保护装置、测量调控装置及有关附属仪器仪表进行定期校验、检修，并做记录。

⑦ 锅炉、压力容器出现故障或者发生异常情况，使用单位应当对其进行全面检查，消除事故隐患后，方可重新投入使用。

⑧ 按照安全技术规范的定期检验要求，在安全检验合格有效期届满前1个月向特种设备检验检测机构提出定期检验要求。检验检测机构接到定期检验要求后，应当按照安全技术规范的要求及时进行检验。未经定期检验或者检验不合格的特种设备，不得继续使用。

⑨ 检查锅炉、压力容器的改造和维修单位，是否具有与特种设备维修相适应的专业技术人员和技术工人以及必要的检测手段，并经省、自治区、直辖市特种设备安全监督管理部门许可，方可从事相应的维修活动。完工后施工单位应当在验收后30日内将有关技术资料移交使用单位。使用单位应当将其存入该特种设备的安全技术档案。

⑩ 锅炉、压力容器存在严重事故隐患，无改造、维修价值，或者超过安全技术规范规定使用年限，特种设备使用单位应当及时予以报废，并应当向原登记的特种设备安全监督管理部门办理注销。

⑪ 国家鼓励推行科学的管理方法，采用先进技术，提高特种设备安全性能和管理水平，增强特种设备生产、使用单位防范事故的能力，对取得显著成绩的单位和个人，给予奖励。

⑫ 制定锅炉、压力容器的事故应急措施和救援预案。

⑬ 锅炉、压力容器的作业人员及其相关管理人员（以下统称特种设备作业人员），应当按照国家有关规定经特种设备安全监督管理部门考核合格，取得国家统一格式的特种作业人员证书，方可从事相应的作业或者管理工作。

⑭ 特种设备使用单位应当对锅炉、压力容器作业人员进行特种设备安全教育和培训，保证特种设备作业人员具备必要的特种设备安全作业知识。作业人员在作业中应当严格执行锅炉、压力容器

的操作规程和有关的安全规章制度。在作业过程中发现事故隐患或者其他不安全因素，应当立即向现场安全管理人员和单位有关负责人报告。

⑮ 锅炉、压力容器检验检测机构进行特种设备检验检测，发现严重事故隐患，应当及时告知特种设备使用单位，并立即向特种设备安全监督管理部门报告。

⑯ 锅炉、压力容器检验检测机构和检验检测人员利用检验检测工作故意刁难特种设备生产、使用单位，使用单位有权向特种设备安全监督管理部门投诉，接到投诉的特种设备安全监督管理部门应当及时进行调查处理。

⑰ 锅炉、压力容器发生事故，事故发生单位应当迅速采取有效措施，组织抢救，防止事故扩大，减少人员伤亡和财产损失，并按照国家有关规定，及时、如实地向负有安全生产监督管理职责的部门和特种设备安全监督管理部门等有关部门报告。不得隐瞒不报、谎报或者拖延不报。

⑱ 锅炉、压力容器发生事故的，按照国家有关规定进行事故调查，追究责任。

第二节 锅炉使用安全技术

锅炉是指利用各种燃料、电或者其他能源，将所盛装的液体加热到一定的参数，并承载一定压力的密闭设备，其范围规定为容积大于或者等于 30L 的承压蒸汽锅炉；出口水压大于或者等于 0.1MPa（表压），且额定功率大于或者等于 0.1MW 的承压热水锅炉；有机热载体锅炉。压力容器的含义中包括其附属的安全附件、安全保护装置和安全保护装置相关的设施。

锅炉是生产和生活中广泛使用的提供热能的承压设备。它是能量转换器，在锅炉中通过燃料燃烧释放的热能，使水加热到一定的温度和压力或者转变成蒸汽。简言之，锅炉是生产蒸汽或加热水的设备。生产蒸汽的锅炉叫蒸汽锅炉；使水加热但不汽化的锅炉叫热水锅炉。

用于火力发电、炼油、化工、纺织、印染等行业的锅炉都利用其产生的蒸汽来获得动力或热量。另外，人们生活中的取暖、食品加工、洗澡和消毒及部分地区的水产养殖等也都是利用锅炉产生的蒸汽或热能来提供热能的。

锅炉还具有爆炸的危险性。锅炉在使用中发生破裂，使内部压力瞬时降至等于外界大气压力的现象叫爆炸。引起爆炸的原因很多，归纳起来有两种：一是内部压力升高，超过允许工作压力及受压元件所能承受的极限压力时，设备便发生爆炸；另一种是在正常工作压力下，由于受压元件本身缺陷或使用后造成损坏，或钢材老化而不能承受原来的工作压力时，就可能突然破裂爆炸。

一、锅炉的参数

反映锅炉工作特性的基本参数，主要是指锅炉单位时间内生产蒸汽或供热的数量及质量。锅炉生产蒸汽或供热的质量，通常用其基本状态参数压力和温度来反映。

蒸汽锅炉每小时所生产蒸汽的数量，称为蒸汽锅炉的蒸发量，也称为蒸汽锅炉的"容量"或"出力"，常用符号 D 表示，其单位为 t/h（吨/时）。蒸汽锅炉出厂时铭牌上所标示的蒸发量，指的就是该锅炉的额定蒸发量，亦即最大蒸发量。额定蒸发量表示蒸汽锅炉在额定蒸汽参数（压力和温度）、额定给水温度、使用设计燃料和保证设计效率的条件下，连续运行所应达到的最大蒸发量。对蒸汽锅炉，蒸汽的质量是指蒸汽锅炉主汽阀出口处过热蒸汽的压力（表压力）和温度，这个压力和温度被称为额定蒸汽压力和温度，统称为蒸汽锅炉的额定蒸汽参数。

热水锅炉每小时出水有效带热量，称为热水锅炉的供热量，常用符号 Q 表示，其单位为 MW（兆瓦），其额定值称为额定热功率。对热水锅炉，其供热的质量是指热水锅炉出水阀处出口水的压力和温度及其进水阀处进口水的温度，这个压力和温度被称为热水锅炉的额定出口水压力和额定出口/进口水温度，统称为热水锅炉的额定热水参数。目前，用于表示压力的单位为 MPa，温度的单位是℃。

二、锅炉分类

可以从不同角度对锅炉进行分类。

① 按载热介质分类，可分为蒸汽锅炉、热水锅炉、汽水两用锅炉、热风锅炉、有机热载体锅炉。

② 按锅炉结构型式，可分为火管锅炉（锅壳锅炉）、水管锅炉、水火管锅炉、热管锅炉和真空锅炉。

③ 按用途不同，可分为电站锅炉、工业锅炉、机车锅炉、船舶锅炉和生活锅炉等。

④ 按容量大小，可分为大型锅炉、中型锅炉和小型锅炉。习惯上，蒸发量大于 670t/h 的锅炉为大型锅炉，蒸发量 220～410t/h 的锅炉为中型锅炉，蒸发量小于 220t/h 的锅炉为小型锅炉。

⑤ 按压力等级分类，可分为低压锅炉（$p \leqslant 2.5$MPa）、中压锅炉（2.9～4.9MPa）、高压锅炉（7.8～10.8MPa）、超高压锅炉（11.8～14.7MPa）、亚临界压力锅炉（15.7～19.6MPa）、超临界压力锅炉（出口蒸汽压力大于 22.1MPa，即高于临界压力）。

三、工业锅炉的主要受压部件

① 锅筒：是用来汇集、贮存、分离汽水和补充给水的，是锅炉设备中最重要的部件。它是用锅炉钢板卷纸或压制而成，其两端焊有凸形封头或平管板，筒体上有许多管孔或管座，用水与水冷壁、对流管束、下降管和其他管道连接，以及安装各种管道阀门。

② 锅壳：锅壳式锅炉中"包围"汽水、风烟、燃烧系统的外壳，又称筒壳。其作用和锅筒相同。常用 A3g、20g、16Mng 等锅炉钢板。

③ 联箱：又称集箱。其作用是连接受热面管、下降管、连通管、排污管等。按其用途可分为水冷壁联箱、过热器联箱、省煤器联箱等。

④ 下降管：其作用是与水冷壁、联箱锅筒形成水循环回路。它是用较大直径的锅炉钢管制成，一般布置在炉膛外面，不受热。

⑤ 省煤器：其作用是使给水进入锅筒之前，被预先加热到某一温度（通常加热到低于饱和温度 40～50℃），以降低排烟温度，提高锅炉热效率。中低压锅炉往往用铸铁制造省煤器，中压以上的锅炉省煤器由钢管制成的蛇形管组合而成。

⑥ 受热面管子：它是锅炉的主要受热面，用锅炉钢管制成，它分为水管和火管，凡管内流水或汽水混合物，管外受热的叫水管。凡管内走烟气管外被水冷却的叫烟管。烟管只用在小型锅炉中，水管用在各种锅炉中。水冷壁管是水管中的一种。

⑦ 减温器：是调节过热蒸汽的温度，使过热蒸汽的温度控制在规定的范围内，以确保安全和满足生产需要。凡有过热器的锅炉上均有减温器，减温器分面式减温器和混合式减温器。减温器结构与联箱相似，但其内部有喷水装置或冷却装置。

⑧ 过热器：它是把锅筒内出来的饱和蒸汽加热成过热蒸汽。过热器一般是用碳钢或耐热合金钢管弯制成蛇形管后组合而成。

⑨ 再热器：它是将汽轮机高压刚排出的蒸汽再加热到与过热器蒸汽相同或相近的温度后，再回到中低压缸去做功，以提高电站的热效率。再热器一般只用于 $D>40t/h$ 的电站锅炉中，一般用碳钢或耐热合金钢管弯制成蛇形管后组合而成。

⑩ 炉胆：是锅壳式锅炉包围燃料燃烧空间的壳体，只有立式锅炉和卧式内燃锅炉中有炉胆。炉胆有直筒形和锥形两种，当炉胆长度超过 3m 时，要采用波纹形结构。炉胆承受外压，常用 A3g、20g 等锅炉钢板弯卷后焊制而成。

⑪ 下脚圈：连接炉胆和锅壳的部件，只在立式锅炉中采用，常见的 U 形、L 形、H 形、S 形等型式，额定工作压力>0.1MPa 的锅炉上需用 U 形下脚圈。下脚圈是用锅壳或炉胆相同的材料制成。

⑫ 炉门圈、喉管、冲天管：炉门圈是连接于锅壳和炉胆之间进入燃烧时的一段管子，一般由锅炉钢板压制成椭圆形后焊接而成。喉管和冲天管均为连接于锅壳和炉胆之间烟气排出时所经过的一段管子，一般由无缝钢管制成。以上三个部件均受外压，仅在立式锅炉中有此部件。

⑬ 锅炉安全附件：工业锅炉安全附件，主要是指锅炉上使用的安全阀、压力表、水位计、水位警报器、排污阀等。热水锅炉上的安全附件有安全阀、压力表、温度计、超温报警器和排污阀或放水阀。锅炉上还有给水装置、自动调节装置和许多管道、阀门、仪

表、它们也与安全有关。

四、锅炉的安装验收

1. 贯彻执行锅炉的安全技术规范

锅炉的使用单位应严格执行《蒸汽锅炉安全技术监察规程》、《热水锅炉安全技术监察规程》，电力系统的发电用锅炉应按《电力工业锅炉监察规程》的有关规定执行。进口固定式蒸汽锅炉或国内生产企业（含外商投资企业）引进国外技术按照国外标准生产且在国内使用的固定式蒸汽锅炉，也应符合本规程的基本要求。特殊情况如与本规程基本要求不符合时，应事先征得安全监察机构同意。

2. 编制容器的安全管理规章制度

① 锅炉的使用单位及其主管部门，应指定专职或兼职人员负责锅炉设备的安全管理，按照有关《规程》的要求做好锅炉的使用管理工作。

② 锅炉的使用单位应根据锅炉的结构型式、燃烧方式和使用要求制定保证锅炉安全运行的操作规程和防爆、防火、防毒等安全管理制度以及事故处理办法，并认真执行。

③ 锅炉的使用单位应制定和实行锅炉及其安全附件的维护保养和定期检测制度，对具有自动控制系统的锅炉，还应建立定期对自动仪表进行校验检修的制度。

3. 制造及安装验收

① 锅炉产品出厂时，必须附有与安全有关的技术资料，其内容应包括：

a. 锅炉图样（包括总图、安装图和主要受压部件图）；

b. 受压元件的强度计算书或计算结果汇总表（热水锅炉还应有受压元件的强度计算书）；

c. 安全阀排放量的计算书或计算结果汇总表［热水锅炉还应有安全阀数量和流道直径（喉径）的计算书（对额定出口热水温度高于或等于100℃的锅炉）］；

d. 锅炉质量证明书（包括出厂合格证、金属材料证明、焊接质量证明和水压试验证明）；

e. 锅炉安装说明书和使用说明书；

f. 受压元件重大设计更改资料；

g. 热水锅炉应有水流程图及水动力计算书（自然循环的锅壳式锅炉除外）。

对于额定蒸汽压力大于或等于 3.8MPa 的锅炉，至少还应提供以下技术资料：

a. 锅炉热力计算书或热力计算结果汇总表；

b. 过热器壁温计算书或计算结果汇总表；

c. 烟风阻力计算书或计算结果汇总表；

d. 热膨胀系统图。

对于额定蒸汽压力大于或等于 9.8MPa 的锅炉，还应提供以下技术资料：

a. 再热器壁温计算书或计算结果汇总表；

b. 锅炉水循环（包括汽水阻力）计算书或计算结果汇总表；

c. 汽水系统图；

d. 各项保护装置整定值。

② 锅炉产品出厂时，应在明显的位置装设金属铭牌，铭牌上应载明下列项目：

a. 锅炉型号；

b. 制造厂锅炉产品编号；

c. 额定蒸发量（t/h）或额定功率（MW）[或额定热功率（MW）]；

d. 额定蒸汽压力（MPa）[或额定出水压力（MPa）]；

e. 额定蒸汽温度（℃）[或额定出口/进口水温（℃）]；

f. 再热蒸汽进、出口温度（℃）及进、出口压力（MPa）；

g. 制造厂名称；

h. 锅炉制造许可证级别和编号；

i. 锅炉制造监检单位名称和监检标记；

j. 制造年月。

对散件出厂的锅炉，还应在锅筒、过热器集箱、再热器集箱、水冷壁集箱、省煤器集箱以及减温器和启动分离器等主要受压部件的封头或端盖上打上钢印，注明该部件的产品编号。

③ 锅炉的安装除应符合本规程外，对于额定蒸汽压力小于或等于 2.5MPa 的锅炉，可参照《机械设备安装工程施工及验收规范》中第六册 TJ231（六）《破碎粉磨设备、卷扬机、固定式柴油机、工业锅炉安装》的有关规定。对于额定蒸汽压力大于 2.5MPa 的锅炉，可参照 SDJ 245《电力建设施工及验收技术规范（锅炉机组篇）》的有关规定。热水锅炉按照 GBJ 242《采暖与卫生工程施工及验收规范》的有关规定。

④ 蒸汽锅炉安装质量的分段验收和水压试验（热水锅炉是分段验收和总体验收），由锅炉安装单位和使用单位共同进行。总体验收（热水锅炉是水压试验和总体验收）时，除锅炉安装单位和使用单位外，一般还应有安全监察机构派人员参加。

锅炉安装验收合格后，安装单位应将安装锅炉的技术文件和施工质量证明资料等，移交使用单位存入锅炉技术档案。

五、锅炉房管理与操作

为了提高锅炉房安全管理水平，确保锅炉安全运行，根据《条例》和《锅炉房安全管理规则》的要求。该规则适用于设置下列锅炉的工业（蒸汽锅炉和热水锅炉）及生活用锅炉房：

① 额定蒸发量≥1t/h 以水为介质的蒸汽锅炉；

② 额定供热量≥240×10^4kcal/h（千卡/时，1 千卡=4180J）的热水锅炉。

设置额定蒸发量<1t/h 的蒸汽锅炉或供热量<240×10^4kcal/h（千卡/时，1kcal=4180J）的热水锅炉的锅炉房，可参照本规则执行。不适用于电力系统的发电用锅炉。

锅炉房的设计建造应符合《蒸汽锅炉安全技术监察规程》和《热水锅炉安全技术监察规程》的有关规定。锅炉房建造前使用单位需将锅炉房平面布置图送交当地锅炉压力容器安全监察机构审查同意，否则不准施工。

使用锅炉的单位应设专职或兼职管理人员负责锅炉房安全技术管理工作，并报当地劳动部门备案。锅炉房主管人员应熟悉锅炉安全知识，定期检查锅炉运行状况，切实解决影响锅炉安全运行的问题。任何领导不得同意或强迫司炉违章作业。管理人员应具备锅炉安全技术知识和熟悉国家安全法规中的有关规定,其职责如下。

① 对司炉工人、水质化验人员组织技术培训和进行安全教育。
② 参与制定锅炉房各项规章制度。
③ 对锅炉房各项规章制度的实施情况进行检查。
④ 传达并贯彻主管部门和锅炉、压力容器安全监察机构下达的锅炉安全指令。
⑤ 督促检查锅炉及其附属设备的维护保养和定期检修计划的实施。
⑥ 解决锅炉房有关人员提出的问题,如不能解决应及时向单位负责人报告。
⑦ 向锅炉、压力容器安全监察机构报告本单位锅炉使用管理情况。

司炉是特种技术工种,使用锅炉的单位必须严格按照《锅炉司炉工人安全技术考核管理办法》的规定选调、培训司炉工人。司炉工人需经考试合格取得司炉操作证才准独立操作锅炉。严禁将不符合司炉工人基本条件的人员调入锅炉房从事司炉工作。司炉工人在值班时须履行职责,遵守劳动纪律,严格按照操作规程操作锅炉。

锅炉运行时,操作人员应执行有关锅炉安全运行的各项制度,做好运行值班记录和交接班记录。锅炉操作间和主要用汽地点应设有通讯或讯号装置。锅炉房应有下列制度。

岗位责任制:按锅炉房的人员配备,分别规定班组长、司炉工、维修工、水质化验人员等职责范围内的任务和要求。

锅炉及其辅机的操作规程,其内容应包括:
① 设备投运前的检查与准备工作;
② 启动与正常运行的操作方法;
③ 正常停运和紧急停运的操作方法;
④ 设备的维护保养;
⑤ 巡回检查制度:明确定时检查的内容、路线及记录项目;
⑥ 设备维修保养制度:规定锅炉本体、安全保护装置、仪表及辅机的维护保养周期、内容和要求;

⑦ 交接班制度：应明确交接班的要求、检查内容和交接手续；

⑧ 水质管理制度：应明确水质定时化验的项目和合格标准；

⑨ 清洁卫生制度：应明确锅炉房设备及内外卫生区域的划分和清扫要求；

⑩ 安全保卫制度。

锅炉房应有记录：锅炉及附属设备的运行记录、交接班记录、水处理设备运行及水质化验记录、设备检修保养记录、单位主管领导和锅炉房管理人员的检查记录、事故记录，以上各项记录应保存一年以上。

锅炉房应有水处理措施，锅炉水质应符合《低压锅炉水质标准》的要求。锅炉使用单位应设专职或兼职的锅炉水质化验人员。水质化验人员应经培训、考核合格取得操作证后，才准独立操作。

① 为了延长锅炉使用寿命，节约燃料，保证蒸汽品质，防止由于水垢、水渣、腐蚀而引起锅炉部件损坏或发生事故，使用锅炉的单位对蒸汽锅炉应按《锅炉水处理管理规则》的规定。对热水锅炉运行时的锅水、补给水符合 GB 1576《低压锅炉水质标准》的有关规定。做好水质管理工作。

② 额定蒸汽压力小于或等于 2.5MPa 的锅炉的水质，应符合 GB 1576《低压锅炉水质》的规定。额定蒸汽压力大于或等于 3.8MPa 的锅炉的水质，应符合 GB 12145《火力发电机组及蒸汽动力设备水汽质量标准》的规定。没有可靠的水处理措施，不得投入运行。

③ 使用锅炉的单位应执行排污制度。对蒸汽锅炉定期排污，应在低负荷下进行，同时严格监视水位。对热水锅炉的排水、排污的时间间隔及排污量应根据运行情况及水质化验报告进行。排污时应监视锅炉压力以防止产生汽化。锅水温度低于 100℃时才能进行排污。

锅炉的使用单位必须按《锅炉压力容器使用登记管理办法》的规定办理登记手续（详见本章压力容器使用登记的有关内容），未取得锅炉使用登记证的锅炉，不准投入运行。

热水锅炉在投入运行时，应先开动循环泵，待供热系统循环水循环后才能提高炉温。停炉时，不得立即停泵，只有锅炉出口水温度降到50℃以下时才能停泵。若锅炉发生汽化后再启动时，启动前先补水放汽，然后再开动循环泵。

锅炉运行中，遇有下列情况之一时，应立即停炉：

① 锅炉水位低于水位表最低可见边缘；

② 不断加大给水及采取其他措施，但水位仍继续下降（热水锅炉的补给水泵不断给锅炉补水，锅炉压力仍然继续下降时）；

③ 锅炉水位超过最高可见水位（满水），经放水仍不能见到水位；

④ 给水泵全部失效或给水系统故障，不能向锅炉进水；

⑤ 水位表或安全阀全部失效；

⑥ 设置在汽空间的压力表全部失效；

⑦ 锅炉元件损坏且危及运行人员安全；

⑧ 燃烧设备损坏，炉墙倒塌或锅炉构架被烧红等严重威胁锅炉安全运行；

⑨ 其他异常情况（热水锅炉的压力过高且超过安全运行允许范围）危及锅炉安全运行；

⑩ 热水锅炉因水循环不良造成锅水汽化，或锅炉出口热水温度上升到与出水压力下相应饱和温度的差小于20℃（铸铁锅炉40℃）时；

⑪ 热水锅炉的锅水温度急剧上升失去控制时；

⑫ 当锅炉运行中发现受压元件泄漏、炉膛严重结焦、受热面金属超温又无法恢复正常以及其他重大问题时，应停止锅炉运行。

热水锅炉的额定出口热水温度高于或等于120℃的锅炉，为了防止突然停电时产生汽化，应有可靠的定压装置或可靠的电源（备用电源或双路电源等）。

热水锅炉的使用单位应制定突然停电时的操作方法和程序，并使司炉掌握。

司炉工人应熟悉与运行锅炉有关的热水循环系统，搞好安全运行。锅炉运行时，值班人员应遵守劳动纪律，认真执行有关锅炉运行的各项制度，做好各项记录。锅炉压火以后，应保证锅炉水温不回升。

在用锅炉必须实行定期检验制度。未取得定期检验合格证的锅炉。不准投入运行。

使用锅炉的单位,必须做好锅炉设备的维修保养工作,保证锅炉本体和安全保护装置等处于完好状态。锅炉设备运行中发现有严重隐患危及安全时,应立即停止运行。

使用锅炉的单位应对锅炉房安全工作实行定期检查。单位主管领导对锅炉房工作应每月做一次现场检查。锅炉房管理人员应每周做一次现场检查,并做好记录,以备监察部门检查。

使用锅炉单位的主管部门应对本系统内的锅炉房每半年做一次安全检查,检查结果应向当地监察部门报告。

六、锅炉的水处理

按照《锅炉水处理监督管理规则》的规定,固定式锅炉水处理应能保证锅炉水质符合 GB 1576《低压锅炉水质》标准和 GB 12145《火力发电机组及蒸汽动力设备水汽质量》标准的规定(以下简称水质标准)。锅炉水处理设备入厂、安装应审查的工作:

① 锅炉水处理设备出厂时,至少应提供下列技术资料:a. 水处理设备图样(总图、管道系统图等);b. 设计计算书;c. 产品质量证明书;d. 设备安装、使用说明书;e. 注册登记证书复印件。

② 水处理药剂、树脂出厂时,至少应提供下列资料:a. 产品合格证;b. 使用说明书;c. 注册登记证书复印件。

③ 安装调试。采用水处理设备的锅炉,水处理系统、设备安装完毕后,均应由使用单位和安装单位共同调试,或委托有能力的单位进行调试,并应将施工技术记录和调试报告存入锅炉技术档案。

1. 使用管理

① 使用锅炉的单位应结合本单位的实际情况,建立健全规章制度(应包括水处理管理制度、岗位责任制、设备运行和维护保养制度等)。

② 使用锅炉的单位应根据锅炉的数量、参数、水源情况和水处理方式,配备专(兼)职水处理管理操作人员。

③ 使用锅炉的单位应根据锅炉参数和汽水品质的要求，对锅炉的原水、给水、锅水、回水的水质及蒸汽品质定期进行分析。每次化验分析的时间、项目、数据及采取的相应措施，均应详细填写在水质化验记录表上。

④ 对备用或停用的锅炉及水处理设备，必须做好保养工作，防止锅炉和水处理设备引起严重腐蚀以及树脂中毒。

2. 水处理人员

① 锅炉水处理人员是指下列人员：a. 锅炉水处理检验人员；b. 锅炉使用单位的水处理管理操作人员；c. 锅炉化学清洗单位的清洗操作人员。

② 锅炉水处理人员需经过培训、考核合格，并取得安全监察机构颁发的相应资格证书后，才能从事相应的水处理工作。水处理人员资格证书有效期为五年，期满前须履行换证手续。

③ 持证锅炉水处理人员须树立良好的职业道德，应对承担的工作质量负责。

锅炉水处理的检验一般应结合锅炉定期检验进行。检验内容包括：水处理设备状况以及设备的运行操作、管理等情况。

对锅炉受热面结生严重水垢的锅炉，由锅炉压力容器检验单位根据实际情况提出清洗建议，并出具《锅炉除垢通知书》。由使用单位请有资格的化学清洗单位对锅炉进行清洗。

七、锅炉的检验

为了保证在用锅炉定期检验工作质量，确保锅炉安全运行，防止事故发生，根据《锅炉压力容器安全监察暂行条例》和《蒸汽锅炉安全技术监察规程》、《热水锅炉安全技术监察规程》，遵守《锅炉定期检验规则》的有关规定进行检验。有机热载体炉的定期检验可参照本规则的相应条款执行。

锅炉使用单位应在规定的锅炉定期检验日期前向检验单位提交锅炉定期检验申请。检验单位综合各使用单位锅炉的检验日期制订出检验计划，并通知锅炉使用单位。

检验周期，锅炉定期检验工作包括外部检验、内部检验和水压试验三种：锅炉的外部检验一般每年进行一次，内部检验一般每两年进行一次，水压试验一般每六年进行一次。对于无法进行内部检验的锅炉，应每三年进行一次水压试验。电站锅炉的内部检验和水压试验周期可按照电厂大修周期进行适当调整。只有当内部检验、外部检验和水压试验均在合格有效期内，锅炉才能投入运行。

除进行正常的定期检验外，锅炉有下列情况之一时，还应进行下述检验。

① 外部检验：移装锅炉开始投运时；锅炉停止运行一年以上恢复运行时；锅炉的燃烧方式和安全自控系统有改动后。

② 内部检验：新安装的锅炉在运行一年后；移装锅炉投运前；锅炉停止运行一年以上恢复运行前；受压元件经重大修理或改造后及重新运行一年后；根据上次内部检验结果和锅炉运行情况，对设备安全可靠性有怀疑时；根据外部检验结果和锅炉运行情况，对设备安全可靠性有怀疑时。

③ 水压试验：移装锅炉投运前；受压元件经重大修理或改造后。

当内部检验、外部检验和水压试验在同期进行时，应依次进行内部检验、水压试验和外部检验。检验准备工作如下。

(1) 工业锅炉内部检验　工业锅炉是指以向工业生产或生活用途提供蒸汽、热水的锅炉，一般是指额定工作压力小于等于2.5MPa的锅炉。

① 检验前，锅炉使用单位应做好以下准备工作：

a. 准备好有关技术资料，包括锅炉制造和安装的技术资料、锅炉技术登记资料、锅炉运行记录、水质化验记录、修理和改造记录、事故记录及历次检验资料等；

b. 提前停炉，放净锅炉内的水，打开锅炉上的人孔、头孔、手孔、检查孔和灰门等一切门孔装置，使锅炉内部得到充分冷却，并通风换气；

c. 采取可靠措施隔断受检锅炉与热力系统相连的蒸汽、给水、排污等管道及烟道、风道并切断电源，对于燃油、燃气的锅炉还须可靠地隔断油、气来源并进行通风置换；

d. 清理锅炉内的垢渣、炉渣、烟灰等污物；

e. 拆除妨碍检查的汽水挡板、分离装置及给水、排污装置等锅筒内件,并准备好用于照明的安全电源;

f. 对于需要登高检验作业(离地面或固定平面3m以上)的部位,应搭脚手架。

② 使用单位应提供检验人员技术资料,检验人员应首先对锅炉的技术资料进行查阅。

a. 应有完整的锅炉建档登记资料;

b. 与锅炉安全有关的出厂、安装、修理和改造等技术资料应齐全,并与实物相符;

c. 查阅锅炉运行记录和水质化验记录中是否有异常情况的记载;

d. 查阅历次检验资料,特别是上次检验报告中提出的问题是否已解决或已有防范措施;

e. 对现场的准备工作应进行检查确认。

③ 检验人员应根据待检锅炉的具体情况,确定检验项目和检验方法。对于额定蒸发量大于20t/h的蒸汽锅炉或额定热功率大于14MW的热水锅炉,检验人员还应制订检验方案。

④ 检验时,锅炉使用单位应派锅炉管理人员做好安全监护工作和配合工作,并按检验员的要求拆除保温或其他部件。

⑤ 内部检验主要是检验锅炉承压部件是否在运行中出现裂纹、起槽、过热、变形、泄漏、腐蚀、磨损、水垢等影响安全的缺陷。

⑥ 对受压元件进行重大修理、改造后,检验人员应对修理、改造部位进行检验,确认修理结果是否符合要求。

(2) 电站锅炉内部检验 电站锅炉是指以发电或热电联产为主要目的的锅炉,一般是指额定工作压力大于等于3.8MPa的锅炉。

① 电站锅炉在进行内部检验之前,锅炉的使用单位应向检验单位提供锅炉定期检验计划、大修计划,并与检验单位协商有关检验的准备工作、辅助工作、检验条件、检验期限、安全保护措施等事宜。

② 使用单位应提供检验人员技术资料,检验人员应首先对锅炉的技术资料进行查阅。

a. 锅炉设计、制造质量资料:锅炉竣工图,包括总图、承压部件图、热膨胀图和基础荷重图等；承压部件强度计算书或汇总表；锅炉设计说明书和使用说明书；热力计算书或汇总表；过热器和再热器壁温计算书；安全阀排量计算书；锅炉质量证明书。

b. 锅炉安装、高度资料。

c. 修理、改造及变更的图纸和资料：修理、改造或变更方案及审批文件；设计图样、计算资料；质量检验和验收报告。

d. 记录及档案资料：锅炉技术登录簿和使用登记证；历次定期检验计划及报告；运行记录，事故、故障记录，超温超压记录；承压部件损坏记录和缺陷处理记录；检修记录，质量验收卡，大修技术总结；金属监督、化学监督技术资料档案；安全阀校验及仪表、保护装置的整定、校验记录。

e. 检验人员认为需要查阅的其他资料。

③ 在对技术资料初步审核的基础上，检验人员应根据被检锅炉的实际情况和电厂提供的大修计划编制检验方案，并征求锅炉使用单位的意见。对于运行进行超过 10 万小时的锅炉，在确定检验方案时应增加检验项目，重点检查材质变化状况。

④ 在进行锅炉内部检验之前，锅炉使用单位应做好下述准备工作：设备的风、烟、水、汽、电和燃料系统必须可靠隔断；根据检验需要搭设必要的脚手架；检验部位的人孔门、手孔盖全部打开，并经通风换气冷却；炉膛及后部受热面清理干净，露出金属表面；拆除受检部位的保温材料和妨碍检验的锅内部件；准备好安全照明和工作电源；进入锅筒、炉膛、烟道等进行检验时，应有可靠通风和专人监护。

(3) 外部检验 外部检验包括锅炉管理检查、锅炉本体检验、安全附件、自控调节及保护装置检验、辅机和附件检验、水质管理和水处理设备检验等方面；检验方法以宏观检验为主，并配合对一些安全装置、设备的功能确认，但不得因检验而出现不安全因素。

① 锅炉使用单位应做好检验的准备工作：锅炉外部的清理工作；准备好锅炉的技术档案资料；准备好司炉人员和水质化验人员的资格证件；检验时，锅炉使用单位的锅炉管理人员和司炉班长应到场配合，协助检验工作，并提供检验员需要的其他资料。

② 锅炉管理方面的主要检查内容：上次检验报告中所提出的问题是否已解决；在岗司炉人员是否持证操作，其类别是否与所操作的设备相适应，人员数量和持证司炉人员总数是否满足设备运行需要；锅炉房管理制度是否符合要求，各种记录是否齐全、真实；对于电站锅炉还应核查金属监督制度的执行情况；锅炉周围的安全通道是否畅通；电站锅炉必要的系统图是否齐全、符合实际并醒目挂放；各种照明是否满足操作要求且是否完好；防火、防雷、防风、防雨、防冻、防腐等设施是否完好。

(4) 水压试验　水压试验前检验人员与锅炉使用单位应做好下列准备工作：

① 检验员应认真查阅锅炉的技术资料，尤其是本次内部检验或修理、改造后的检验记录和报告；

② 清除受压部件表面的烟灰和污物，对于需要重点进行检查的部位还应拆除炉墙和保温层，以利于观察；

③ 对不参加水压试验的连通部件（如锅炉范围内外的管路、安全阀等）应采取可靠的隔断措施；

④ 锅炉应装两只在校验合格期内的压力表，其量程应为试验压力的 1.5~3 倍，精度应不低于 1.5 级；

⑤ 调试试压泵，使之能确保压力按照规定的速率缓慢上升；

⑥ 水压试验时，周围的环境温度不应低于 5℃，否则应采取有效的防冻措施；

⑦ 水压试验的用水应防止对锅炉材料有腐蚀，对奥氏体材料的受压部位，水中的氯离子浓度不得超过 35mg/L，否则应有相应的措施；

⑧ 水压试验的用水温度应不低于大气的露点温度，一般选取 20~70℃；对合金材料的受压部件，水温应高于所用钢种的脆性转变温度或按照锅炉制造厂规定的数据控制；

⑨ 水压试验加压前，参加试验的各个部件内都应上满水，不得残留气体；

⑩ 水压试验时，锅炉使用单位的管理人员应到场。

(5) 检验报告移交　锅炉检验后，检验员应及时出具相应的检验报告。检验报告应及时送给锅炉使用单位存入锅炉技术档案。

八、锅炉的修理与改造

1. 修理

锅炉受压元件的重大修理,如锅筒(锅壳)、炉胆、回燃室、封头、炉胆顶、管板、下脚圈、集箱的更换、挖补,主焊缝的补焊、管子胀接改焊接以及大量更换受热面管子等,应有图样和施工技术方案。修理的技术要求可参照锅炉专业技术标准和有关技术规定。修理完工后,锅炉的使用单位应将图样、材料质量证明书、修理质量检验证明书等技术资料存入锅炉技术档案内。

在用锅炉修理(对热水锅炉受压元件的损坏,在不能保证安全运行至下一个检修期时,应及时修理)时,严禁在有压力或锅水温度较高的情况下修理受压元件。采用焊接方法修理受压元件时,禁止带水焊接。

检修人员进入锅炉内进行工作时,应符合以下要求:

① 在进入锅筒(锅壳)内部工作前,必须用能指示出隔断位置的强度足够的金属堵板将连接其他运行锅炉的蒸汽、给水、排污等管道全部可靠地隔开,且必须将锅筒(锅壳)上的人孔和集箱上的手孔打开,使空气对流一定时间(对热水锅炉,在进入锅筒内部工作前,必须将与其他运行锅炉连接的热水、排污等管道全部可靠地隔开,将锅筒内的水放净,并且还需使锅筒内部有良好的通风)。

② 在进入烟道或燃烧室工作前,必须进行通风,并将与总烟道或其他运行锅炉的烟道相连的烟道闸门关严密,以防毒、防火、防爆。

③ 用油或气体做燃料的锅炉,应可靠地隔断油、气的来源。

④ 在锅筒(锅壳)和潮湿的烟道内工作而使用电灯照明时,照明电压应不超过24V(对热水锅炉照明电压不得超过12V);在比较干燥的烟道内,应有妥善的安全措施,可采用不高于36V的照明电压。禁止使用明火照明。

⑤ 在锅筒(锅壳)内进行工作时,锅炉外面应有人监护。

2. 改造

汽水两用锅炉除应符合《蒸汽锅炉安全技术监察规程》的规定

外,还应符合《热水锅炉安全技术监察规程》的有关规定。

锅炉及其受压元件的改造,施工技术要求可参照锅炉专业技术标准和有关技术规定。提高锅炉运行参数的改造,在改造方案中必须包括必要的计算资料。由于结构和运行参数的改变,水处理措施和安全附件应与新参数相适应。

锅炉改造(蒸汽锅炉改为热水锅炉或者热水锅炉受压元件的改造应有图样、水流程图、水动力计算书、强度计算书等计算资料,与锅炉配套的原水处理措施、安全附件、定压装置、循环水泵和补给水泵也应进行技术校核,并应有校核资料。施工的技术要求应符合锅炉制造和安装的有关技术标准)竣工后,锅炉的使用单位应将锅炉改造的图样(热水锅炉的计算资料)、材料质量证明书、施工质量检验证明书等技术资料存入锅炉技术档案内。

对备用或停用的蒸汽锅炉,必须采取防腐措施。对备用或停用热水锅炉,必须先将锅炉及除污器内的水垢、污物、泥渣清除,然后采取防腐措施,并定期对锅炉内部进行检查,以保证防腐措施有效。采用湿法保养的锅炉,还应有防冻措施。锅炉停用后,应及时清理受热面管子表面和烟道中沉积的烟炱和污物。对长期停用的锅炉,还应将附属设备清刷干净。

九、锅炉的事故处理

锅炉发生事故时,发生事故的单位必须按《锅炉压力容器事故报告办法》报告和处理(详见本章压力容器事故处理的有关内容)。

第三节 压力容器使用安全技术

压力容器(以下简称容器),是指盛装气体或者液体,承载一定压力的密闭设备。它的主要作用是反应、换热、分离和贮存运输有压力的气体或液化气体,或者是为这些流体的传热、传质反应提供一个密闭的空间。压力容器的用途极为广泛,不仅是工业生产和民用生活设施中的常用设备,同时又是易燃、易爆、有毒的一种有潜在爆炸危险的特殊设备。

锅炉是特殊的压力容器——受火焰加热的压力容器系统。压力容器范围规定为最高工作压力大于或者等于 0.1MPa（表压），且压力与容积的乘积大于或者等于 2.5MPa·L 的气体、液化气体和最高工作温度高于或者等于标准沸点的液体的固定式容器和移动式容器；盛装公称工作压力大于或者等于 0.2MPa（表压），且压力与容积的乘积大于或者等于 1.0MPa·L 的气体、液化气体和标准沸点等于或者低于 60℃ 液体的气瓶；氧舱等。压力容器的含义中包括其附属的安全附件、安全保护装置和安全保护装置相关的设施。

一、容器分类

压力容器的形式很多，根据不同要求分类方法有很多种。常见的有从安全管理和技术监督角度，按压力大小、作用原理、受压方式、制造方法、壳体材料等进行分类。

从安全管理和技术监督的角度，一般把压力容器分为三大类，即固定式容器和移动式容器和载人容器三大类。

① 固定式容器：可以按其工作压力和用途进一步分类。按压力分类，我国《压力容器安全技术监察规程》将压力容器分为四个压力级别：低压容器（$0.1\text{MPa} \leqslant p < 1.6\text{MPa}$）、中压容器（$1.6\text{MPa} \leqslant p < 10\text{MPa}$）、高压容器（$10\text{MPa} \leqslant p < 100\text{MPa}$）、超高压容器（$p \geqslant 100\text{MPa}$）。其中，$p$ 为压力容器的设计压力；根据用途分类，按压力容器在生产工艺过程中的作用原理，分为反应压力容器、换热压力容器、分离压力容器、贮存压力容器。

② 移动式容器：是指汽车罐车、铁路罐车、长管拖车、集装箱式压力容器和各类气瓶（氧、乙炔、液化石油气、氟里昂等）以及燃气汽车车用气瓶。移动式容器是一种储运容器，没有固定的使用地点，一般也没有专职的操作人员，使用环境经常变迁，管理比较困难，容易发生事故。

移动式容器按其容积大小和结构形状分为气瓶（焊接气瓶、钢制气瓶、冲拔拉伸气瓶和缠绕式气瓶）、气桶和槽车三类。

③ 载人容器：是指医疗用高压氧舱、潜水用压力容器等。

按工作压力高低不同，可分为低压容器、中压容器、高压容器和超高压容器。按其作用原理，容器可分为反应容器、换热容器、分离容器和贮存容器。

① 反应容器（代号 R）：主要是用于完成介质的物理、化学反应的压力容器。如反应器、反应釜、分解锅、分解塔、聚合釜、高压釜、超高压釜、合成塔、变换炉、蒸煮锅、蒸球、蒸压釜、煤气发生炉等。

② 换热容器（代号 E）：主要是用于完成介质的热量交换的压力容器。如管壳式余热锅炉、热交换器、冷却器、冷凝器、蒸发器、加热器、硫化锅、消毒锅、染色器、烘缸、磺化锅、蒸炒锅、预热锅、溶剂预热器、蒸锅、蒸脱机、电热蒸汽发生器、煤气发生炉水夹套等。

③ 分离容器（代号 S）：主要是用于完成介质的流体压力平衡和气体净化分离等的压力容器。如分离器、过滤器、集油器、缓冲器、洗涤器、吸收塔、铜洗塔、干燥塔、汽提塔、分汽缸、除氧器等。

④ 贮存容器（代号 C，其中球罐代号 B）：主要是用于盛装生产用的原料气体、液体、液化气体等的压力容器，如各种型式的储罐。

在一种容器中，如同时具备两个以上的工艺作用原理时，应按工艺过程中的主要作用来划分品种。

根据受压方式，可将压力容器分为内压容器和外压容器两类。真空容器也属于外压容器，内部压力小于 1 个绝对大气压。按制造方法的不同，可将压力容器分为焊接容器、整体锻造及铸造容器。按壳体结构型式的不同，可分为单层和多层容器（多层包扎、绕带式和热套压力容器）。按壳体材料的不同，可分为钢制容器、有色金属容器和非金属容器等。按容器的安全综合分类，我国《压力容器安全技术监察规程（简称容规，下同）》根据容器压力的高低、介质的危害程度及在使用中的重要性，将压力容器分为三类。

① 三类容器。符合下列情况之一为三类容器：

a. 高压容器；

b. 中压容器（仅限毒性程度为极度和高度危害介质）；

c. 中压贮存容器（仅限易燃或毒性程度为中度危害介质，且设计压力与容积之积 $pV \geqslant 10 \text{MPa} \cdot \text{m}^3$）；

d. 中压反应容器（仅限易燃或毒性程度为中度危害介质，且 $pV \geqslant 0.5\text{MPa} \cdot \text{m}^3$）；

e. 低压容器（仅限毒性程度为极度和高度危害介质，且 $pV \geqslant 0.2\text{MPa} \cdot \text{m}^3$）；

f. 高压、中压管壳式余热锅炉；

g. 中压搪玻璃压力容器；

h. 使用强度级别较高（指相应标准中抗拉强度规定值下限 $\geqslant 540\text{MPa}$）的材料制造的压力容器；

i. 移动式压力容器，包括铁路罐车（介质为液化气体、低温液体）、罐式汽车［液化气体运输（半挂）车、低温液体运输（半挂）车或永久气体运输（半挂）车］和罐式集装箱（介质为液化气体、低温液体）等；

j. 球形储罐（容积 $V \geqslant 50\text{m}^3$）；

k. 低温液体贮存容器（$V \geqslant 5\text{m}^3$）。

② 二类容器。符合下列情况之一的，且除本条 a 之外者为二类容器：

a. 中压容器；

b. 低压容器（仅限毒性程度为极度和高度危害介质）；

c. 低压反应容器和低压贮存容器（仅限易燃介质或毒性程度为中度危害介质）；

d. 低压管壳式余热锅炉；

e. 低压搪玻璃压力容器。

③ 一类容器。低压容器且不在 a 和 b 之内者。

压力容器中化学介质毒性程度和易燃介质的划分可参照 HG 20660《压力容器中化学介质毒性危害和爆炸危险程度分类》的规定或依据下列原则：最高容许浓度 $<0.1\text{mg/m}^3$，为极度危害（Ⅰ级）；最高容许浓度 $0.1 \sim <1.0\text{mg/m}^3$，为高度危害（Ⅱ级）；最高容许浓度 $1.0 \sim 10\text{mg/m}^3$，为中度危害（Ⅲ级）；最高容许浓度 $\geqslant 10\text{mg/m}^3$，为轻度危害毒性介质（Ⅳ级）。

介质与空气的混合物爆炸下限 $<10\%$ 或爆炸上限与爆炸下限之差 $>20\%$ 者为易燃介质。

二、容器的主要受压元件

容器的主要部件是一个能承受压力的壳体及其必要的连接件和密封件。这里只介绍压力容器的主要承压元件，压力容器的筒体、封头（端盖）、人孔盖、人孔法兰、人孔接管、膨胀节、开孔补强圈、设备法兰；球罐的球壳板；换热器的管板和换热管；M36以上的设备主螺栓及公称直径大于等于250mm的接管和管法兰均作为主要受压元件、安全附件等。

三、使用管理范围

正确和合理地使用压力容器，是提高压力容器安全可靠性，保证压力容器安全运行的重要条件。一台设计正确、制造质量良好的压力容器，如果使用不当，违反操作规程，常年不维修，也会发生破坏事故。因此，必须加强压力容器的安全管理，进行使用登记，取得使用证的压力容器才能投入使用，严格执行定期检验制度，正确评定压力容器的安全状况等级，以确保容器安全运行。按照《容规》的规定使用范围管理。

① 适用于同时具备下列条件的压力容器

a. 最高工作压力大于等于0.1MPa（不含液体静压力，下同）；

b. 内直径（非圆形截面指其最大尺寸）大于等于0.15m，且容积（V）大于等于$0.25m^3$；

c. 盛装介质为气体、液化气体或最高工作温度高于等于标准沸点液体。

②《容规》中的第三章、第四章和第五章适用于下列压力容器：

a. 与移动压缩机一体的非独立的容积小于等于$0.15m^3$的储罐、锅炉房内的分气缸；

b. 容积小于$0.25m^3$的高压容器；

c. 深冷装置中非独立的压力容器、直燃型吸收式制冷装置中的压力容器、空分设备中的冷箱；

d. 螺旋板换热器；

e. 水力自动补气气压给水（无塔上水）装置中的气压罐，消防装置中的气体或气压给水（泡沫）压力罐；

f. 水处理设备中的离子交换或过滤用压力容器、热水锅炉用

膨胀水箱;

g. 电力行业专用的全封闭式组合电器（电容压力容器）；

h. 橡胶行业使用的轮胎硫化机及承压橡胶模具。

《容规》适用于上述压力容器所用的安全阀、爆破片装置、紧急切断装置、安全连锁装置、压力表、液面计、测温仪表等安全附件。

③《容规》适用的压力容器除本体外还应包括：

a. 压力容器与外部管道或装置焊接连接的第一道环向焊缝的焊接坡口、螺纹连接的第一个螺纹接头、法兰连接的第一个法兰密封面、专用连接件或管件连接的第一个密封面；

b. 压力容器开孔部分的承压盖及其紧固件；

c. 非受压元件与压力容器本体连接的焊接接头。

《容规》不适用于下列压力容器：

a. 超高压容器；

b. 各类气瓶；

c. 非金属材料制造的压力容器；

d. 核压力容器、船舶和铁路机车上的附属压力容器、国防或军事装备的压力容器、真空下工作的压力容器（不含夹套压力容器）、各项锅炉安全技术监察规程适用范围内的直接受火焰加热的设备（如烟道式余热锅炉等）；

e. 正常运行最高工作压力小于 0.1MPa 的压力容器（包括在进料或出料过程中需要瞬时承受压力大于等于 0.1MPa 的压力容器，不包括消毒、冷却等工艺过程中需要短时承受压力大于等于 0.1MPa 的压力容器）；

f. 机器上非独立的承压部件（包括压缩机、发电机、泵、柴油机的汽缸或承压壳体等，不包括造纸、纺织机械的烘缸、压缩机的辅助压力容器）；

g. 无壳体的套管换热器、波纹板换热器、空冷式换热器、冷却排管。

四、使用管理的职责

使用容器单位的技术负责人（主管厂长或总工程师），必须对压力容器的安全技术管理负责。应指定具有压力容器专业知识的工程技术人员，负责安全技术管理工作。使用压力容器单位的安全技术管理工作主要包括以下几点。

(1) 贯彻执行安全技术规范。

(2) 编制容器的安全管理规章制度。

① 压力容器的使用单位，应建立安全管理体系，制定安全管理规章制度，编制《压力容器安全管理制度》、《压力容器维护保养管理制度》和《压力容器安全操作制度》等措施，有效地控制安全使用。

② 应在工艺操作规程和岗位操作规程中，明确提出压力容器安全操作要求，其内容至少应包括：

a. 容器的操作工艺指标（含最高工作压力、最高或最低工作温度）；

b. 容器的岗位操作法（含开、停车的操作程序和注意事项）；

c. 容器运行中应重点检查的项目和部位，运行中可能出现的异常现象和防止措施，以及紧急情况的报告程序。

(3) 参加容器订购、设备进厂、安装验收及试车 购买压力容器或进行压力容器工程招标时，应选择具有相应制造资格的压力容器设计、制造（或组焊）单位。设备进厂应当按照《容规》和相关的技术标准的规定，审查相关文件，接受资料。

① 容器的设计文件，包括设计图样、技术条件、强度计算书，必要时还应包括设计或安装、使用说明书。a. 容器的设计单位，应向容器的使用单位或容器制造单位提供设计说明书、设计图样和技术条件。b. 用户需要时，容器设计或制造单位还应向压力容器的使用单位提供安装、使用说明书。c. 对移动式压力容器、高压容器、第三类中压反应容器和储存容器，设计单位应向使用单位提供强度计算书。d. 按 JB 4732 设计时，设计单位应向使用单位提供应力分析报告。强度计算书的内容，至少应包括：设计条件、所有规范和标准、材料、腐蚀裕量、计算厚度、名义厚度、计算应力等。装设安全阀、爆破片装置的压力容器，设计单位应向使用单位提供压力容器安全泄放量、安全阀排量和爆破片泄放面积的计算

书。无法计算时，应征求使用单位意见，协商选用安全泄放装置。在工艺参数、材料、制造技术、热处理、检验等方面有特殊要求的，应在合同中注明。

② 容器出厂时，制造单位应向用户至少提供以下技术文件和资料。

a. 竣工图样。竣工图样上应有设计单位资格印章（复印章无效）。若制造中发生了材料代用、无损检测方法改变、加工尺寸变更等，制造单位应按照设计修改通知单的要求在竣工图样上直接标注。标注处应有修改人和审核人的签字及修改日期。竣工图样上应加盖竣工图章，竣工图样上应有制造单位名称、制造许可证编号和"竣工图"字样。

b. 产品质量证明书及产品铭牌的拓印件［制造单位对原设计的修改，应取得原设计单位同意修改的书证证明文件，并对改动部位做详细记载（符合《容规》第27条材料代用要求的除外）］。

c. 压力容器产品安全质量监督检验证书（未实施监检的产品除外）。

d. 移动式压力容器还应提供产品使用说明书（含安全附件使用说明书）、随车工具及安全附件清单、底盘使用说明书等。

e. 本规程第33条要求提供的强度计算书。压力容器受压元件（封头、锻件）等的制造单位，应按照受压元件产品质量证明书（内容见《容规》附件七）的有关内容，分别向压力容器制造单位和压力容器用户提供受压元件的质量证明书。

③ 现场组焊的压力容器竣工并经验收后，施工单位除按规定提供上述技术文件和资料外，还应将组焊和质量检验的技术资料提供给用户。

④ 设备外观检查验收。

a. 制造单位必须在压力容器明显的部位装设产品铭牌和注册铭牌。

b. 壳体检查。是否符合设计图样的要求。结构应合理、尺寸合格、表面不得有变形、各种损伤等缺陷。

c. 压力容器焊接接头的表面质量要求如下：

ⓐ 形状、尺寸以及外观应符合热核标准和设计图样的规定。

ⓑ 不得有表面裂纹、未焊透、未熔合、表面气孔、弧坑、未填满和肉眼可见的夹渣等缺陷，焊缝上的熔渣和两侧的飞溅物必须清除。

ⓒ 焊缝与母材应圆滑过渡。

ⓓ 焊缝的咬边要求如下：

Ⅰ．使用抗拉强度规定值下限大于等于 540MPa 的钢材及铬钼低合金钢材制造的压力容器，奥氏体不锈钢、钛材和镍材制造的压力容器，低温压力容器，球形压力容器以及焊缝系数取 1.0 的压力容器，其焊缝表面不得有咬边；

Ⅱ．上述Ⅰ款以外的压力容器焊缝表面的咬边深度不得大于 0.5mm，咬边的连续长度不得大于 100mm，焊缝两侧咬边的总长不得超过该焊缝长度的 10%。

ⓔ 角焊缝的焊脚高度，应符合技术标准和设计图样要求，外形应平缓过渡。

⑤ 现场组焊压力容器的质量验收，应有当地安全监察机构的代表参加。压力容器应满足资料齐全，外观检查合格，符合设备产品质量标准的要求；安装验收（包括安全附件）合格后方可试车。试车时，应当严格按照工艺要求进行验收。检查中如发现有设备异常情况，不得使用。在工作完成后，施工单位应将齐全、完整和真实的交工资料文件移交使用单位。使用单位经审查合格后，将资料文件存入档案。

进口压力容器应当按照《中华人民共和国进出口锅炉压力容器监督管理办法》执行。

(4) 检查压力容器的运行、维修和安全附件校验情况

① 日常维护保养和自行检查要求：使用单位应当对在用特种设备进行经常性日常维护保养，并定期自行检查；应当至少每月进行一次自行检查，并做记录；自行检查和日常维护保养时发现异常情况，应当及时处理。容器发生下列异常现象之一时，操作人员应立即采取紧急措施，并按规定的报告程序及时向有关部门报告。

a. 容器工作压力、介质温度或壁温超过规定值，采取措施后仍不能得到有效控制。

b. 容器的主要受压元件发生裂缝、鼓包、变形、泄漏等危及安全的现象。

c. 安全附件失效。

d. 接管、紧固件损坏，难以保证安全运行。

e. 发生火灾等直接威胁到压力容器安全运行。

f. 过量充装。

g. 容器液位超过规定，采取措施仍不能得到有效控制。

h. 容器与管道发生严重振动，危及安全运行。

i. 其他异常情况。

特种设备出现故障或者发生异常情况，使用单位应当对其进行全面检查，清除事故隐患后，方可重新投入使用。

容器运行记录要认真、准确、完整和及时地填写，主要工艺参数及运行情况包括：

a. 操作条件及工艺参数，包括操作压力、操作温度、工作介质、压力及温度的波动范围，对于间歇操作的容器则应说明其升压、卸压的操作周期，容器工作介质的特性及其对容器是否有腐蚀作用等；

b. 开始使用日期、停用后重新启用的起止日期、容器操作条件及工艺参数变更日期等。

② 容器内部有压力时，不得进行任何修理。对于特殊的生产工艺过程，需要带温带压紧固螺栓时；或出现紧急泄漏需进行带压堵漏时，使用单位必须按设计规定制定有效的操作要求和防护措施，作业人员应经专业培训并持证操作，并经使用单位技术负责人批准。在实际操作时，使用单位安全部门应派人进行现场监督。

③ 容器用的安全附件，包括安全阀、爆破片装置、紧急切断装置、压力表、液面计、测温仪表、快开门式压力容器的安全连锁装置，应符合《容规》和《容检规》的规定，不合格不得使用。制订校验计划，并组织实施，审查校验报告。

a. 安全附件应实行定期检验制度。安全附件的定期检验按照

《容检规》的规定进行。《容检规》未作规定的，由检验单位提出检验方案，报省级安全监察机构批准。

　　安全阀一般每年至少应校验一次，拆卸进行校验有困难时应采用现场校验（在线校验）。对于弹簧直接载荷式安全阀，当满足本条所规定的条件时，经过使用单位技术负责人批准可以适当延长校验周期。

　　(a) 满足以下全部条件的弹簧直接载荷式安全阀，其校验周期最长可以延长至3年：

　　ⓐ 安全阀制造企业已取得国家质检部门颁发的制造许可证；

　　ⓑ 安全阀制造企业能提供证明，证明其所用弹簧按GB/T 12243—89《弹簧直接载荷式安全阀》标准进行了强压处理或者加温强压处理，并且同一热处理炉同规格的弹簧取10%（但不得少于2个）测定规定负荷下的变形量或者刚度，其变形量或者刚度的偏差不大于15%；

　　ⓒ 安全阀内件的材料耐介质腐蚀；

　　ⓓ 安全阀在使用过程中未发生过开启；

　　ⓔ 压力容器及安全阀阀体在使用时无明显锈蚀；

　　ⓕ 压力容器内盛装非黏性及毒性程度中度及中度以下的介质。

　　(b) 使用单位建立、实施了健全的设备使用、管理与维修保养制度，并且能满足以下各项条件也可以延长3年：

　　ⓐ 在连续2次的运行检查中，所用的安全阀未发现《容检规》第十六条（五）2中所列的任何问题；

　　ⓑ 使用单位建立了符合《容检规》附件三要求的安全阀校验站，自行进行安全阀校验；

　　ⓒ 使用单位建有可靠的压力控制与调节装置或者超压报警装置。

　　(c) 满足本条 (a) 款中ⓐ、ⓑ、ⓓ、ⓔ和 (b) 款要求的弹簧直接载荷式安全阀，如果同时满足以下各项条件，其校验周期最长可以延长至5年：

　　ⓐ 安全阀制造企业能提供证明，证明其所用弹簧按GB/T 12243—89《弹簧直接载荷式安全阀》标准进行了强压处理或者加

温强压处理,并且同一热处理炉同规格的弹簧取 20%(但不得少于 4 个)测定规定负荷下的变形量和刚度,其变形量或者刚度的偏差不大于 10%;

ⓑ 压力容器内盛装毒性程度低度以及低度以下的气体介质,工作温度不大于 200℃。

(d) 凡是校验周期延长的安全阀,使用单位应当将延期校验情况书面告知发证机构。

b. 安全阀的校验单位应具有与校验工作相适应的校验技术人员、校验装置、仪器和场地,并建立必要的规章制度。校验人员应具有安全阀的基本知识,熟悉并能执行安全阀校验方面的有关规程、标准并持证上岗,校验工作应有详细记录。校验合格后,校验单位应出具校验报告书并对校验合格的安全阀加装铅封。

c. 在用压力容器安全阀现场校验(在线校验)和压力调整时,使用单位主管压力容器安全的技术人员和具有相应资格的检验人员应到场确认。调校合格的安全阀应加铅封。调整及校验装置用压力表的精度应不低于 1 级。在校验和调整时,应有可靠的安全防护措施。

d. 爆破片装置应进行定期更换,对超过最大设计爆破压力而未爆破的爆破片应立即更换;在苛刻条件下使用的爆破片装置应每年更换;一般爆破片装置应在 2~3 年内更换(制造单位明确可延长使用寿命的除外)。压力表和测温仪表应按使用单位规定的期限进行校验。

e. 压力表的校验和维护应符合国家计量部门的有关规定。压力表安装前应进行校验,在刻度盘上应划出指示最高工作压力的红线,注明下次校验日期。压力表校验后应加铅封。

f. 压力容器运行操作人员,应加强对液面计的维护管理,保持完好和清晰。使用单位应对液面计实行定期维修制度,可根据运行实际情况,规定检修周期,但不应超过压力容器全面检验周期。

(5) 容器的检验、修理、改造和报废等技术审查

① 容器检验管理与审查

a. 使用单位在压力容器安全检验合格有效期届满前一个月向

特种设备检验检测机构提出定期检验要求。检验检测机构接到定期检验要求后,应当按照安全技术规范的要求及时进行检验。未经定期检验或检验不合格的压力容器,不得继续使用。压力容器的使用单位及其主管部门,必须及时安排压力容器的定期检验工作。

b. 设计图样无法进行全面检验或耐压试验的压力容器,由使用单位提出申请,地、市级安全监察机构审查同意后报省级安全监察机构备案。因情况特殊不能按期进行内外部检验或耐压试验的压力容器,由使用单位提出申请并经使用单位技术负责人批准,征得原设计单位和检验单位同意,报使用单位上级主管部门审批,向发放《压力容器使用证》的安全监察机构备案后,方可推迟或免除。对无法进行全面检验和耐压试验或不能按期进行全面检验和耐压试验的压力容器,均应制定可靠的监护和抢险措施,如因监护措施不落实出现问题,就由使用单位负责。

c. 容器定期检验工作包括全面检验和耐压试验。

(a) 全面检验是指压力容器停机时的检验。全面检验应当由检验机构进行。

检验的具体项目包括宏观(外观、结构以及几何尺寸)、保温层隔热层衬里、壁厚、表面缺陷、埋藏缺陷、材质、紧固件、强度、安全附件、气密性以及其他必要的项目。

检验的方法以宏观检查、壁厚测定、表面无损检测为主,必要时可以采用以下检验检测方法:超声检测;射线检测;硬度测定;金相检验;化学分析或者光谱分析;涡流检测;强度校核或者应力测定;气密性试验;声发射检测;其他。

(b) 耐压试验是指压力容器全面检验合格后,所进行的超过最高工作压力的液压试验或者气压试验。每两次全面检验期间内,原则上应当进行一次耐压试验。

(c) 容器一般应当于投用满 3 年时进行首次全面检验,由使用单位确定。下次的全面检验周期,由检验机构根据本次全面检验结果按照《容检规》有关规定确定。

d. 对于有特殊要求的压力容器的检验方案,检验机构应当征求使用单位及原设计单位的意见,当意见不一致时,以检验机构的意见为准。使用单位对压力容器的安全状况有怀疑的检验在全面检验时应当安排耐压试验。如果使用单位在全面检验时，有要求时还应该进行射线或超声波检测。

使用单位必须于检验有效期满 30 日前申报压力容器的定期检验，同时将压力容器检验申报表报检验机构和发证机构。检验机构应当按检验计划完成检验任务。

e. 使用单位应当与检验机构密切配合，按照《容检规》的要求提供给检验单位所要求的有关档案资料，做好停机后的技术性处理和检验前的安全检查，确认符合检验工作要求后，方可进行检验，并在检验现场做好配合工作。具体内容详见《容检规》第二十、第二十一条的规定。

f. 现场检验工作结束后，一般设备应当在 10 个工作日内，大型设备可以在 30 个工作日内出具报告。检验报告应当及时送交压力容器使用单位存入压力容器技术档案。

容器经过定期检验或者年度检查合格后，检验机构或者使用单位应当将全面检验、年度检查或者耐压试验的合格标记和确定的下次检验（检查）日期标注在压力容器使用登记证上。

因设备使用需要，检验人员可以在报告出具前，先出具《容检规》中见《特种设备检验意见书》，将检验初步结论书面通知使用单位。

检验（检查）发现设备存在缺陷，需要使用单位进行整治，可以利用《特种设备检验意见书》将情况通知使用单位，整治合格后再出具报告。检验（检查）不合格的设备，可以利用《特种设备检验意见书》将情况及时告知发证机构。

使用单位对检验结论有异议，可以向当地或者省级质量技术监督部门提请复议。

g. 大型关键性在用压力容器，经定期检验，发现大量难于修复的超标缺陷。使用单位因生产急需，确需通过缺陷安全评定来判定能否监控使用到下一检验周期或设备更新时，应按《容规》第 139 条的程序和要求办理。

② 修理与改造的管理与审查

a. 从事压力容器修理和技术改造的单位必须是已取得相应的制造资格的单位或者是以省级安全监察机构审查批准的单位。压力容器的重大修理或改造方案应经原设计单位或具备相应资格的设计单位同意并报施工所在地的地、市级安全监察机构审查备案。修理或改造单位应向使用单位提供修理或改造后的图样、施工质量证明文件等技术资料。压力容器的重大修理是指主要受压元件的矫形、挖补，和符合《容规》第51条规定的对接接头焊缝的焊补。压力容器的重大改造是指改变主要受压元件的结构或改变压力容器运行参数、盛装介质或用途等。压力容器经修理或改造后，必须保证其结构和强度满足安全使用要求。

b. 压力容器检验、修理人员在进入压力容器内部进行工作前，使用单位必须按《容检规》的要求，做好准备和清理工作。达不到要求时，严禁人员进入。

c. 采用焊接方法对压力容器进行修理或改造时，一般应采用挖补或更换，不应采用焊补方法，且应符合以下要求：

（a）压力容器的挖补、更换筒节及焊后热处理等技术要求，应参照相应制造技术规范，制订施工方案及适合使用的技术要求。焊接工艺应经焊接技术负责人批准。

（b）缺陷清除后，一般均应进行表面无损检测，确认缺陷已完全消除。完成焊接工作后，应再做无损检测，确认修补部位符合质量要求。

（c）母材焊补的修补部位，必须磨平。焊接缺陷清除后的修补长度应满足要求。

（d）有热处理要求的，应在焊补后重新进行热处理。

（e）主要受压元件焊补浓度大于1/2壁厚的压力容器，还应进行耐压试验。

d. 修理与改造施工单位，在工作完成后，将齐全、完整和真实的交工资料文件移交使用单位。使用单位经审查合格后，将资料文件存入档案。

③ 报废技术审查

a. 特种设备需报废的，使用单位应当向原登记的特种安全监督管理部门办理注销。

b. 特种设备存在严重事故隐患，无改造、维修价值，或者超过安全技术规范规定使用年限，特种设备使用单位应当及时予以报废。

(6) 编制容器的年度定期检验计划，并负责组织实施 年度检查，是指为了确保压力容器在检验周期内的安全而实施的运行过程中的在线检查，每年至少一次。将压力容器年度检验计划报当地安全监察机构及检验单位。固定式压力容器的年度检查可以由使用单位的压力容器专业人员进行，也可以由国家质量监督检验检疫总局核准的检验检测机构持证的压力容器检验人员进行。

年度检查前，按照《容检规》的规定使用单位应做好检查的准备工作。检查人员应当全面了解使用情况、管理情况、技术档案，做好记录。对压力容器进行本体检查及运行情况检查和压力容器安全附件检查等。容器年度检查包括使用单位压力容器安全管理情况检查、压力容器本体及运行状况检查和压力容器安全附件检查等。检查方法以宏观检查为主，必要时进行测厚、壁温检查和腐蚀介质含量测定、真空度测试等。

当全面检验、耐压试验和年度检查在同一年度进行时，应当依次进行全面检验、耐压试验和年度检查，其中全面检验已经进行的项目，年度检查时不再重复进行。年度检查的报告，可以由使用单位压力容器专业人员或者由检验机构持证的压力容器检验人员签字，年度检查报告应当有检查、审批两级签字，审批人为使用单位压力容器技术负责人或者检验机构授权的技术负责人。年度检验一般不对压力容器安全器的安全状况等级进行评定，但如果发现严重问题，应当由检验机构持证的压力容器检验人员按《容检规》第五章的规定进行评定，适当降低压力容器安全状况等级。压力容器经过定期检验或者年度检查合格后，检验机构或者使用单位应当将全面检验、年度检查或者耐压试验的合格标记和确定的下次检验（检查）日期标注在压力容器使用登记证上。

(7) 向主管部门和当地安全监察机构报送当年压力容器数量和变动情况的统计报表，压力容器定期检验计划的实施情况，存在的主要问题及处理情况等。

(8) 容器事故的抢救、报告、协助调查和善后处理

① 特种设备发生特别重大事故、特大事故、重大事故和严重事故后，事故发生单位或者业主必须立即报告主管部门和当地质量技术监督行政部门。当地质量技术监督行政部门在接到事故报告后应当立即逐级上报，直至国家质量监督检验检疫总局。发生特别重大事故或者特大事故后，事故发生单位或者业主还应当直接报告国家质量监督检验检疫总局。具体内容详见《锅炉压力容器压力管道特种设备事故处理规定》。

发生一般事故后，事故发生单位或者业主应当立即向设备使用注册登记机构报告。移动式压力容器、特种设备异地发生事故后，业主或者聘用人员应当立即报告当地质量技术监督行政部门，并同时报告设备使用注册登记的质量技术监督行政部门。当地质量技术监督行政部门在接到事故报告后应当立即逐级上报。

事故报告应当包括以下内容：a. 事故发生单位（或者业主）名称、联系人、联系电话；b. 事故发生地点；c. 事故发生时间（年、月、日、时、分）；d. 事故设备名称；e. 事故类别；f. 人员伤亡、经济损失以及事故概况。

② 锅炉、压力容器事故发生后，事故发生单位或者业主，除按规定报告外，必须严格保护事故现场，妥善保存现场相关物件及重要痕迹等各种物证，并采取措施抢救人员和防止事故扩大。

为防止事故扩大，抢救人员或者疏通通道等，需要移动现场物件、设施时，必须做出标志，绘制现场简图并写出书面记录，见证人员应签字，必要时应当对事故现场和伤亡情况录像或者拍照。

③ 使用单位应当按照管理权限，全力协助事故调查组工作。必须坚持实事求是，尊重科学的原则。一般事故由事故发生单位组织成立事故调查组，其他事故调查组由上级有关部门组成。

组织成立事故调查组需要聘请有关专家时，参加事故调查组的专家应当符合下列条件：a. 具有事故调查所需要的相关专业知识；b. 与事故发生单位及相关人员不存在任何利益或者利害关系。事故调查组有权向事故发生单位、有关部门及有关人员了解事故的有

关情况、查阅有关资料并出具有关证据。

事故发生单位及有关人员，必须实事求是地向事故调查机构提供有关设备及事故的情况，如实回答事故调查的询问，并对所提供情况的真实性负责。

④ 事故调查应当根据事故性质和当事人的行为，确定当事人应当承担的责任，并在事故报告书中，提出事故处理意见。当事人应当承担的责任分为：全部责任、主要责任、同等责任、次要责任。当事人故意破坏、伪造事故现场、毁灭证据、未及时报告事故等致使事故责任无法认定的，当事人应承担全部责任。

事故调查组应当将事故调查报告书报送组织该起事故调查的行政部门，并由其进行批复。

特种设备使用单位应当制定特种设备的事故应急措施和救援预案。

(9) 检验、焊接和操作人员的安全技术培训管理　固定式压力容器的年度检查可以由使用单位的压力容器专业人员进行，也可以由国家质量监督检验检疫总局核准的检验检测机构持证的压力容器检验人员进行。对检查或检验检测人员应有计划地进行安全技术知识培训，能力必须满足检验工作的需要。

焊接压力容器的焊工，必须按照《锅炉压力容器压力管道焊工考试与管理规则》进行考试，取得焊工合格证后，才能在有效期间内担任合格项目范围内的焊接工作。

压力容器使用单位《特种设备作业人员监督管理办法》，应对压力容器操作人员定期进行专业培训与安全教育，培训考核工作由地、市级安全监察机构或授权的使用单位负责。压力容器操作人员应持证上岗。

(10) 锅炉压力容器使用登记及技术资料的管理

① 下列压力容器在安装前，安装单位或使用单位应向压力容器使用登记所在地的安全监察机构申报压力容器名称、数量、制造单位、使用单位、安装单位及安装地点，办理报装手续。

a. 第三类压力容器；

b. 容积大于等于 $10m^3$；

c. 蒸球；

d. 成套生产装置中同时安装的各类压力容器；

e. 液化石油气贮存容器；

f. 医用氧舱。

② 在锅炉压力容器投入使用前，应按《锅炉压力容器使用登记管理办法》的要求，到安全监察机构或授权的部门逐台办理使用登记证。锅炉压力容器安全状况发生下列变化的，重新启用应当经过定期检验，移装、过户的，使用单位应当向登记机关申请变更登记。锅炉压力容器报废时，使用单位应当将使用登记证交回登记机关，予以注销。

a. 使用单位申请办理使用登记应当按照下列规定，逐台向登记机关提交锅炉压力容器及其安全阀、爆破片和紧急切断阀等安全附件的有关文件：

（a）安全技术规范要求的设计文件、产品质量合格证明、安装及使用维修说明，制造、安装过程监督检验证明；

（b）进口锅炉、压力容器安全性能监督检验报告；

（c）锅炉、压力容器安装质量证明书；

（d）锅炉水处理方法及水质指标；

（e）移动式压力容器车辆走行部分和承压附件的质量证明书或者产品质量合格证以及强制性产品认证证书；

（f）锅炉、压力容器使用安全管理的有关规章制度。

b. 锅炉、压力容器安全状况发生下列变化的，使用单位应当在变化后 30 日内持有关文件向登记机关申请变更登记：

（a）锅炉、压力容器经过重大修理改造或者压力容器改变用途、介质的，应当提交锅炉、压力容器的技术档案资料、修理改造图纸和重大修理改造监督检验报告；

（b）压力容器安全状况等级发生变化的，应当提交压力容器登记卡、压力容器的技术档案资料和定期检验报告。

c. 锅炉、压力容器拟停用一年以上的，使用单位应当封存锅炉、压力容器，在封存后 30 日内向登记机关申请报停，并将使用登记证交回登记机关保存。

d. 重新启用应当经过定期检验，经检验合格的持定期检验报告向登记机关申请启用，领取使用登记证。

e. 使用锅炉、压力容器有下列情形之一的，不得申请变更登记：

（a）在原使用地未办理使用登记的；

（b）在原使用地未进行定期检验或定期检验结论为停止运行的；

（c）在原使用地已经报废的；

（d）擅自变更使用条件进行过非法修理改造的；

（e）无技术资料和铭牌的；

（f）存在事故隐患的；

（g）安全状况等级为4、5级的压力容器或者使用时间超过20年的压力容器。

③ 必须建立压力容器技术档案并由管理部门统一保管。技术档案的内容应包括：

a. 容器档案卡（见《容规》附件四）。

b. 容器设计文件（见《容规》第33条的规定）。

c. 容器制造、安装技术文件和资料（见《容规》第63条的规定）。

d. 检验、检测记录，以及有关检验的技术文件和资料。

e. 修理方案，实际修理情况记录，以及有关技术文件和资料。

f. 压力容器技术改造的方案、图样、材料质量证明书、施工质量检验技术文件和资料。

g. 安全附件校验、修理和更换记录。

h. 有关事故的记录资料和处理报告。

④ 使用记录　容器的检验及修理记录包括：a. 每次检验的日期、各项检验内容和结果；b. 检验中所发现的缺陷及其处理意见，实际进行修理或更换受压部件的检修记录；c. 安全附件的校验、修理及更换记录；d. 如果容器停用，应记录停用期间容器的防腐保养措施及实施情况。

容器的改造、拆迁情况和有关事故的记录资料和处理结果。

容器的使用记录应由容器管理人员按各自的职责范围负责按时填写。压力容器如调出原使用单位,应将技术档案连同容器一并移交给新的使用单位。

对于原始技术档案不详的旧容器,应通过有计划地定期检验予以补充。对于问题较多,并情况不明的陈旧容器,应该判废和淘汰的还应判废,用新设备来替代。对于既无压力容器技术档案,又情况不明的容器,不得再行转让,以免导致重大事故的发生。

第四节　锅炉、压力容器安全装置

锅炉、压力容器的安全装置,是为了保证压力容器能够安全运行而装设在设备上的一种附属装置,又称为安全附件。锅炉、压力容器的安全装置,按其使用性能或用途可以分为连锁装置、警报装置、计量装置、泄压装置四类。

连锁装置是指为了防止操作失误而装设的控制机构,如连锁开关、联动阀等。锅炉中的缺水连锁保护装置、熄火连锁保护装置、超压连锁保护装置等均属此类。

警报装置是指容器在运行过程中出现不安全因素致使其处于危险状态时,能自动发出声、光或其他明显报警信号的仪器,如高低水位报警器、压力报警器、温度监测仪等。

计量装置是指自动显示容器运行中与安全有关的工艺参数或信息的仪表装置,如压力表、水位表、温度计等。

泄压装置是指容器超压时能自动泄放压力的装置,如安全阀、爆破片、易熔塞等。

在压力容器的安全装置中,最常用而且最关键的是安全泄压装置。本章将重点介绍安全阀的结构、安装和使用等方面的知识。对压力表等其他使用较多的安全装置也作适当的介绍。

一、安全阀的分类

(1) 按其整体结构及加载机构分类

安全阀可以分为重锤杠杆式、弹簧式和脉冲式三种。应用比较普遍的是弹簧式安全阀。

① 重锤杠杆式安全阀 适用于锅炉及压力较低而温度较高的固定式容器上。

② 弹簧式安全阀 适用于移动式压力容器上。

③ 脉冲式安全阀。

(2) 按照气体排放方式分类

安全阀的种类可分为全封闭式、半封闭式和开放式三种。

全封闭式安全阀排气时,气体全部通过排气管排放,介质不能向外泄漏,主要用于有毒、易燃介质的容器上。半封闭式安全阀所排出的气体大部分经排气管,还有一部分从阀盖与阀杆之间的间隙中漏出,多用于介质为不会污染环境的气体容器上。开放式安全阀的阀盖是敞开的,使弹簧腔室与大气相通,排放的气体直接进入周围空间,主要适用于介质为蒸汽、压缩空气以及对大气不产生污染的高温气体容器。

(3) 按阀瓣开启的最大高度与流道直径之比分类

按此分类,安全阀又可分为微启式和全启式两种。

微启式安全阀的开启高度小于流道直径的 1/4,通常为流道直径的 1/40~1/20;全启式安全阀的开启高度大于或等于流道直径的 1/4。

二、锅炉安全附件的要求

(1) 安全阀

① 安全阀的调试 安全阀在安装前以及在锅炉压力容器做定期检验时,应进行耐压(强度)试验、密封试验和校正调整等。

a. 安全阀耐压(强度)试验的目的是检验安全阀是否具有足够的强度,一般以阀体的密封面为界,分上、下两部分分别进行。阀体下部的试验压力为工作压力的 1.5 倍,压力从阀进口处引入。阀体上部和阀盖部分的试验压力应小于或等于工作压力,压力从阀出口处引入。耐压(强度)试验应在安全阀研磨和装设前进行,介质为水,保压时间不得少于 5min。在试验压力下,安全阀无变形或阀体渗漏等现象,即认为耐压(强度)试验合格。

b. 密封试验的目的是检验安全阀密封机构的严密程度。试验压力为它的工作压力的 1.05~1.10 倍。试验介质根据安全阀用于何种压力容器上来决定，用于蒸汽系统的安全阀用饱和蒸汽；用于其他压缩气体的则用空气或惰性气体；用于液体的选用水。在密封试验压力下，安全阀若无泄漏现象即认为试验合格。

c. 校正调整。安全阀经过耐压（强度）试验和密封试验后，还应进行校正和调整。

校正是指通过调节施加在阀瓣上的载荷（对于重锤杠杆式安全阀，即调整重锤的位置；对于弹簧式安全阀，即调整弹簧的压缩量）来校正它的开启（整定）压力，使安全阀在规定的整定压力下开启排气。

压力容器安全阀的整定压力应该根据下列原则确定：整定压力不应大于容器的设计压力，以防止容器在超压状态下运行；整定压力又应使阀的密封试验压力不小于容器的工作压力，以保证容器在正常工作条件下具有良好的密封性。在一般情况下，整定压力应为工作压力的 1.05~1.10 倍，并且应高于工作压力 0.03MPa。

安全阀的调整是指调整它的排放压力和回坐压力。蒸汽用安全阀的排放压力应小于或等于整定压力的 1.05 倍；空气或其他气体用安全阀的排放压力应小于或等于整定压力的 1.10 倍。一般蒸汽设备用安全阀，启闭压差（整定压力与回坐压力之差）应不大于整定压力的 10%；空气或其他气体用安全阀，启闭压差不大于整定压力的 15%。

经过校正调整的安全阀，应进行铅封，以防加载调节装置和调节圈的固定螺钉受到意外的变动。

② 安全阀的维护和检查　要使安全阀经常处于良好的状态，保持灵敏正确，必须在容器的日常运行过程中加强对它的维护和检查。

a. 经常保持安全阀的清洁，防止阀体弹簧等被油污、垢污等粘住或锈蚀，防止安全阀排放管被油垢或其他异物堵塞。设置在室外露天的安全阀，冬季应检查有无冻结。

b. 经常检查安全阀的铅封是否完好，杠杆式安全阀的重锤是否有松动、被移动以及加挂重物的现象。

c. 经常检查安全阀到规定压力时不开启；漏气、排气后压力继续上升；安全阀与锅筒之间装有阀门，并装有蒸汽引导管。

d. 发现安全阀有渗漏迹象时，应及时进行更换或检修。禁止用增加载荷的方法（例如，加大弹簧的压缩量或移动重锤和加挂重物等）减除阀的泄漏。

e. 对空气、水蒸气以及带有黏滞性物质而排气又不会造成危害的其他气体的安全阀，应定期做手提排气试验。手提排气试验的间隔期限，可以根据气体的洁净程度来确定。

f. 安全阀必须实行定期检验，包括清洗、研磨、试验和校正调整。

（2）压力表　压力表是用来测量压力容器内介质压力的一种计量仪表。由于它可以显示容器内介质的压力，使操作人员可以根据压力表所指示的压力进行操作，将压力控制在允许范围内，所以，压力表是压力容器重要的安全附件。

① 压力表有下列情况之一时，应停止使用：

a. 有限止钉的压力表在无压力时，指针转动后不能回到限止钉处；没有限止钉的压力表在无压力时，指针离零位的数值超过压力表规定允许误差；

b. 表面玻璃破碎或表盘刻度模糊不清；

c. 封印损坏或超过校验有效期限；

d. 表内泄漏或指针跳动；

e. 其他影响压力表准确指示的缺陷。

② 压力表的检查

a. 压力表的数量、安装、表盘直径、量程、精度等是否符合《规程》要求；

b. 压力表是否在校验有效期内，有无铅封；

c. 蒸汽空间的压力表与锅筒或集箱之间是否有存水弯管，存水弯管与压力表之间有无三通阀门。吹洗压力表的连接管，检查压力表的连接管是否畅通；

d. 同一部件内各压力表的读数是否一致、正确。

③ 压力表的维护　压力表在使用中经常出现的问题有：超过规定的校验期或铅封损坏；指针在无压力时也不回零；指针不动或指针跳动；指针指示的数值不准，超过允许误差；表盘玻璃熏黑或破碎；表盘刻度和表盘直径不符合要求；没有存水弯管；存水弯管与压力表之间装有带手轮的阀门；表盘上没有工作压力的指示红线。

a. 压力表应保持洁净，表盘上的玻璃要明亮清晰，使表盘内指针指示的压力值能清楚易见。表盘玻璃破碎或表盘刻度不清的压力表应停止使用。

b. 压力表的连接管要定期吹洗，以免堵塞。特别是用于含有较多油污或其他黏性物料气体的压力表连接管，应勤吹洗。

c. 经常检查压力表指针的转动与波动是否正常，检查连接管上的旋塞是否处于开启状态。

d. 压力表必须定期进行校验，已经超过校验期限的压力表应停止使用。在锅炉和压力容器正常运行过程中，发现压力表指示不正常，应立即检验校正。压力表校验后应加铅封。

(3) 水位表　水位表经常出现的问题，一般有旋塞漏气漏水、旋塞拧不动、出现假水位、玻璃管（板）上没有高低安全水位指示标志、玻璃管（板）太脏、观察不清、汽水连管和玻璃管直径太细；水位表无接地疏水装置和玻璃管式水位表无防护装置。

① 水位表应有下列标志和防护装置

a. 水位表应有指示最高、最低安全水位和正常水位的明显标志。水位表的下部可见边缘应比最高水界至少高50mm，且应比最低安全水位至少低25mm，水位表的上部可见边缘应比最高安全水位至少高25mm。

b. 为防止水位表损坏时伤人，玻璃管式水位表应有防护装置（如保护罩、快关阀、自动闭锁珠等），但不得妨碍观察真实水位。

c. 水位表应有放水阀门和接到安全地点的放水管。

② 水位表的结构和装置应符合下列要求

a. 锅炉运行中能够吹洗和更换玻璃板（管）、云母片；

b. 用两个及两个以上玻璃板或云母片组成一组的水位表，能够保证连续指示水位；

c. 水位表或水表柱和锅筒（锅壳）之间的汽水连接管内径不得小于18mm，连接管长度大于500mm或有弯曲时，内径应适当放大，以保证水位表灵敏准确；

d. 连接管应尽可能短。如连接管不是水平布置时，汽连管中的凝结水应能自行流向水位表，水连管中的水位能自行流向锅筒（锅壳），以防止形成假水位。

③ 水位表的维护和检查

a. 水位表的数量、安装等是否满足《规程》要求；

b. 水位表上是否有最低、最高安全水位和正常水位的明显标志，水位是否清晰可见，玻璃管水位表是否有防护罩，照明是否良好，事故照明电源是否完好；

c. 两只水位表显示的水位是否一致；同一水位检测系统中，一次仪表与二次仪表显示的水位是否一致；

d. 在检验员的观察下，由司炉工冲洗水位表，检验汽、水连管是否畅通。

④ 水位示控装置：检验锅炉水位示控装置的设置是否符合《规程》的要求，其功能（高、低水位报警，自动进水、低水位连锁保护）是否齐全；在检验员的指导下，由司炉工进行模拟功能试验，检验其是否灵敏、可靠。

温度仪表：温度仪表的安装位置、量程是否符合《规程》要求，温度仪表是否在经法定计量单位的校验有效期内；

超温报警和连锁装置：检验超温报警装置的设置是否符合《规程》的要求，在检验员的指导下，由司炉工进行功能试验，或查询有关超温报警记录，以证实报警装置是否灵敏、可靠；

超压报警和连锁装置：检验超压报警装置和连锁装置的设置是否符合《规程》的要求，在检验员的指导下，由司炉工进行功能试验，检查报警和连锁压力值是否正确；

点火程序、熄火保护装置：检查燃油、燃气、燃煤粉锅炉是否有点火程序及熄火保护装置；在检验员的指导下，由司炉工进行功能试验，检查其是否灵敏、可靠；

防爆门：对于有防爆门的锅炉，应检验防爆门是否完整；

排污装置的缺陷：排污管堵塞；排污阀渗漏；排污阀和管子用丝扣连接；排污阀的材料和类型不符合要求；排污阀拧不动或阀杆与阀芯脱开；排污弯管是铸铁管；卧式快装锅炉的排污阀接法不正确。

三、压力容器安全附件的要求

压力容器用的安全阀、爆破片装置、紧急切断装置、压力表、液面计、测温仪表、快开门式压力容器的安全连锁装置应符合《容规》的规定。

(1) 安全阀

① 一般要求

a. 安全阀出厂必须随带产品质量证明书，并在产品上装设牢固的金属铭牌。

b. 新安全阀在安装之前，应根据使用情况进行调试后，才准安装使用。

c. 对易燃介质或毒性程度为极度、高度或中度危害介质的压力容器，应在安全阀或爆破片的排出口装设导管，将排放介质引至安全地点，并进行妥善处理，不得直接排入大气。

d. 杠杆式安全阀应有防止重锤自由移动的装置和限制杠杆越出的导架；弹簧式安全阀应有防止随便拧动调整螺钉的铅封装置；静重式安全阀应有防止重片飞脱的装置。

e. 压力容器最高工作压力低于压力源时，在通向压力容器进口的管道上必须装设减压阀。如因介质条件减压阀无法保证可靠工作时，可用调节阀代替减压阀。在减压阀或调节阀的低压侧，必须装设安全阀和压力表。

f. 安全阀的安装位置应符合《容规》第152条的规定。

② 调试参数的选择

a. 固定式压力容器上只安装一个安全阀时，安全阀的开启压力 p_z 不应大于压力容器的设计压力 p，且安全阀的密封试验压力

p_t 应大于压力容器的最高工作压力 p_w，即：$p_z \leqslant p$，$p_t > p_w$。

固定式压力容器上安装多个安全阀时，其中一个安全阀的开启压力不应大于压力容器的设计压力，其余安全阀的开启压力可适当提高，但不得超过设计压力的 1.05 倍。

b. 移动式压力容器安全阀的开启压力应为罐体设计压力的 1.05～1.10 倍，安全阀的额定排放压力不得高于罐体设计压力的 1.2 倍，回坐压力不应低于开启压力的 0.8 倍。

③ 安全阀有下列情况之一时，应停止使用并更换。

a. 安全阀的阀芯和阀座密封不严且无法修复。

b. 安全阀的阀芯和阀座粘死或弹簧严重腐蚀、生锈。

c. 安全阀选型错误。

④ 定期检验：安全附件应实行定期检验制度。安全附件的定期检验按照《压力容器定期检验规则》的规定进行。

(2) 爆破片　爆破片装置应符合 GB 567《爆破片与爆破片装置》的要求。固定式压力容器上装有爆破片装置时，爆破片的设计爆破压力 p_B 不得大于压力容器的设计压力，且爆破片的最小设计爆破压力不应小于压力容器最高工作压力 p_W 的 1.05 倍，即 $p_B \leqslant p$，$p_{Bmin} \geqslant 1.05 p_W$。

(3) 压力表

① 压力表选用的要求

a. 选用的压力表，必须与压力容器内的介质相适应。

b. 低压容器使用的压力表精度不应低于 2.5 级；中压及高压容器使用的压力表精度不应低于 1.5 级。

c. 压力表盘刻度极限值应为最高工作压力的 1.5～3.0 倍，表盘直径不应少于 100mm。

② 压力表的安装要求

a. 装设位置应便于操作人员观察和清洗，且应避免受到辐射热、冻结或振动的不利影响。

b. 压力表与压力容器之间，应装设三通旋塞或针形阀；通旋塞或针形阀上应有开启标记和锁紧装置；压力表与压力容器之间不得连接其他用途的任何配件或接管。

c. 用于水蒸气介质的压力表，在压力表与压力容器之间应装有存水弯管。

d. 用于具有腐蚀或高黏度介质的压力表，在压力表与压力容器之间应装设能隔离介质的缓冲装置。

③ 压力表有下列情况之一时，应停止使用并更换。

a. 有限止钉的压力表，在无压力时，指针不能回到限止钉处；无限止钉的压力表，在无压力时，指针距零位的数值超过压力表的允许误差。

b. 表盘封面玻璃破裂或表盘刻度模糊不清。

c. 封印损坏或超过校验有效期限。

d. 表内弹簧管泄漏或压力表指针松动。

e. 指针断裂或外壳腐蚀严重。

f. 其他影响压力表准确指示的缺陷。

④ 压力表的校验和维护应符合国家计量部门的有关规定。压力表安装前应进行校验，在刻度盘上应刻出指示最高工作压力的红线，注明下次校验日期。压力表校验后应加铅封。

(4) 液面计

① 压力容器用液面计应符合有关标准的规定，并应符合下列要求。

a. 应根据压力容器的介质、最高工作压力和温度正确选用。

b. 在安装使用前，低、中压容器用液面计，应进行 1.5 倍液面计公称压力的液压试验；高压容器的液面计，应进行 1.25 倍液面计公称压力的液压试验。

c. 盛装 0℃ 以下介质的压力容器上，应选用防霜液面计。

d. 寒冷地区室外使用的液面计，应选用夹套型或保温型结构的液面计。

e. 用于易燃、毒性程度为极度、高度危害介质的液化气体压力容器上，应有防止泄漏的保护装置。

f. 要求液面指示平稳的，不应采用浮子（标）式液面计。

② 液面计应安装在便于观察的位置，如液面计的安装位置不便于观察，则应增加其他辅助设施。大型压力容器还应有集中控制

的设施和警报装置。液面计上最高和最低安全液位,应做出明显的标记。

③ 压力容器运行操作人员,应加强液面计的维护管理,保持完好和清晰。使用单位应对液面计实行定期检修制度,可根据运行实际情况,规定检修周期,但不应超过压力容器内外部检验周期。

④ 液面计有下列情况之一的,应停止使用并更换。

a. 超过检修周期。

b. 玻璃板(管)有裂纹、破碎。

c. 阀件固死。

d. 出现假液位。

e. 液面计指示模糊不清。

(5) 温度计 需要控制壁温的压力容器上,必须装设测试壁温的测温仪表(或温度计),严防超温。测温仪表应定期校验。

快开门式压力容器安全连锁装置,必须满足《容规》第49条的功能要求,应经试用和鉴定,方可推广使用。

第五节 气瓶使用安全技术

气瓶是一种移动式压力容器。对于压力容器的安全要求,一般也适用于气瓶。由于经常装载易燃、易爆、有毒及腐蚀性等危险介质,压力范围遍及高压、中压、低压。因此,气瓶除具有一般固定式压力容器的性质外,还有以下一些特性:气瓶在移动、搬运过程中,易与硬物撞击而增加瓶体爆炸的危险;介质多为易燃、易爆、有毒或剧毒以及腐蚀类介质,有可能产生污染环境、人体中毒或燃烧、爆炸的危险;气瓶经常处于贮存物的灌装和使用的交替进行中,亦即处于承受交变载荷状态。此外,气瓶使用面广,一般与使用者之间无隔离或其他防护措施。所以,为保证对气瓶的安全使用,保护人民生命和财产安全,严格遵守《特种设备安全监察条例》、《危险化学品安全管理条例》、《气瓶安全监察规定》、《气瓶安全监察规程》、

《溶解乙炔气瓶安全监察规程》和《气瓶使用登记管理规则》等有关要求。

一、气瓶的分类

(1) 按制造方法

焊接气瓶：是用薄钢板卷焊的圆柱形筒体和两端的封头组焊而成，这种焊接气瓶多用作盛装低压液化气体，如液化二氧化硫、氟里昂-22等。

管制气瓶：管制气瓶是用无缝钢管制成的无缝气瓶。它两端的封头是将钢管加热放在专用机床上通过旋压或挤压等方式收口成形的。

冲拔拉伸制气瓶：这种气瓶也是无缝结构的。它是用钢锭加热后先冲压出凹形底封头，然后经过拉拔制成敞口的瓶坯，再按照管制气瓶的方法制成顶封头及接口管等。

缠绕式气瓶：是由铝制的内筒和内筒外面缠绕一定厚度的无碱玻璃纤维构成的。铝制内筒的作用是保证气瓶的气密性。气瓶的承压强度则依靠内筒外面黏结（用环氧酚醛树脂等作为黏结剂）缠绕成一体的玻璃纤维壳壁。壳体纤维材料易"老化"，所以使用寿命一般不如钢制气瓶。

(2) 按使用参数

① 永久气体气瓶：临界温度 $t_c < -10℃$ 的气体称为永久气体，盛装永久气体的气瓶称为永久气体气瓶。盛装氧、氮、空气、一氧化碳、甲烷及氩、氖、氦、氪等气体的气瓶均属此类。其常用标准压力系列为15MPa、20MPa及30MPa。

② 高压液化气体气瓶：临界温度 $t_c \geqslant -10℃$ 的气体称为液化气体，液化气体又分高压液化气体和低压液化气体两种。临界温度在 $-10℃ \leqslant t_c \leqslant 70℃$ 的液化气体为高压液化气体，也称为低临界温度液化气体，其气瓶为高压液化气体气瓶。二氧化碳、氧化亚氮、乙烷、乙烯、氯化氢、三氟氯甲烷、氟乙烯等均属于高压液化气体。

高压液化气体在环境温度下可能呈气液两相状态，也可能完全呈气态，因而也要求以较高压力充装。其气瓶标准压力系列为

8MPa、12.5MPa、15MPa 及 20MPa。

③ 低压液化气体气瓶：临界温度 $t_c>70℃$ 的液化气体为低压液化气体，也称为高临界温度液化气体，其气瓶为低压液化气体气瓶。液氯、液氨、硫化氢、丙烷、丁烷、丁烯及液化石油气等均属于低压液化气体。

在环境温度下，低压液化气体始终处于气液两相共存状态，其气态的压力是相应温度下该气体的饱和蒸气压。按最高工作温度为 60℃ 考虑，所有高临界温度液化气体的饱和蒸气压均在 5MPa 以下，所以，这类气体可用低压气瓶充装。其标准压力系列为 1.0MPa、1.6MPa、2.0MPa、3.0MPa、5.0MPa。

④ 溶解气体气瓶：专指盛装乙炔的特殊气瓶。乙炔气体极不稳定，不能像其他气体一样以压缩状态装入瓶内，而是将其溶解入瓶内丙酮溶剂中。瓶内装满多孔性物质用作吸收溶剂。

溶解气体气瓶的最高工作压力一般不超过 3.0MPa，其安全问题具有特殊性，此处不作进一步介绍。

二、使用管理要求

(1) 气瓶充装

① 气瓶充装单位应当向省级质监部门特种设备安全监察机构提出充装许可书面申请。经审查，确认符合条件者，由省级质监部门颁发《气瓶充装许可证》。未取得《气瓶充装许可证》的，不得从事气瓶充装工作。

②《气瓶充装许可证》有效期为 4 年，有效期满前，气瓶充装单位应当向原批准部门申请更换《气瓶充装许可证》。未按规定提出申请或未获准更换《气瓶充装许可证》的，有效期满后不得继续从事气瓶充装工作。

③ 气瓶充装单位应当符合以下条件：

a. 具有营业执照；

b. 有适应气瓶充装和安全管理需要的技术人员和特种设备作业人员，具有与充装的气体种类相适应的完好的充装设施、工器具、检测手段、场地厂房，有符合要求的安全设施；

c. 具有一定的气体储存能力和足够数量的自有产权气瓶；

d. 符合相应气瓶充装站安全技术规范及国家标准的要求，建立健全气瓶充装质量保证体系和安全管理制度。

④ 气瓶充装单位应当履行以下义务：

a. 向气体消费者提供气瓶，并对气瓶的安全全面负责；

b. 负责气瓶的维护、保养和颜色标志的涂敷工作；

c. 按照安全技术规范及有关国家标准的规定，负责做好气瓶充装前的检查和充装记录，并对气瓶的充装安全负责；

d. 负责对充装作业人员和充装前检查人员进行有关气体性质、气瓶的基础知识、潜在危险和应急处理措施等内容的培训；

e. 负责向气瓶使用者宣传安全使用知识和危险性警示要求，并在所充装的气瓶上粘贴符合安全技术规范及国家标准规定的警示标签和充装标签；

f. 负责气瓶的送检工作，将不符合安全要求的气瓶送交地（市）级或地（市）级以上质监部门指定的气瓶检验机构报废销毁；

g. 配合气瓶安全事故调查工作。

车用气瓶、呼吸用气瓶、灭火用气瓶、非重复充装气瓶和其他经省级质监部门安全监察机构同意的气瓶充装单位，应当履行上述规定的第 c 项、第 d 项、第 e 项、第 g 项义务。

⑤ 充装单位应当采用计算机对所充装的自有产权气瓶进行建档登记，并负责涂敷充装站标志、气瓶编号和打充装站标志钢印。充装站标志应经省级质监部门备案。鼓励采用条码等先进信息化手段对气瓶进行安全管理。

⑥ 气瓶充装单位应当保持气瓶充装人员的相对稳定。充装单位负责人和气瓶充装人员应当经地（市）级或者地（市）级以上质监部门考核，取得特种设备作业人员证书。

⑦ 气瓶充装单位只能充装自有产权气瓶（车用气瓶、呼吸用气瓶、灭火用气瓶、非重复充装气瓶和其他经省级质监部门安全监察机构同意的气瓶除外），不得充装技术档案不在本充装单位的气瓶。

⑧ 气瓶充装前和充装后，应当由充装单位持证作业人员逐只对气瓶进行检查，发现超装、错装、泄漏或其他异常现象的，要立

即进行妥善处理。

充装时,充装人员应按有关安全技术规范和国家标准规定进行充装。对未列入安全技术规范或国家标准的气体,应当制定企业充装标准,按标准规定的充装系数或充装压力进行充装。禁止对使用过的非重复充装气瓶再次进行充装。

⑨ 气瓶充装单位应当保证充装的气体质量和充装量符合安全技术规范规定及相关标准的要求。

⑩ 任何单位和个人不得改装气瓶或将报废气瓶翻新后使用。

(2) 气瓶定期检验

① 气瓶的定期检验周期、报废期限应当符合有关安全技术规范及标准的规定。

② 承担气瓶定期检验工作的检验机构,应当经总局安全监察机构核准,按照有关安全技术规范和国家标准的规定,从事气瓶的定期检验工作。

从事气瓶定期检验工作的检验人员,应当经总局安全监察机构考核合格,取得气瓶检验人员证书后,方可从事气瓶检验工作。

③ 气瓶定期检验证书有效期为 4 年。有效期满前,检验机构应当向发证部门申请办理换证手续,有效期满前未提出申请的,期满后不得继续从事气瓶定期检验工作。

④ 气瓶检验机构应当有与所检气瓶种类、数量相适应的场地、余气回收与处理设施、检验设备、持证检验人员,并有一定的检验规模。

⑤ 气瓶定期检验机构的主要职责:

a. 按照有关安全技术规范和气瓶定期检验标准对气瓶进行定期检验,出具检验报告,并对其正确性负责;

b. 按气瓶颜色标志有关国家标准的规定,去除气瓶表面的漆色后重新涂敷气瓶颜色标志,打气瓶定期检验钢印;

c. 对报废气瓶进行破坏性处理。

⑥ 气瓶检验机构应当严格按照有关安全技术规范和检验标准规定的项目进行定期检验。检验气瓶前,检验人员必须对气瓶的介质处理进行确认,达到有关安全要求后,方可检验。检验人员应当

认真做好检验记录。

⑦ 气瓶检验机构应当保证检验工作质量和检验安全，保证经检验合格的气瓶和经维修的气瓶阀门能够安全使用一个检验周期，不能安全使用一个检验周期的气瓶和阀门应予报废。

⑧ 气瓶检验机构应当将检验不合格的报废气瓶予以破坏性处理。气瓶的破坏性处理必须采用压扁或将瓶体解体的方式进行。禁止将未做破坏性处理的报废气瓶交予他人。

⑨ 气瓶检验机构应当按照省级质监部门安全监察机构的要求，报告当年检验的各种气瓶的数量、各充装单位送检的气瓶数量、检验工作情况和影响气瓶安全的倾向性问题。

（3）运输、储存、销售和使用

① 运输、储存、销售和使用气瓶的单位，应当制定相应的气瓶安全管理制度和事故应急处理措施，并有专人负责气瓶安全工作，定期对气瓶运输、储存、销售和使用人员进行气瓶安全技术教育。

② 充气气瓶的运输单位，必须严格遵守国家危险品运输的有关规定。

运输和装卸气瓶时，必须戴好气瓶瓶帽（有防护罩的气瓶除外）和防振圈（集装气瓶除外）。

③ 储存充气气瓶的单位应当有专用仓库存放气瓶。气瓶仓库应当符合《建筑设计防火规范》的要求，气瓶存放数量应符合有关安全规定。

④ 气瓶或瓶装气体的销售单位应当销售具有制造许可证的企业制造的合格气瓶和取得气瓶充装许可证的单位充装的瓶装气体。

鼓励气瓶制造单位将气瓶直接销售给取得气瓶充装许可证的充装单位。

气瓶充装单位应当购买具有制造许可证的企业制造的合格气瓶，气体使用者应当购买已取得气瓶充装许可证的单位充装的瓶装气体。

⑤ 气瓶使用者应当遵守下列安全规定：

a. 严格按照有关安全使用规定正确使用气瓶；

b. 不得对气瓶瓶体进行焊接和更改气瓶的钢印或者颜色标记；

c. 不得使用已报废的气瓶；

d. 不得将气瓶内的气体向其他气瓶倒装或直接由罐车对气瓶进行充装；

e. 不得自行处理气瓶内的残液。

三、办理使用登记

（1）使用单位应当按照《气瓶使用登记管理规则》的规定办理气瓶使用登记，领取《气瓶使用登记证》（以下简称使用登记证）。使用登记证在气瓶定期检验合格期间内有效。

办理使用登记的气瓶必须是取得充装许可证的充装单位的自有气瓶或者经省级质量技术监督部门批准的其他在用气瓶。

（2）使用登记

① 使用单位办理使用登记时，应当向登记机关提交以下文件：

a.《气瓶使用登记表》一式两份，并附电子文本；

b. 气瓶产品质量证明书或者合格证（复印件）；

c. 气瓶产品安全质量监督检验证明书（复印件）；

d. 气瓶产权证明和检验合格证明；

e. 气瓶使用单位代码。

在用气瓶办理使用登记时，如果已经超过定期检验有效期，应当在定期检验合格后办理使用登记。

注：本条第 b、c 项只适用于新气瓶。

② 使用单位应当建立气瓶安全技术档案，将使用登记证、登记文件妥善保存，并将有关资料录入计算机。

③ 使用单位应当在每只气瓶的明显部位标注气瓶使用登记代码永久性标记。

④ 使用单位应当于每年 12 月 31 日前，向登记机关报送气瓶变更情况，填写《气瓶使用登记表》，并附电子文档。

（3）过户和注销登记

① 气瓶需要过户，气瓶原使用单位应当持使用登记证、气瓶使用登记表、有效期内的定期检验报告和接受单位同意接受的证

明,到原登记机关办理使用登记注销手续。

原登记机关应当在《气瓶使用登记表》上做注销标记,并且向气瓶原使用单位签发《气瓶过户证明》。

② 气瓶原使用单位应当将《气瓶过户证明》、标有注销标记的《气瓶使用登记表》、历次定期检验报告以及登记文件全部移交给气瓶新使用单位。

③ 气瓶过户时,其使用登记代码永久标记不得更改,但应当在气瓶原标记前标注"CH+气瓶新使用单位代码"字样。

④ 气瓶报废时,使用单位应当持使用登记证和《气瓶使用登记表》到登记机关办理报废、使用登记注销手续。

四、气瓶使用控制

(1) 气瓶充装　气瓶是用来贮装和运输气体的。气瓶充装气体时,如果不加注意或管理不善,也常常发生爆炸事故。因此,必须按有关规定充装气瓶。

① 气瓶充装单位应具备以下条件:

a. 有保证充装安全的管理体系和各项管理制度;

b. 有熟悉气瓶充装安全技术的管理人员和经过专业培训的操作人员;

c. 有与所充装气体相应的场地、设施、装备和检测手段,充装毒性、易燃和助燃气体的单位,还应有处理残气、残液的装置。

② 气瓶充装注册登记证有效期满后,气瓶充装单位应办理换发注册登记证手续,逾期不办者,不得从事气瓶充装。

③ 气瓶充装前,充装单位应有专人对气瓶进行检查。检查的内容包括:

a. 气瓶的漆色是否完好,所漆的颜色是否与所装气体的气瓶规定漆色相符(各种气体气瓶的漆色按《气瓶安全监察规程》的规定涂敷);

b. 气瓶是否留有余气,如果对气瓶原来所装气体有怀疑,应取样化验;

c. 认真检查气瓶瓶阀上进气口侧的螺纹,一般盛装可燃气体

的气瓶瓶阀螺纹是左旋的,而非可燃气体气瓶是右旋的;

　　d. 气瓶上的安全装置是否配备齐全、好用;

　　e. 新投入使用的气瓶是否有出厂合格证,已使用过的气瓶是否在规定的检验期内;

　　f. 气瓶有无鼓包、凹陷或其他外伤。

　　④ 属于下列情况之一的,应先进行处理,否则严禁充装:

　　a. 钢印标记、颜色标记不符合规定及无法判定瓶内气体的;

　　b. 改装不符合规定的或用户自行改装的;

　　c. 附件不全、损坏或不符合规定的;

　　d. 瓶内无剩余压力的;

　　e. 超过检验期限的;

　　f. 经检查外观,存在明显损伤,需进一步进行检查的;

　　g. 氧气或强氧化气体沾有油脂的;

　　h. 易燃气体气瓶的首次充装,事先未经置换和抽真空的。

　　⑤ 永久气体的充装设置,必须防止可燃气体与助燃气体的错装。充气前在20℃时的压力,不超过气瓶的公称工作压力。

　　⑥ 充装液化气体必须遵守下列规定:

　　a. 实行充装质量复验制度,严禁过量充装。充装过量的气瓶不准出厂。

　　防止超装的具体措施包括:

　　(a) 充装永久气体的气瓶应明确规定在多高的充装温度下充装多大的压力,以保证所装的气体在气瓶最高使用温度下的压力不超过气瓶的许用压力;

　　(b) 充装液化气体的气瓶必须严格按规定的充装系数进行充装,不得超装;

　　(c) 为了防止由于计量误差而造成超装,所用仪表、量具(如压力表、磅秤等)都应按规定的范围选用,并且要定期检验和校正;

　　(d) 没有原始质量标记或标记不清难以确认的气瓶不予充装;

　　(e) 液化气体的充装量应包括气瓶内原有的余气(余液),不得把余气(余液)的质量忽略不计;

(f) 不得用贮罐减量法（即按液化气体贮罐原有的质量减去装瓶后贮罐的剩余质量）来确定气瓶的充装量。

b. 称重衡器应保持准确。称重衡器的最大称量值，应为常用称量的 1.5～3.0 倍。称重衡器的校验期限不得超过 3 个月。称重衡器要设有超装警报和自动切断气源的装置。

c. 严禁从液化石油气槽车直接向气瓶灌装。

d. 充装后应逐只检查，发现有泄漏或其他异常现象，应妥善处理。

e. 认真填写充装记录，其内容应包括：气瓶编号、气瓶容积、实际充装量、充装者和复称者姓名或代号、充装日期。

f. 操作人员应相对稳定，并定期对他们进行安全教育和考核。

(2) 气瓶定期检验

① 各类气瓶的检验周期

a. 盛装腐蚀性气体的气瓶，每 2 年检验 1 次。

b. 盛装一般气体的气瓶，每 3 年检验 1 次。

c. 液化石油气瓶，使用未超过 20 年的，每 5 年检验 1 次；超过 20 年的，每 2 年检验 1 次。

d. 盛装惰性气体的气钢瓶，每 5 年检验 1 次。按国家标准 GB 8334 的规定。

e. 低温绝热气瓶，每 3 年检验 1 次。

f. 车用液化石油气钢瓶每 5 年检验 1 次，车用压缩天然气钢瓶，每 3 年检验 1 次。汽车报废时，车用气瓶同时报废。气瓶在使用过程中，发现有严重腐蚀、损伤或对其安全可靠性有怀疑时，应提前进行检验。库存和停用时间超过一个检验周期的气瓶，启用前应进行检验。发生交通事故后，应对车用气瓶、瓶阀及其他附件进行检验，检验合格后方可重新使用。

② 检验气瓶的注意事项　检验气瓶前，应对气瓶进行处理，达到下列要求方可检验：

a. 在确认气瓶内气体压力降为零后，方可卸下瓶阀。

b. 气瓶内毒性、易燃气体的残留气体应回收，不得向大气排放。

c. 易燃气体气瓶须经置换，液化石油气瓶须经蒸汽吹扫，达到规定要求；否则严禁用压缩空气进行气密性试验。

气瓶定期检验，必须逐只进行。各类气瓶定期检验的项目和要求，应符合相应的国家标准的规定。

检验合格的气瓶，应按规定打检验钢印，涂检验色标。

经检验，不符合标准规定的气瓶应报废。对少数尚有使用价值的气瓶，允许改装后降压使用。

（3）气瓶的运输、储存、使用和维护　对气瓶的运输、储存和使用，必须有专人负责气瓶的安全工作，制定相应的安全管理制度，事故应急处理措施；定期对气瓶的运输（含装卸及驾驶）、储存和使用人员进行安全技术教育。

① 气瓶运输

a. 防止气瓶受到剧烈振动或碰撞冲击。运载气瓶的工具应有明显的安全标志；装在车上的气瓶要妥善固定，防止气瓶跳动或滚落；气瓶的瓶帽及防振圈应装配全；装卸气瓶时应轻装轻卸，不得采用抛装、滑放或滚动的方法；不得用电磁起重机和链绳吊装气瓶。

b. 防止气瓶受热或着火。气瓶运输时不得长时间在烈日下曝晒，夏季运输要有遮阳设施，并应避免白天在城市繁华地区运输气瓶；可燃气体气瓶或其他易燃品、油脂和沾有油污的物品，不得与氧气瓶同车运输；两种介质互相接触后能引起燃烧等剧烈反应的气瓶也不得同车运输；运装气瓶的车上应严禁烟火，运输可燃气体或有毒气体的气瓶时，车上应分别备有灭火器材或防毒用具。

② 气瓶储存

a. 气瓶仓库：气瓶应置于专用仓库储存，气瓶仓库应符合《建筑设计防火规范》的有关规定。特别要注意以下各点。

（a）气瓶库房不应设在建筑物的地下室和半地下室内，仓库内不得有地沟、暗道。

（b）仓库内应通风、干燥，避免阳光直射，库内严禁明火。

（c）仓库应是单层建筑，屋顶为轻型屋顶，并有足够的泄压面积。

(d) 储存可燃气体气瓶的仓库，其照明、换气装置等电气设备应为防爆型，如仓库不在避雷装置保护区域内，则必须装设避雷装置。

(e) 气瓶仓库与其他建筑物应保持一定的安全距离，特别要远离民用住宅（最小安全距离 50m）和公共场所（最小安全距离 100m）。

b. 气瓶存放：

(a) 空瓶与实瓶应分开放置，并有明显标志。毒性气体气瓶内气体相互接触能引起燃烧、爆炸，产生毒物的气瓶，应分室存放，并在附近设置防毒用具或灭火器材。

(b) 盛装易起聚合反应或分解反应气体的气瓶，必须规定储存期限，并应避开放射性射线源。

(c) 气瓶放置应整齐，佩戴好瓶帽。立放时，要妥善固定；横放时，头部朝同一方向，垛高不宜超过 5 层。

③ 气瓶的使用和维护

a. 防止气瓶受热超温。不可把气瓶放在烈日下曝晒，不得将气瓶靠近火炉或其他高温热源（距明火不小于 10m），更不得用高压蒸汽直接喷射气瓶。瓶阀冻结时，应把气瓶移到较暖的地方，用温水解冻，禁止用明火烘烤。严禁用温度超过 40℃ 的热源对气瓶加热。

b. 正确操作，合理使用。气瓶立放时，应采取防止倾倒措施。开阀时要慢慢开启，以防加压过速产生高温，对盛装可燃气体的气瓶应注意，防止产生静电。手或手套上和工具上沾有油脂时，不要操作氧气瓶。每种气体要有专用的减压器，氧气和可燃气体的减压器不能互用，瓶阀或减压器泄漏时，不得继续使用。气瓶使用到最后时，应留有余气，以防混入其他气体或杂质，造成事故。

c. 加强维护。气瓶外壁的油漆既是保护层，也是识别标记，它的颜色表明瓶内所装气体的类别，可以防止误用和混装，因此，必须经常保持完好。漆色脱落或模糊不清时，应按规定重新漆色。严禁在气瓶上进行电焊引弧。瓶内混有水分常会加速气体对气瓶内壁的腐蚀，特别是氧、氯、一氧化碳等气体，盛装这些气体的气瓶在装气前，尤其是在进行水压试验以后，应进行干燥。

复习思考题

1. 什么是锅炉？锅炉分几类？
2. 锅炉及其辅机的操作规程包括哪些内容？
3. 什么是压力容器？压力容器的分类？
4. 锅炉、压力容器安全装置有哪些？
5. 对各类气瓶的检验周期有哪些规定？

第五章 防火防爆技术

第一节 燃 烧

一、燃烧及燃烧条件

(一) 燃烧

燃烧是一种放热发光的化学反应,也就是化学能转变成热能的过程。在日常生活、生产中所见的燃烧现象,大都是可燃物质与空气(氧)或其他氧化剂进行剧烈化合反应而发生发热发光的现象。实际上燃烧有的是化合反应,也有的是分解反应。

简单可燃物质的燃烧,只是元素与氧的化合。例如:

$$C+O_2 = CO_2 \qquad S+O_2 = SO_2$$

复杂物质的燃烧,则先是物质的受热分解,然后是化合反应。例如:

$$CH_4 + 2O_2 = CO_2 + 2H_2O$$

燃烧的化学反应具有放热、发光、生成新物质三个特征,这是区分燃烧和非燃烧现象的依据。例如,电灯在照明时放出了光和热,但这是物理现象,因为它没有发生化学反应,没有新物质生成,所以,不能称为燃烧;铜和稀硝酸反应虽然生成了新物质硝酸铜,但没有产生光和热,也不叫燃烧。燃烧也不只限于可燃物与氧的化合,金属钠、赤热的铁在氧气中反应,具有放热、发光、生成新物质等三个特征,所以也叫燃烧。然而,可燃物和空气中的氧所起的反应毕竟是最普遍的,在火灾爆炸事故的原因中也是最常见的。

(二) 燃烧的条件

燃烧的发生,必须同时具备三个条件。

(1) 可燃物　凡是能与空气中的氧或其他氧化剂起燃烧反应的物质，均称为可燃物，如汽油、液化石油气、木材等。

(2) 助燃剂　凡是能帮助和支持燃烧的物质，均称为助燃物，如空气、氧气、高锰酸钾等，常见的有空气和氧气。

(3) 着火源　凡是能引起可燃物质发生燃烧的热能源，均称作着火源，如明火、摩擦、撞击、高温表面、自然发热、化学能、电火花、聚集的日光和射线等。

实际发生燃烧不仅要具备三个要素，还要求可燃物和助燃物达到适当的比例，着火源必须具有一定的强度，否则即使同时具备了上述三个条件，燃烧也不能发生。

首先，要燃烧就必须使可燃物与氧达到一定的比例，如果空气中的可燃物数量不足，燃烧就不会发生。例如，在室温（20℃）的同样条件下用火柴去点汽油和柴油时，汽油会立刻燃烧，柴油则不燃，这是因为柴油在室温下蒸气浓度（数量）不足，还没有达到燃烧的浓度。虽有可燃物质，但其挥发的气体或蒸气量不足够，即使有空气和着火源的接触，也不会发生燃烧。

其次，要使可燃物质燃烧，必须供给足够的助燃物，否则，燃烧就会逐渐减弱，直至熄灭。例如，点燃的蜡烛用玻璃罩罩起来，不使空气进入，短时间内，蜡烛就会熄灭。通过对玻璃罩内气体的分析，发现还含有16%的氧气。这说明，一般可燃物质在空气中的氧含量低于16%时，就不能发生燃烧。

再次，要发生燃烧，着火源必须有一定的温度和足够的能量，否则燃烧就不能发生。例如，从烟囱冒出来的碳火星，温度约有600℃，已超过了一般可燃物的燃点，如果这些火星落在易燃的柴草或刨花上，就能引起燃烧，这说明这种火星所具有的温度和热量能引起这些物质的燃烧；如果这些火星落在大块木料上，就会很快熄灭，不能引起燃烧，这就说明这种火星虽有相当高的温度，但缺乏足够的热量，因此不能引起大块的木料燃烧。

总之，要使可燃物质燃烧，不仅要具备燃烧的三个条件，而且每一个条件都要具有一定的量,并且彼此相互作用,否则就不会发生燃烧。对于正在进行着的燃烧,若消除其中任何一个条件,燃烧便会终止,这就是灭火的基本原理。

二、燃烧过程及形成

(一) 燃烧过程

可燃物质燃烧实际上是物质受热分解出的可燃性气体在空气中燃烧,因此可燃物质的燃烧多在气态下进行。

由于可燃物质的聚集状态不同,当其接近火源时变化也不同。气体最容易燃烧,其燃烧所需的热量只用于本身的氧化分解,并使其达到燃点。液体在火源作用下,首先使其蒸发,然后可燃气体氧化、分解进行燃烧。在固体燃烧中,如果是简单物质硫、磷等,受热时首先熔化,然后蒸发成蒸气进行燃烧,并有分解过程。如果是复杂物质,在受热时首先分解,析出气态和液态产物,然后气态产物和液态产物的蒸气着火燃烧。

诱导期在安全上有实用价值。在可燃气体存在的车间中使用的防爆照明,当灯罩破裂或密封性丧失时,即使能自动切断电路熄灭,但灼热的灯丝自 3000℃ 冷到室温还需要一定的时间,此时爆炸的可能性取决于可燃气体的诱导期。对于诱导期较长的甲烷或汽油蒸气(数秒),普通灯丝不致有危险,但对于诱导期很短的氢(0.01s)就需要寻求冷却得特别快的特殊材料做灯丝,才能保证安全。

(二) 燃烧形式

由于可燃物质存在的状态不同,可分为均一系燃烧和非均一系燃烧。均一系燃烧指的是燃烧反应在同一相中进行,如氢气在氧气中燃烧。与其相反的燃烧反应在二相间即是非均一系燃烧,如石油、木材和塑料等液体和固体的燃烧。

可燃性气体的燃烧有混合燃烧和扩散燃烧之分。可燃性气体预先同空气(或氧气)混合,而后进行的燃烧即为混合燃烧。若可燃性气体与周围空气一边混合一边燃烧,则称为扩散燃烧,如可燃性气体自管中喷出在管口发生的燃烧,即为扩散燃烧。

混合燃烧反应迅速，火焰传播速度也快，化学爆炸即属于这种形式。在扩散燃烧中，由于氧进入反应带只是部分参与反应，所以常产生不完全燃烧的炭黑。

可燃液体的燃烧有蒸发燃烧和分解燃烧之分。液体蒸发产生的蒸气进行燃烧叫蒸发燃烧。难挥发可燃液体的燃烧是受热后分解产生的可燃性气体进行燃烧，故称为分解燃烧。液体的蒸发燃烧和分解燃烧的机理和气体燃烧是相同的。

可燃固体燃烧，如木材和煤的燃烧，是由分解产生的可燃气体的燃烧，因此属于分解燃烧。像硫磺和萘这类可燃固体的燃烧，是先熔融蒸发而后进行燃烧。因此可看作蒸发燃烧。固体燃烧一般有火焰产生，故又称火焰型燃烧。当可燃固体燃烧到最后，分解不出可燃气体时，就剩下炭，此时没有可见火焰，燃烧转为表面燃烧或叫均热型燃烧。金属的燃烧也是一种表面燃烧。此外根据燃烧的起因和剧烈程度的不同，又有闪燃、着火以及自燃的区别。

1. 着火与着火点

可燃物质在空气充足的条件下，温度超过某个数值时，与火源接触即行着火，火源移去后，仍能继续燃烧。将火源移去后仍能继续燃烧的最低温度称为该物质的着火点或燃点。物质燃点的高低，反映了这个物质火灾危险性的大小。

2. 闪燃与闪点

各种液体的表面都有一定量的蒸气，蒸气的浓度取决于该液体的温度。在一定温度下，可燃液体的蒸气与空气混合而成的气体混合物，一遇火源即产生一闪即灭的瞬间燃烧，这种燃烧现象称为闪火或闪燃。液体发生闪燃时最低温度即为液体的闪点，某些液体的闪点如表 5-1 所示。

一般称闪点小于或等于 45℃ 的液体为易燃液体，闪点大于 45℃ 的液体为可燃液体。

3. 自燃与自燃点

可燃物质不需火源接近便能自行着火的现象称自燃，此时的最低温度称为自燃点。某些物质的自燃点见表 5-2。

表 5-1 某些可燃液体的闪点

液体名称	闪点/℃	液体名称	闪点/℃
戊烷	−40	丙酮	−18
己烷	−26	乙醚	−45
异己烷	<−29	苯	−11
庚烷	−4	二硫化碳	−30
异庚烷	<−18	硫	20
辛烷	−16	氢氰酸	−18
异辛烷	−12	汽油	−43
环己烷	−17	石油醚	<−18
乙炔	−18	煤油	30~70
甲醇	11	轻油	50
乙醇	13	重油	80~130
丙醇	15	润滑油	180~215
甲酸	69	沥青	200~230
冰醋酸	40	各种石油	20~100

表 5-2 某些气体及液体的自燃点

物质名称	分子式	自燃点/℃ 空气中	自燃点/℃ 氧气中	物质名称	分子式	自燃点/℃ 空气中	自燃点/℃ 氧气中
氢	H_2	572	560	丙烯	C_3H_6	458	—
一氧化碳	CO	609	588	丁烯	C_4H_8	443	—
氨	NH_3	651	—	乙炔	C_2H_2	305	296
二硫化碳	CS_2	120	107	苯	C_6H_6	580	566
硫化氢	H_2S	292	220	甲醇	CH_3OH	470	461
氢氰酸	HCN	538	—	乙醇	C_2H_5OH	392	—
甲烷	CH_4	632	556	乙醚	$C_4H_{10}O$	193	183
乙烷	C_2H_6	472	—	丙酮	C_3H_6O	561	485
丙烷	C_3H_8	493	468	石脑油		277	—
丁烷	C_4H_{10}	408	283	汽油		280	—
乙烯	C_2H_4	490	485	煤油		254	—

自燃现象可分为受热自燃和本身自燃两种。

(1) 受热自燃 可燃物质虽然未与明火接触,但在外部热源的作用下使温度达到其自燃点而发生着火燃烧的现象称作受热自燃。

在石油化工生产中,由于可燃物靠近高温设备管道,加热或烘烤过度,或者可燃物料泄漏到未保温的高温设备管道等原因,均可导致可燃物自燃着火。

(2) 本身自燃　某些物质在没有外来热源的作用下，由于物质内部所发生的化学或生化的过程而产生热量，这些热量在适当的条件下会逐渐积聚，使物质温度上升，达到自燃点而燃烧。这种现象称为本身自燃或自热燃烧。能引起本身自燃的物质有植物油（油脂类）、煤、硫化铁等其他化学物质。

影响自燃点的因素有压力、组分、催化剂、可燃物质的化学结构等。一般地说，压力越高，自燃点越低；活性催化剂能降低物质的自燃点；混合气体中氧浓度增高，将使自燃点降低；各种固体粉碎得越细，自燃点也越低；饱和碳氢化合物的自燃点高于其相应的不饱和化合物的自燃点；芳香族碳氢化合物的自燃点高于含有同数碳原子脂肪族碳氢化合物的自燃点，正位结构物质的自燃点低于异构物质的自燃点。

(3) 物质的燃点、自燃点和闪点的关系　易燃液体的燃点约高于闪点 1~5℃，而闪点愈低，二者的差距愈小。苯、二硫化碳、丙酮等的闪点都低于 0℃，这一差数只有 1℃左右。在开口的容器中做实验时，很难区别出它们的闪点与着火。可燃液体中闪点在 100℃以上者，燃点与闪点的差数可达 30℃或更高。

由于易燃液体的燃点与闪点很接近，所以在估计这类液体有火灾危险性时，只考虑闪点就可以了。一般来说，液体燃料的密度越小，闪点越低，而自燃点越高；液体燃料的密度越大，闪点越高，而自燃点越低。

三、燃烧速度及热值

(一) 气体燃烧速度

由于气体燃烧不需要像固体、液体那样经过熔化、蒸发等过程，而在常温下就具备了气态的燃烧条件，所以燃烧速度很快。气体的燃烧速度随物质的组成不同而异。简单气体比复杂气体的燃烧速度要快。

气体的燃烧速度通常以火焰传播速度来衡量。一些气体与空气的混合物在直径为 25.4mm 的管道中，火焰传播速度的试验数据见表 5-3。

表 5-3 某些气体在空气中的火焰传播速度

气体名称	最大火焰传播速度/(m/s)	浓度/%	气体名称	最大火焰传播速度/(m/s)	浓度/%
氢	4.83	33.5	乙烯	2.42	7.1
一氧化碳	1.25	45.0	发生炉煤气	0.73	48.5
甲烷	0.69	9.8	水煤气	3.1	43
乙烷	1.85	6.5			

管子的直径对火焰传播速度有明显的影响。一般随着管子直径的增加而增加。但当达到某个极限值时，速度就不再增加。同样，传播速度随着管子直径的减小而减少，在达到某种小的直径时，火焰就不能传播，阻火器就是根据当传播直径低于某一数值，可以阻止火焰传播的这一原理制成的。

（二）**液体燃烧速度**

液体的燃烧速度取决于液体的蒸发。其燃烧速度有两种表达方式。一种是以每平方米面积上 1h 烧掉液体的质量来表示，叫做液体燃烧的质量速度；一种是以单位时间内烧掉液体层的高度来表示，叫做液体燃烧的直线速度。

易燃液体的燃烧速度与很多因素有关，如液体的初温、贮罐直径、罐内液面的高低及液体中含水量的高低等。初温越高，贮罐中液面越低，燃烧速度就越快。石油产品的燃烧速度，含水量高的比含水量低的要慢。

几种易燃液体的燃烧速度见表 5-4。

表 5-4 几种易燃液体的燃烧速度

液体名称	直线速度/(cm/h)	质量速度/[kg/(m²·h)]	液体名称	直线速度/(cm/h)	质量速度/[kg/(m²·h)]
苯	18.9	166.4	二硫化碳	10.5	133.0
乙醚	17.5	125.8	丙酮	8.4	66.4
甲苯	16.1	138.3	甲醇	7.2	57.6
航空汽油	12.6	92.0	煤油	6.6	55.1
车用汽油	10.5	80.6			

（三）**固体物质的燃烧速度**

固体物质的燃烧速度，一般要小于可燃气体和液体。不同性质的固体物质其燃烧速度有很大差别。例如,萘衍生物、三氯化磷、松香等,其燃烧过程是:受热熔化、蒸发、分解氧化、起火燃烧,一般速度较慢。有的如硝基化合物、含硝化纤维素的制品等,本身含有不稳定的因素,燃烧是分解式的,比较剧烈、速度很快。对于同一固定物质,其燃烧速度还取决于表面积的大小,如果燃烧的表面积的比例越大,则燃烧速度越快。

(四)热值与燃烧温度

所谓热值,就是单位质量的可燃物质在完全烧尽时所放出的热量。不同的物质燃烧时,放出的热量是不同的,热值大的可燃物质燃烧时放出的热量多。

燃烧温度实质上就是火焰温度,因为可燃物质燃烧所产生的热量是在火焰燃烧区域内析出的,因而火焰温度也就是燃烧温度。

很明显,热值是决定燃烧温度的主要因素。热值数据是用热量计在常温下测得的。高热值包括燃烧生成的水蒸气全部冷凝成液态水所放出的热量;低热值不包括燃烧生成的水蒸气全部冷凝成液态水所放出的热量。

第二节 爆 炸

一、爆炸及其分类

物质自一种状态迅速变成另一种状态,并在瞬间放出大量能量的现象称为爆炸。爆炸可分为两类,即物理性爆炸和化学性爆炸。

(一)物理性爆炸

物质因状态或压力发生突变而形成的爆炸现象称为物理性爆炸。物理性爆炸前后物质的性质及化学成分并不改变。例如,蒸汽锅炉爆炸、压缩气瓶爆炸都属于此类。

(二)化学性爆炸

物质发生极迅速的化学反应,生成高温高压的反应产物而引起的爆炸称作化学性爆炸。化学性爆炸前后物质的性质和成分均发生了根本的变化。

1. 简单分解爆炸

引起简单分解的爆炸在爆炸时并不一定发生燃烧反应。爆炸时所需热量是由爆炸物本身分解时产生的。属于这一类的有乙炔银、碘化氮等。这类物质撞击感度较高,受震动即可引起爆炸,是比较危险的。某些气体由于分解产生很大原热量,一定条件下可能产生分解爆炸,尤其在受压情况下更容易发生爆炸,例如乙炔在压力下分解爆炸就属此类情况。

2. 复杂分解爆炸

这类爆炸物质的危险性较简单分解爆炸物稍低,这类物质爆炸时伴有燃烧现象,燃烧所需的氧由本身分解时产生,例如梯恩梯、黑索金、硝铵炸药等。

3. 爆炸性混合物的爆炸

所有可燃气体、蒸气及粉尘同空气(氧)的混合物所发生的爆炸均属此类。例如,氢、汽油蒸气、面粉尘等与空气的混合物发生的爆炸。此类爆炸在石油化工生产中最为常见,较易发生。

二、分解爆炸性气体的爆炸

分解爆炸性气体在分解时可以产生一定的热量。当物质的分解热为 20~30kcal(1kcal=4180J)时在一定条件下点火之后,火焰就能传播开来。分解热在这个范围以上的气体,其爆炸是很激烈的。

乙炔分解爆炸产生的热量,假定没有热的损失,火焰可达 3100℃。在容积为 1.2L 的容器中测定时,乙炔爆炸产生的压力是初压的 9~10 倍。达到最高压力的时间随初压而变,初压为 0.2MPa 时,时间是 0.18s;初压为 1.0MPa 时,时间是 0.03s。乙炔分解爆炸的诱爆距离亦与压力有关,压力越高,诱爆距离就越短。具体见表 5-5。

表 5-5 乙炔在直径 2.5cm 管内爆炸的诱爆距离

初压/MPa	0.35	0.38	0.50	2.0
诱爆距离/m	9.1	6.7	3.7	0.9~1.0

从表 5-5 中可看出，当初压为 2.0MPa 时，诱爆距离不到 1m，高压乙炔危险性大，就是这个道理。

三、爆炸性混合物爆炸

可燃气体或蒸气预先按一定比例与空气混合均匀，遇有火源，将发生异常激烈的燃烧，甚至达到爆炸的程度，这种混合物称为爆炸性混合物。

在石油化工生产中，可燃物料从工艺装置、设备、管道中通过法兰、焊口、阀门、密封等缺陷部位泄漏到厂房大气中。可燃物料与空气（氧）有串联的部分，由于控制不当或误操作，既可能导致可燃料进入空气（氧）系统，也可能导致空气（氧）系统进入可燃物料系统；负压操作的可燃物料系统，密封不可靠时，空气也可以进入。

爆炸性混合物与火源接触，便有自由基产生而成为连锁反应的作用中心，火焰是以一层层同心圆球面的形式往各方向蔓延。火焰的速度在距离点火源 0.5～1m 处只有每秒若干米或者还要小一些，但以后逐渐加速，达到每秒数百米（爆炸）以至于数千米（爆震）。若在火焰扩散的路程上有障碍物（如贮罐、容器）则由于气体温度的上升以及由此而引起的压力增加（体积膨胀），可造成极大的破坏作用。

爆炸性混合物爆炸后产生的压力与混合物的种类、浓度、初始压力、容器的形状和大小等因素有关。各种爆炸性混合物产生的爆炸压力随浓度而异，在计算可燃气体的爆炸温度和爆炸压力时，应采用反应当量浓度。某些物质的最大爆炸压力列于表 5-6 中。

表 5-6 某些物质的最大爆炸压力

物质名称	最大爆炸压力/MPa	物质名称	最大爆炸压力/MPa
乙醛	0.73	环己烷	0.86
丙酮	0.89	丙烯	0.86
乙炔	1.03	二硫化碳	0.78
乙醚	0.92	硫化氢	0.50
乙醇	0.75	氯乙烯	0.68
乙烯	0.89	氢	0.74
苯	0.90	丙烷	0.86

四、爆震

燃烧速度极快的爆炸性混合物在全部或部分封闭状态下或处于高压下燃烧时,假若混合物的组成或预热条件适宜,可以产生一种比爆炸更为剧烈的现象,称为爆震。爆震的特点是具有突然引起的极高压力,其传播是通过超音速的"冲击波",每秒可达 2000~3000m。爆震是在极短的时间内发生的,燃烧产生急速膨胀,像活塞一样挤压周围空气,反应所产生的能量有一部分传给被压的空气层,于是形成了冲击波。冲击波传播极快,以至于物质的燃烧也落在它的后面,所以它的传播不需要物质的完全燃烧,而是由它本身的能量所支持的。这样,冲击波就能远离爆震发源地而独立存在,并能引起该处其他爆炸物的爆炸。

五、粉尘爆炸

煤尘、铝粉、镁粉、塑料粉尘、纤维粉尘、硝铵粉尘等,悬浮于空气中,达到一定浓度遇高温、摩擦、火花等引爆能源会引起爆炸,此种爆炸称为粉尘爆炸。

粉尘爆炸的特点是燃烧热值越大的物质,其爆炸的危险性越大,例如煤、碳、硫的粉尘等;易氧化的物质其粉尘也易爆炸,例如镁、氧化亚铁、染料等;易带电的粉尘也易爆炸,如化学纤维等;粉尘粒度越细也越容易发生爆炸。

粉尘爆炸与可燃气体爆炸相似,有一定的浓度范围,也有上、下限之分,一般只有粉尘的爆炸下限,这是因为粉尘爆炸上限较高,通常情况下不易遇到。部分粉尘爆炸特性见表 5-7。

表 5-7 部分粉尘的爆炸特性

粉尘名称	云状粉尘自燃点/℃	粉尘最低引爆能量/MJ	爆炸下限/(mg/L)	最大爆炸压力/MPa
铝(喷雾)	700	50	40	0.39
铝(研雾)	645	20	35	0.61
醋酸纤维	320	10	25	0.56
六次甲基四胺	410	10	15	0.44
聚乙烯塑料	450	80	25	0.56
聚苯乙烯	470	120	20	0.30
合成硬橡胶	320	30	30	0.40
烟煤	610	40	35	0.31

六、爆炸极限及其影响因素

(一) 爆炸极限

可燃气体、粉尘或可燃液体的蒸气与空气形成的混合物遇火源发生爆炸的极限浓度称为爆炸极限。通常用可燃气体在空气中的体积分数 (%) 来表示。可燃粉尘则以毫克/每升 (mg/L) 表示。

可燃气体和空气的混合物并不是在任何混合比例下都能发生燃烧或爆炸，当混合物中可燃气体含量接近于反应当量浓度时，燃烧最激烈。若含量减少或增加，燃烧速度就降低。当浓度高于或低于某一极限时，火焰便不再蔓延。可燃气体或蒸气在空气中刚刚足以使火焰蔓延的最低浓度，称为该气体或蒸气的爆炸下限；同样，足以使火焰蔓延的最高浓度称爆炸上限。在上限和下限之间的浓度范围称爆炸范围。如果可燃气体在空气中的浓度低于下限，因含有过量空气，即使遇到着火源也不会爆炸燃烧；同样，可燃气体在空气中的浓度高于上限，因空气非常不足，所以也不会爆炸，但重新接触空气还能燃烧爆炸，这是因为重新接触空气后，将可燃气体的浓度稀释进入了燃烧爆炸范围。石油化工生产中常见物质的爆炸极限见表 5-8。

表 5-8 常见物质的爆炸极限

物质名称	爆炸极限(体积分数)/%	物质名称	爆炸极限(体积分数)/%
甲烷	5.0~15	氯乙烷	3.6~15.4
乙烷	3.0~15.5	甲醇	5.5~36.0
丙烷	2.1~9.5	乙醇	3.5~19.0
正丁烷	1.5~8.5	丙醇	2.0~13.6
异丁烷	1.8~8.4	异丙醇	2.0~12.0
正戊烷	1.4~7.8	丁醇	1.4~11.3
己烷	1.2~7.5	异丁醇	1.7~10.9
庚烷	1.1~6.7	叔丁醇	2.4~8.0
辛烷	0.8~6.5	乙醚	1.7~48
乙烯	1.7~34	甲醛	7.0~73
丙烯	2.0~11.7	丁二烯	1.1~12.5
1-丁烯	1.7~9.6	苯	1.2~8.0
异丁烯	1.7~8.8	甲苯	1.2~7.0
环氧乙烷	3.0~100	二甲苯	1.0~7.6
环己烷	1.2~8.3	乙苯	2.3~7.4
乙炔	1.5~82.0	苯乙烯	1.1~6.1

续表

物质名称	爆炸极限(体积分数)/%	物质名称	爆炸极限(体积分数)/%
异丙苯	0.9~5.9	二硫化碳	1.0~60
萘	0.9~5.9	氢	4.0~75.6
丙酮	2.5~13.0	一氧化碳	12.5~74
乙腈	4.4~16.0	硫化氢	4.3~45.5
丙烯腈	2.8~28.0	氨	15~28
汽油	1.4~7.6	氯	5~87(与H_2混合)
松香	12.6		

（二）影响爆炸极限的因素

爆炸极限不是一个固定值，它受着各种因素的影响，主要有以下几个。

1. 原始温度

混合物的原始温度越高，则爆炸范围越大，即下限降低，上限升高。

2. 原始压力

压力增加，爆炸范围扩大，压力降低，爆炸范围缩小。压力对爆炸上限的影响十分显著，而对下限的影响较小。

但是，也有例外的情况，例如，磷化氢与氧混合，一般不反应，如果将压力降低至一定值，混合物反而会突然爆炸。

3. 惰性介质的影响

若混合物中所含的惰性气体量增加，爆炸范围就会缩小，惰性气体的浓度提高到某一数值，混合物就不会爆炸。混合物中惰性气体量增加，对上限的影响较对下限的影响更为显著。

4. 容器的尺寸和材料

容器、管子的直径越小，则爆炸范围越小。当管径（或火焰通道）小到一定程度时，火焰即不能通过，这一间距叫临界直径，也称最大灭火间距。

容器的材质对爆炸极限也有影响，例如，氢和氟在玻璃容器中混合，甚至在液态空气的温度下（-180℃以下）于黑暗中也会发生爆炸，而在银制容器中，在一般温度下才能发生反应。在通常情况下，一般钢制容器则对爆炸极限无明显影响。

5. 能源

燃烧和爆炸都需要一定的点火能源,火源的能量、热表面的面积、火源与混合物的接触时间等,对爆炸极限均有影响。如甲烷对电压 100V,电流强度为 1A 的电火花,无论在什么浓度下都不会爆炸,若电流强度为 2A,则爆炸极限为 5.9%～13.6%,3A 时为 5.85%～14.8%。

6. 其他因素

除上述原因外,还有其他因素也能影响爆炸的进行。如光的影响,在黑暗中氢与氯的反应十分缓慢,但在强光照射下则能发生连锁反应导致爆炸。又如甲烷与氯的混合物,在黑暗中长时间都不会发生反应,但在日光照射下就会引起激烈的反应,如果比例适当,便会爆炸。另外,表面活性物质对某些介质也有影响,在 530℃ 时,氢与氧完全无反应,但如果投入石英、玻璃、铜或铁棒时,则发生爆炸。

七、爆炸的破坏作用

在石油化工生产中,一旦发生爆炸事故,会造成严重的物质损失及人员伤害,它的破坏性较其他事故更强。爆炸的破坏作用主要表现为以下几种形式。

(一) 震荡作用

在波及破坏作用的区域内,有一个使物体受震荡而被松散的力量。

(二) 冲击波

随着爆炸的出现,冲击波最初出现正压力,而后又出现负压力。爆炸物的数量与冲击波的强度成正比,而冲击波压力与距离成反比关系。

(三) 碎片冲击

机械、设备、建筑物爆炸后,碎片飞出,会在相当范围内造成伤害,其一会造成人员伤害;其二还可能砸坏邻近周围的设备等。石油化工生产中属于爆炸碎片造成伤亡的比例很大。

(四) 造成火灾

一般爆炸温度在 200～300℃ 左右时,对一般物质来说,因自燃点较高,不足以造成火灾。但是当设备破坏之后,从其内部喷射出来的可燃气体或液体蒸气,由于摩擦、打击或遇到其他的火源、热源可能被点燃着火;也有的工艺装置中的可燃物料在生产中的操作温度超过物料的自燃点,设备破坏后漏出,遇空气即自燃着火,爆炸后继而发生火灾,加重了爆炸的破坏力。石油化工生产中爆炸伴随火灾同时发生的事故是常见的。

爆炸破坏作用的大小,与爆炸物的数量、爆炸物的性质、发生爆炸时的条件和爆炸的位置有关。

第三节 防火防爆的基本措施

一、石油化工生产中火灾爆炸危险性分析

石油化工生产中火灾爆炸危险性可以从生产过程中物料的火灾爆炸危险性和生产装置及工艺过程中的火灾爆炸危险性两个方面进行分析。具体地说,就是生产过程中使用的原料、中间产品、辅助原料(如催化剂)及成品的物理化学性质、火灾爆炸危险程度,生产过程中使用的设备、工艺条件(如温度、压力)、密封种类、安全操作的可靠程度等,综合全面情况进行分析,以便采取相应的防火防爆措施,保证安全生产。

(一)石油化工生产中使用物料的火灾爆炸危险性

石油化工生产中,所用的物料绝大部分都具有火灾爆炸危险性,从防火防爆的角度,这些物质可分为七大类。即

① 爆炸性物质,如硝化甘油等;

② 氧化剂,如过氧化钠、亚硝酸钾等;

③ 可燃气体,如苯蒸气等;

④ 自燃性物质,如黄磷等;

⑤ 遇水燃烧物质,如硫的金属化合物等;

⑥ 易燃与可燃液体,如汽油、丁二烯等;

⑦ 易燃与可燃固体,如硝基化合物等。

(二)生产装置及工艺过程中的火灾爆炸危险性

① 装置中贮存的物料越多,发生火灾时灭火就越困难,损失也就越大。

② 装置的自动化程度越高，安全设施越完善，防止事故的可能性就越高。

③ 工艺程度越复杂，生产中物料经受的物理化学变化越多，危险性就增加。

④ 工艺条件苛刻，高温、高压、低温、负压，也会增加危险性。

⑤ 操作人员技术不熟练，不遵守工艺规程，事故状态时欠镇静、处理不力，也会造成事故。

⑥ 装置设计不符合规范，布局不合理，一旦发生事故，还会波及临近装置。

二、石油化工生产防火防爆措施

（一）火源控制

石油化工生产中，常见的着火源除生产过程本身的燃烧炉火、反应热、电火花等以外，还有维修用火、机械摩擦热、撞击火花、静电放电火花以及违章吸烟等。这些火源是引起易燃易爆物质着火爆炸的常见原因。控制这些火源的使用范围，对于防火防爆是十分重要的。

1. 明火控制

石油化工生产中的明火主要是指生产过程中的加热用火、维修用火及其他火源。

加热易燃液体时，应尽量避免采用明火，而采用蒸气、过热火、中间载热体或电热等。如果必须使用明火，设备应严格密闭，燃烧室应与设备建筑分开或隔离。

在有火灾爆炸危险场所的贮罐和管道内部作业，不得采用普通电灯照明，而应采用防爆电器。

在有火灾爆炸危险的厂房内，应尽量避免焊割作业，进行焊割作业时应严格执行工业用火安全规定。

在积存有可燃气体、蒸气的管沟、深坑、下水道内及其附近，在没有消除危险之前，不能有明火作业。

电焊线破残应及时更换或修理，不能利用其与易燃易爆生产设备有联系的金属件作为电焊接地线，以防止在电器通路不良的地方产生高温或电火花。

对熬炼设备要经常检查,防止烟道窜火和熬锅破漏。盛装物料不要过满,防止溢出。在锅灶设计上可采用"死锅活灶"的方法,以便随时搬出灶火。在生产区熬炼时,应注意熬炼地点的选择。

喷灯是一种轻便的加热工具,主要用于维修方面。在有火灾爆炸危险场所使用喷灯,应按动火管理制度进行并将可燃物清理干净。

烟囱飞火、汽车、拖拉机、柴油机等排气管喷火,都可能引起可燃气体、蒸气燃烧爆炸。为防止烟囱飞火,炉膛内燃烧要充分,烟囱要有足够的高度,周围一定距离内不搭建易燃建筑,不堆放易燃易爆物质。为防止机动车辆排气管喷火引进火灾,可在排气管上安装火星熄灭器。

2. 摩擦与撞击火花的控制

机器中轴承等转动部分的摩擦,铁器的相互撞击或铁器工具打击混凝土地坪等都可能发生火花,当管道或铁制容器裂开物料喷出时也可能因摩擦而起火花。为避免这类火花产生,必须做到以下几点。

① 对轴承及时添油,保持良好润滑,并经常清除附着的可燃污垢。

② 凡是撞击的两部分应采用两种不同的金属制成,例如钢与铜、钢与铝等,撞击的工具用镀青铜或镀铜的钢制成。不能使用特种金属制造的设备,应采用惰性气体保护或真空操作。

③ 为防止金属零件随物料带入设备内发生撞击起火,要在这些设备上安装磁力离析器。不宜使用磁力离析器的,如特别危险的物质(硫、碳化钙等)的破碎,应采用惰性气体保护。

④ 搬运盛装有可燃气体和易燃液体的金属容器时,不要抛掷、拖拉、震动。

⑤ 不准穿带钉子的鞋进入易燃易爆车间,特别危险的厂房内,地面应铺设不发生火花的软质材料。

3. 其他火源的控制

要防止易燃易爆物件与高温的设备、管道表面相接触。可燃物料排放口应远离高温表面,高温表面要有隔热保温措施,不能在高温管道和设备上烘烤衣服及其他可燃物件。

油麻布、油棉纱等易自燃引起火灾,应装入金属桶、箱内,放置在安全地点并及时清理。

吸烟是人们比较广泛的一种嗜好。烟头虽是一个不大的热源,但它能引起许多物质的燃烧。烟头表面温度为 200~300℃,中心温度达 700~800℃,超过一般可燃物的燃点。据在自然通风的条件下试验,烟头扔进深度为 5cm 的锯末中,经过 75~90min 的阴燃,便开始出现火焰;烟头扔进深度为 5~10cm 的刨花中有 75% 的机会,经过 60~100min 开始燃烧;把烟头放在甘蔗板上,60min 后,燃烧面积扩展到直径 15cm 的范围,170min 后,爆发出火焰燃烧,烟头的烟灰在弹落时,有一部分呈不规则的颗粒,带有火星,落在比较干燥疏松的可燃物上,也会引起燃烧。因此,在石油化工厂区内应禁止吸烟,避免因吸烟而造成火灾爆炸事故。

4. 电器火花的控制

为防止因电火花引起火灾爆炸事故,在有爆炸危险的场所,应按规定选用相应的防爆设备(见第六章)。

(二) 火灾爆炸危险物的安全处理

1. 按物质的物理化学性质采取措施

① 尽量通过工艺改进的办法以无危险或危险性小的物质代替有危险或危险性大的物质,从根本上消除火灾爆炸的条件。

② 对于本身具有自燃能力的物质、遇空气能自燃的物质以及遇水能燃烧爆炸的物质等,可采取隔绝空气、充入惰性气体保护、防水防潮或针对不同情况采取通风、散热、降温等措施来防止自燃和爆炸的发生。如黄磷、二硫化碳在水中储存,金属钾、钠在煤油中保存,烷基铝在纯氮中保存等。

③ 互相接触会引起剧烈化学反应,温度升高,燃烧爆炸的物质不能混存,运输时不能混运。

④ 遇酸或碱有分解爆炸燃烧的物质应避免与酸、碱接触;对机械运动(如振动、撞击)比较敏感的物质要轻拿轻放,运输中必须采取减振防振措施。

⑤ 易燃、可燃气体和液体蒸气要根据储存、输送、生产工艺条件等不同情况，采取相适应的耐压容器和密封手段以及保温、降温措施。排污、放空均要有可靠的处理和保护措施，不能任意排入下水或大气中。

⑥ 对不稳定的物质，在储存中应添加稳定剂、阻聚剂等，防止储存中发生氧化、聚合等反应而引起温度、压力升高而发生爆炸。如丁二烯、丙烯腈在贮存中必须加对苯二酚阻聚剂，防止聚合。

⑦ 要根据易燃易爆物质在设备、管道内流动时产生静电的特征，在生产和储运过程中采取相应的静电接地设施。

另外，液体具有流动性，为防止因容器破裂后液体流散或火灾事故时火势蔓延，应在液体贮罐区较集中的地区设置防护堤。

2. 系统密封及负压操作

为防止易燃气体、蒸气和可燃性粉尘与空气构成爆炸性混合物，应使设备密闭，对于在负压下生产的设备，应防止空气吸入。

为保证设备的密闭性，对危险设备及系统应尽量少用法兰连接，但要保证安装检修方便，输送危险气体的管道要用无缝管。应做好气体中水分的分离和保温，防止冬季气体中冷凝水在管道中冻结胀裂管道而泄漏。易燃易爆物质生产装置投产前应严格进行气密性实验。

负压操作可防止系统中的有毒和爆炸性气体向容器外逸散。但也要防止在负压下操作由于系统密闭性差，外界空气通过各种孔隙进入负压系统。

在生产中加压或减压都必须严格控制压力，防止超压，并应按照压力容器的管理规定，定期进行强度耐压试验。系统检修时应注意密闭填料的检查调整或更换，凡是与系统密闭的关键部件都不能忽视检修质量，以防渗漏。

3. 通风置换

通风是防止燃烧爆炸物形成的重要措施之一。在含有易燃易爆及有毒物质的生产厂房内采取通风措施时，通风气体不能循环使用。通风系统的气体吸入口应选择空气新鲜，远离放空管道和散发可燃气体的地方，在有可燃气体的厂房内，排风设备和送风设备应有独立分开的通风机室，如通风机室设在厂房内，应有隔绝措施。排除、输送温度超过80℃的空气或其他气体以及有燃烧爆炸危险的气体、粉尘的通风设备，应用非燃烧材料制成。排除具有燃烧爆炸危险粉尘的排风系统，应采用不发生火花的设备和能消除静电的除尘器。排除与水接触能生成爆炸混合物的粉尘时，不能采用湿式除尘器。通风管道不宜穿越防火墙等防火分隔物，以免发生火灾时，火势通过通风管道蔓延。

4. 惰性介质保护

惰性气体在石油化工生产中对防火防爆起着重要的作用。常用的惰性气体有氮气、二氧化碳、水蒸气等。惰性气体在生产中的应用主要有以下几个方面。

① 易燃固体物质的粉碎、筛选处理及其粉末输送，采用惰性气体覆盖保护。

② 易燃易爆物料系统投料前，为消除原系统内的空气，防止系统内形成爆炸性混合物，采用惰性气体置换。

③ 在有火灾爆炸危险的设备、管道上设置惰性气体接头，可作为发生危险时备用保护措施和灭火手段。

④ 采用氮气压送易燃液体。

⑤ 在有易燃易爆危险的生产场所，对有发生火花危险的电器、仪表等采用充氮正压保护。

⑥ 易燃易爆生产系统需要检修，在拆开设备前或需动火时，用惰性气体进行吹扫和置换，发生危险物料泄漏时用惰性气体稀释，发生火灾时，用惰性气体进行灭火。

使用惰性气体应根据不同的物料系统采用不同的惰性介质和供气装置，不能乱用。因为惰性气体与某些物质可以发生化学反应，如水蒸气可以同许多酸性气体生成酸而放热，二氧化碳可同许多碱性气体物质生成盐而堵塞管道和设备。

还要特别指出的是，许多生产装置在生产中将惰性气体系统与危险物料系统连接在一起，要防止危险物料窜入惰性气体系统造成事故。一般临时用惰性气体的装置应采用随用随接，不用断开的方式。常用惰性气体的装置应该设置超压报警自动切断装置，生产停车时应将惰性气体断开。

（三）工艺参数的安全控制

石油化工生产中，工艺参数主要是指温度、压力、流量、液位及物料配比等。防止超温、超压和物料泄漏是防止火灾爆炸事故发生的根本措施。

1. 温度控制

温度是石油化工生产中主要的控制参数之一。不同的化学反应都有其自己最适宜的反应温度，正确控制反应温度不但对保证产品质量、降低消耗有重要意义，而且也是防火防爆所必须的。温度过高可能会引起剧烈反应而压力突增，造成冲料或爆炸，也可能会引起反应物的分解着火。温度过低，有可能会造成反应速率减慢或停滞，而一旦反应温度恢复正常时，则往往会因为未反应的物料过多而发生剧烈反应引起爆炸；温度过低还会使某些物料冻结，造成管路堵塞或破裂，致使易燃物料泄漏而发生火灾爆炸。

为严格控制温度，应在以下几个方面采取措施。

（1）除去反应热或适当采取加热措施　化学反应一般都伴随着热效应，放出或吸收一定热量。例如，基本有机合成中的各种氧化反应、氯化反应、水合和聚合反应等均是放热反应；而各种裂解反应、脱氢反应、脱水反应等则是吸热反应。为使反应在一定温度下进行，必须向反应系统中加入或移去一定热量，以防因过热而发生危险。

（2）防止换热在反应中突然中断　化学反应中热量平衡是保证反应正常进行所必须的条件。放热反应中的热量采出往往是保证不发生超温超压事故的基础。若在生产工艺控制中不能保证换热系统正常工作，那么就必须有在中断换热的同时中断化学反应的手段。例如，苯与浓硫酸混合进行磺化反应，除有冷却系统以外还需用搅拌器加速热的传导防止局部过热，但是若在反应中搅拌突然停电，物料分层，当搅拌再开动后，反应剧烈，冷却系统来不及移去大量反应热，造成温度升高，尚未反应的苯会受热汽化，造成超压爆炸。为防止换热突然中断可用双路供电、双路供水（指冷却用的传热介质)。

(3) 正确选择传热介质　石油化工生产中常用的热载体有水蒸气、水、矿物油、联苯醚、熔盐、汞和熔融金属、烟道气等。正确选择热载体,对加热过程的安全有十分重要的意义。

应当尽量避免使用与反应物料性质相抵触的物质作为热载体。例如,环氧乙烷很容易与水发生剧烈反应,甚至有极其微量的水渗进液体环氧乙烷中,也容易引起自聚发热而爆炸。这类物质的冷却或加热不能用水和水蒸气,而应该使用液体石蜡等作为传热介质。

(4) 加强保温措施　合理的保温对工艺参数的控制、减少波动、稳定生产都有好处,同时也可防止高温设备与管道对周围易燃易爆物质产生着火爆炸的威胁,在进行保温时最好选用防漏防渗的金属铁皮做外壳,减少外界易燃物质泄漏渗入保温层中积存发生危险。

2. 投料控制

对于放热反应的装置,投料速度不能超过设备的传热能力,否则,物料温度将会急剧升高,引起物料的分解、突沸而产生事故。加料温度如果过低,往往造成物料积累、过量,温度一旦适宜反应便会加剧进行,加之热量不能及时导出,温度及压力都会超过正常指标,造成事故。

反应物料的配比应严格控制,参加反应的物料浓度、流量等要准确分析和计量。对连续化程度较高、危险性较大的生产更应特别注意。如环氧乙烷的生产中,乙烯与氧混合进行反应,其配比临近爆炸范围,尤其在开停车过程中,乙烯和氧的浓度都在发生变化,且开车时催化剂活性较低,容易造成反应器出口氧浓度过高,为保证安全,应设置连锁装置,经常核对循环气的组成,尽量减少开停车次数。

许多聚合物的生产,特别是可燃物质参加反应的生产,常用氧化剂(过氧化剂)做催化剂,若控制不当将剧烈反应产生爆炸。高压聚乙烯反应器的分解爆炸就是因控制配比失调而发生爆炸的居多。能形成爆炸性混合物的生产,其配比应严格控制在爆炸极限范围以外,如果工艺条件允许,可以添加惰性气体进行稀释保护。

在投料过程中，另一个值得注意的问题，就是投料顺序。石油化工生产中的投料顺序是根据物料性质、反应机理等要求而进行的。例如，氯化氢的合成，应先投氢气后投氯；三氯化磷的生产应先投磷后投氯，否则有可能发生爆炸。

在石油化工生产中，许多化学反应由于反应物料中危险杂质的增加会导致副反应、过反应的发生而造成燃烧或爆炸。因此，生产原料、中间产品及成品都应有严格的质量检验，保证其纯度。例如，聚氯乙烯的生产中乙炔与氯化氢反应生成氯乙烯，氯化氢中游离氢一般不允许超过 0.005%，因为氯与乙炔反应会生成四氯乙烷而立即爆炸。

3. 防止跑冒滴漏

石油化工生产中的跑冒滴漏往往导致易燃易爆物质在生产场所的扩散，是发生火灾爆炸事故的重要原因之一。因此在工艺指标控制、设备结构形式等方面应采取相应的措施，操作人员要精心操作，坚持巡回检查，稳定工艺指标，加强设备维护，提高设备完好率。

4. 紧急情况停车处理

在石油化工生产中，当发生突然停电、停水、停汽、可燃物大量泄漏等紧急情况时，生产装置就要停车处理，此时若处理不当，就可能发生事故。

在紧急情况下，整个生产控制中，原料、气源、蒸汽、冷却水等都有一个平衡的问题，这种平衡必须保证生产装置的安全。一旦发生紧急情况，就应有严密的组织，果断的指挥、调度，操作人员正确的判断，熟练的处理，来达到保证生产装置和人员安全的目的。

(1) 停电　为防止因突然停电而发生事故，关键设备一般都应具备双电源连锁自控装置。如因电路发生故障装置全部无电时，要及时汇报和联系，查明停电原因，并要特别注意重点设备的温度、压力变化，保持必要的物料畅通，某些设备的手动搅拌、紧急排空等安全装置都要有专人看管。发现因停电而造成冷却系统停车时，要及时将放热设备中的物料进行妥善处理，避免超温超压事故。

(2) 停水　局部停水可视情况减量或维持生产，如大面积停水则应立即停止生产进料，注意温度压力变化，如超过正常值时，应视情况采取放空降压措施。

（3）停汽　停汽后加热设备温度下降，汽动设备停运，一些在常温下呈固态而在操作温度下为液态的物料，应防止凝结堵塞管道。另外，应及时关闭物料连通的阀门，防止物料倒流至蒸汽系统。

（4）停风　当停风时，所有以气为动力的仪表、阀门都不能动作，此时必须立即改为手动操作。有些充气防爆电器和仪表也处于不安全状态，必须加强厂房内通风换气，以防可燃气体进入电器和仪表内。

（5）可燃物大量泄漏的处理　在生产过程中，当有可燃物大量泄漏时，首先应正确判断泄漏部位，及时报告有关领导和部门，切断泄漏物料来源，在一定区域范围内严格禁止动火及其他火源。操作人员应控制一切工艺变化，工艺控制如果达到了临界温度、临界压力等危险值时，应正确进行停车处理、开动喷水灭火器，将蒸汽冷凝，液态烃回收至事故槽内，并用惰性介质保护。有条件时可采用大量喷水系统在装置周围和内部形成水雾，以达到冷却有机蒸气，防止可燃物泄漏到附近装置中的目的。

（四）自动控制与安全保险装置

1. 自动化系统

自动化系统按其功能可分为四类。

① 自动检测系统，是对机器、设备及过程自动进行连续检测，把工艺参数等变化情况提示或记录出来的自动化系统。

② 自动调节系统，是通过自动装置的作用，使工艺参数保持为给定值的自动化系统。

③ 自动操作系统，是对机器、设备及过程的启动、停止及交换、接通等工序，由自动装置进行操纵的自动化系统。

④ 自动讯号连锁和保护系统，是在机器、设备及过程出现不正常情况时，会发出报警或自动采取措施，以防事故，保证安全生产的自动化系统。

以上四种系统都能起到控制作用。自动检测和自动操作系统主要是使用仪表和操纵机构，调节则还需人工判断操作，通常称为"仪表控制"。自动调节系统，则不仅包括检测和操作，还包括通过参数与给定值的比较和运算发出的调节作用，因此也称为"自动控制"。

2. 安全保险装置

（1）信号报警　在石油化工生产过程中，可安装信号报警装置，当出现危险情况时，警告操作人员及时采取措施消除隐患。发出的信号有声音、光或颜色等，它们通常都和测量仪表相联系。例如，在硝化过程中，硝化器内的冷却水如漏进硝化系统则会造成温度升高，引起硝基化合物的分解爆炸。为了及时发现冷却水管在硝化器内的渗漏现象，在冷却水排出管上装有带铃的导电性测量仪，若设备出现渗漏，水中酸性增加，导电性提高，铃响报警。

（2）保险装置　讯号装置只能提醒人们注意事故正在形成和即将发生，但不能自动排除故障，而保险装置则能在发生危险时自动消除危险状态，达到安全目的。例如，氨氧化反应是在氨和空气混合爆炸边缘进行的，在反应过程中，若空气的压力过低或氨的压力过低，都可能使混合气体中氨的浓度提高而达到爆炸下限，若装有保险装置，则在此时可使电流切断，系统中只允许空气流过，氨气中断。因此可防止爆炸事故的发生。又如，气体燃烧炉在燃料气压力降低时，火焰熄灭。气体扩散进入燃烧炉时，再重新点火就可能发生爆炸。为防止这类事故，可在输气管上安装保险装置。当炉膛熄火时切断气源。

（3）安全连锁　所谓连锁是利用机械或电气控制依次接通各个相关的仪器及设备，使之彼此发生联系，达到安全生产的目的。在石油化工生产中，连锁装置常被用于下列情况。

① 同时或依次排放两种液体或气体时；

② 在反应终止需要惰性气体保护时；

③ 打开设备前预先解除压力或需降温时；

④ 多个设备、部件的操作先后顺序不能随意变动时；

⑤ 当工艺控制参数超出极限值必须立即处理时；

⑥ 危险部位或区域禁止无关人员入内时。

例如,硫酸与水混合的操作中,必须先往设备中注入水后再注入硫酸,否则将会发生喷溅和灼伤事故,为此可将注水阀和注硫酸阀连锁,防止疏忽而颠倒顺序。

(五) 限制火灾爆炸的扩散蔓延

在考虑限制火灾爆炸扩散蔓延的措施中,不仅要研究物料的燃烧爆炸性质、设备装置情况、工艺操作条件等,而且要注意生产过程中由于工艺参数的变化所带来的新问题。因为各种情况的发生,将会给阻火和灭火的效果带来新的困难,所以限制火灾爆炸扩散蔓延的措施应该是整个工艺装置的重要组成部分。

在石油化工生产中,某些设备与装置由于危险性较大,应采用分区隔离、露天布置和远距离操纵等措施。另外,在一些具体的过程中,应安装安全阻火装置。

阻火设备包括安全液封、阻火器和单向阀等。其作用是防止外部火焰窜入有爆炸危险的设备、管道,或阻止火焰在设备和管道内扩展。

1. 安全液封

一般安装在压力低于 $0.2atm$(表压,$1atm=101325Pa$)的气体管线与生产设备之间,常用的安全液封有敞开式和封闭式两种。

液封的基本原理是,液封封在气体进出口之间,进出口任何一侧着火,都在液封中被熄灭。

2. 水封井

是安全液封的一种,使用在散发可燃气体和易燃液体蒸气等油污的污水管网上,可防止燃烧、爆炸沿污水管网蔓延扩展,水封井的水封液柱高度,不宜小于 $250mm$。

3. 阻火器

在易燃易爆物料生产设备与输送管道之间,或易燃液体、可燃气体容器、管道的排气管上,多采用阻火器阻火。阻火器有金属网、砾石、波纹金属片等形式。

4. 单向阀

亦称止逆阀、止回阀。生产中常用于只允许流体在一定的方向流动,阻止在流体压力下降时返回生产流程。如向易燃易爆物质生产的设备内通入氮气置换，置换作业中氮气管网故障压力下降，在氮气管道通入设备前设一单向阀，即可防止物料倒入氮气管网。单向阀的用途很广，液化石油气钢瓶上的减压阀就是起着单向阀作用的。

装置中的辅助管线（水、蒸汽、空气、氮气等）与可燃气体、液体设备、管道连接的生产系统，均可采用单向阀来防止发生窜料危险。

5. 阻火闸门

这是为防止火焰沿通风管道或生产管道蔓延而设置的。跌落式自动阻火闸门在正常情况下，受易熔金属元件的控制而处于开启状态，一旦温度升高（火焰），易熔金属被熔断，闸门靠本身重力作用自动跌落关闭管道。

6. 火星熄灭器

也叫防火帽，一般安装在产生火花（星）设备的排空系统上，以防飞出的火星引燃周围的易燃物料。

火星熄灭器的种类很多，结构各不相同，大致可分为以下几种形式。

降压减速：使带有火星的烟气由小容积进入大容积，造成压力降低，气流减慢。

改变方向：设置障碍改变气流方向，使火星沉降，如旋风分离器。

网孔过滤：设置网格、叶轮等，将较大的火星挡住或将火星分散开，以加速火星的熄灭。

冷却：用喷水或蒸汽熄灭火星，如锅炉烟囱（使用鼓风机送风的烟囱）常用。

7. 防爆泄压设施

防爆泄压设施包括采用安全阀、爆破片、防爆门和放空管等。安全阀主要用于防止物理性爆炸，爆破片主要用于防止化学性爆炸；防爆门和防爆球阀主要用于加热炉上；放空管用来紧急排泄有超温、超压、爆聚和分解爆炸的物料。有的化学反应设备除设置紧急放空管（包括火炬）外还宜设置安全阀、爆破片或事故贮槽，有时只设置其中一种。

8. 消防设施和器材

石油化工生产中,除采用上述七种措施来防止火灾蔓延以外,还应根据各工艺装置危险程度的大小,在现场设置水、水蒸气、氮气等惰性气体的固定或半固定灭火设施,配备一定数量的各种手提式灭火机和其他简易灭火器材。

(六) **安全设计**

安全生产,首先应当强调防患于未然,把预防放在第一位,石油化工生产装置在开始设计时,就要重点考虑安全,其防火防爆设计应遵守现行国家有关标准、规范和规定。

1. 火灾危险性分类

设计中应采取的防火防爆措施,主要是根据生产的火灾危险性而制订的。生产的火灾危险性分为五类,见表 3-8。

2. 防火间距

防火间距一般是指两座建筑物和构筑物之间留出来的水平距离。在此距离之间,不得再搭建任何建筑物和堆放大量可燃易爆材料,不得设置任何有可燃物料的装置和设施。确定防火间距的目的,就是为了防止火灾扩散蔓延。

防火间距的计算方法,一般是从两座建筑物或构筑物的外墙(壁)最突出的部分算起;计算与铁路的防火间距时,是从铁路中心线算起;计算与道路的防火间距时,是从道路的邻近一边的路边算起。

石油化工厂总平面布置的防火间距,应符合《石油化工企业设计防火规范》(GB 50160—92,99 版) 的规定。

3. 厂址选择与总平面布置

(1) 正确选择厂址 正确选择厂址是保障化工生产安全的重要前提。选择厂址的基本安全要求如下。

有良好的工程地质条件。厂址不应设置在有滑坡、断层、泥石流、严重流沙、淤泥溶洞、地下水位过高以及地基土承载力低于 $1kg/cm^2$ 的地域。

在沿河、海岸布置时,应位于临江河、城镇和重要桥梁、港区、船厂、水源地等重要建筑物的下游。

避开爆破危险区，采矿崩落区及有洪水威胁的地域；在位于坝址下游方向时，不应设在当水坝发生意外事故时，有受水冲毁危险的地段。

有良好的卫生气象条件，避开窝风积雪的地段及饮用水源区，并考虑季节风向、台风强度、雷击及地震的影响和危害。

厂址布置应在火源的下风侧，毒性及可燃物质的上风侧。

要便于合理配置供水、排水、供电、运输系统及其他公用设施。

（2）工厂总平面布置　石油化工厂的总平面布置，宜根据工厂各组成部分的火灾危险性类别、生产特点及生产流程，将全厂的工艺生产装置、贮罐及其他建筑物、构筑物分区集中布置，做到安全合理。

（3）厂区道路　工厂主要出入口不应少于两个，且应设于不同的方位。厂区道路应尽量做环状布置，对火灾危险性大的工艺生产装置，贮罐区及桶装易燃、可燃液体堆场，在其四周应设道路。

（4）厂内铁路　易燃及可燃液体和液化石油气及危险品的铁路装卸线应为平直段。甲、乙类生产区域内不宜设有铁路线。

（5）厂内外管线　全厂性外管线宜集中架设，其平面布置与竖向布置均应有利于消防和方便交通，全厂性的输送易燃、可燃液体和液化石油气与可燃气体的管道，宜采用地上敷设，且不得在无生产联系的生产单元及贮罐区上方和地下穿越。临近散发可燃气体、可燃蒸气的工艺生产装置的电缆沟，易燃、可燃液体或气体管廊下面的电缆沟，均应采取防火措施。

4. 工艺装置

在石油化工生产中，工艺装置设计应符合下列安全要求。

① 从保障整个生产系统的安全出发，全面分析原料、成品、加工过程、设备装置等各种危险因素，以确定安全的工艺路线，选用可靠的设备装置，并设置有效的安全装置及设施。

② 能有效地控制和防止火灾爆炸的发生。在防火设计方面应分析研究生产中存在的可燃物、助燃物和点火源的情况和可能形成

的火灾危险，采用相应的防火、灭火措施；在防爆设计方面，应分析研究可能形成爆炸性混合物的条件、起爆因素及爆炸传播的条件，并采取相应的措施，以控制和消除形成爆炸的条件以及阻止爆炸波冲击。

③ 有效地控制化学反应中的超温、超压和爆聚等不正常情况，在设计中应预先分析反应过程中各种动态、特性，并采取相应的控制设施。

④ 对使用物料的毒害性进行全面分析，并采取有效的密闭、隔离、遥控及通风排毒等措施，以预防工业中毒和职业病的发生。

⑤ 对于有潜在危险，可能使大量设备和装置遭受毁坏或有可能泄放出大量有毒物料而造成多人中毒的工艺流程和生产装置，必须采取可靠的安全防护系统，以消除与防止这些特殊危险因素。

第四节 化工火灾扑救常识

一、灭火基本方法

可燃物、助燃物、着火源三者同时具备，并达到一定条件时，才会发生燃烧。因此一旦起火，设法破坏上述三个条件中的任何一个条件，火就可以熄灭。基本的灭火法有隔离法、冷却法、窒息法和化学反应中断法。

运用不同的灭火方法扑救火灾，有时是通过使用不同的灭火剂来实现的。灭火剂是能够有效地破坏燃烧条件，终止燃烧的物质。不同类型的火灾应选用不同的灭火剂，因此，不仅要掌握各种灭火方法，而且还要了解各种灭火剂的性质、灭火原理及其适用范围。

1. 隔离法

隔离法就是将火源与火源附近的可燃物隔开，中断可燃物质的供给，使火势不能蔓延。这样，少量的可燃物燃烧后，或同时使用其他灭火方法，使火焰很快熄灭。用隔离法灭火的具体措施如下：

① 用妥善的方法迅速移去火源附近的可燃、易燃、易爆、助燃等物品；

② 封闭建筑物上的孔洞，改变或堵塞火灾蔓延途径；

③ 关闭可燃气体、液体管道的阀门,减少或切断可燃物进入燃烧区域;

④ 围堵、阻拦燃烧着的液体流淌,如大型油罐周围的防火堤,就是用以围堵油品流淌的预防措施;

⑤ 在火势严重的情况下,及时拆除与火源毗连的易燃建筑物。

但在采取措施时,都必须有领导有组织地进行,以免在转移或拆除时发生工伤事故或造成不必要的损失。

2. 冷却法

冷却法就是用水等灭火剂喷射到燃烧着的物质上以降低它的温度。当温度下降到该物质的燃点以下时火就熄灭。此外,用水喷洒在火源附近的可燃物上,使它不至于受火焰辐射热影响而扩大火势。例如,用喷射水流喷在贮存可燃液体或气体的槽、罐上,以降低其温度,防止发生燃烧或变形爆裂引起火灾扩大。

用于冷却的主要灭火剂是水、二氧化碳,泡沫灭火剂也有一定的冷却作用。

3. 窒息法

窒息法就是用不燃(或难燃)的物质覆盖、包围燃烧物,阻碍空气(或其他氧化剂)与燃烧物质接触,使燃烧因缺少助燃物质而停止。

用窒息法灭火的具体措施是:用不燃或难燃的物质,如黄沙、干土、石粉、石棉布、毯、湿麻袋等直接覆盖在燃烧物的表面上,以隔绝空气,使燃烧停止;将不燃性气体或水蒸气灌入燃烧着的容器内,稀释空气中的氧,使燃烧停止;封闭正在燃烧的建筑物、容器或船舱的孔洞,使内部氧气在燃烧中消耗后,得不到新鲜空气的补充而熄灭。

在敞开的情况下,隔绝空气主要是使用各种灭火剂。用于窒息的主要灭火剂有泡沫、二氧化碳、水蒸气等。

(1) 泡沫 凡能与水混溶,并可通过化学反应或机械方法产生灭火泡沫的灭火剂,称为泡沫灭火剂。泡沫灭火剂主要用于扑救非水溶性可燃、易燃液体及一般固体火灾;特殊的泡沫灭火剂(如抗溶性泡沫)还可用于扑救水溶性可燃、易燃液体火灾。通常使用的灭火泡沫的发泡倍数为 2～1000，相对密度为 0.001～0.5。由于它的相对密度远远小于一般可燃、易燃液体的相对密度，因而可以漂浮于液体的表面，在燃烧物表面形成泡沫覆盖层，使燃烧物表面与空气隔绝。同时，泡沫层封闭了燃烧物表面，可以遮断火焰的热辐射，阻止燃烧本身和附近可燃物质的蒸发。此外，泡沫吸热蒸发生产水蒸气，因而有冷却燃烧物和降低燃烧物附近空气中氧浓度的作用。

泡沫灭火剂可以分为化学泡沫灭火剂和空气泡沫灭火剂两大类。化学泡沫是通过两种药剂的水溶液发生化学反应产生的，泡沫中所含的气体为二氧化碳。空气泡沫是通过空气泡沫灭火剂与空气在泡沫发生器中进行机械混合搅拌而生成的，空气泡沫中所包含的气体一般为空气。空气泡沫灭火剂有蛋白泡沫灭火剂、水成膜泡沫灭火剂、抗溶性泡沫灭火剂和高倍数泡沫灭火剂等。

（2）二氧化碳　二氧化碳的化学分子式为 CO_2，相对密度 1.529，比空气重，不可燃也不助燃。灭火用的二氧化碳压缩成液体灌装在钢瓶内，称为二氧化碳灭火器。当打开二氧化碳灭火器瓶阀时，由于二氧化碳汽化时有吸热作用，使液体本身温度急剧下降，当温度下降到 $-78.5℃$ 时，就有细小的雪花状二氧化碳固体（又称干冰）出现。因此，从灭火器内喷射出来的是温度很低的气态和固态二氧化碳，能冷却燃烧物和冲淡燃烧区空气中的含氧量。当燃烧区域空气中氧含量低于 12% 或二氧化碳的浓度达到 30%～35% 时，绝大多数可燃物的燃烧都会熄灭。

二氧化碳不导电，逸散快，不留痕迹，对设备、仪器和一般物质不污损，适用于扑救电器、精密仪器等价值高的生产设备以及档案馆等发生的火灾。

（3）水蒸气　水蒸气的灭火作用主要是降低燃烧区域的含氧量。当空气中水蒸气的含量达到 35% 以上时，就能使燃烧停止。水蒸气对于扑救易燃液体、可燃气体和可燃固体的火灾都有效，但用于敞开场所时效果较差。化工厂一般都有蒸汽锅炉，水蒸气的来源较为方便。因此，常用于一些贮罐、塔釜设备的固定灭火设置。

在有条件的工厂、氮气、烟道气（主要成分是二氧化碳和氮气）等也常用于窒息法灭火。但使用烟道气时，必须先经火花捕集器消除火花，然后才能应用。

4. 化学反应中断法

化学反应中断法又称抑制法，它是将抑制剂掺入燃烧区域，以抑制燃烧连锁反应，从而使燃烧中断而灭火。用于化学反应中断法的灭火剂有干粉等。

干粉灭火剂所用干粉是扑救石油化工等火灾的新型灭火剂。它由灭火基料和防潮剂、流动促进剂、结块防止剂等添加剂组成，常用的灭火基料有碳酸氢钠（俗称小苏打）、碳酸氢钾、磷酸盐等。

干粉灭火剂平时贮存于干粉灭火器或干粉灭火设备中，灭火时用干燥的二氧化碳或氮气作动力，将干粉从容器中喷射出去，形成一股夹着加压气体的雾状粉流，射向燃烧区将火焰扑灭。

干粉灭火剂主要用于扑灭天然气和液化石油气等可燃气体、可燃和易燃液体以及一般带电设备发生的火灾。

二、常用灭火器

灭火器是用于扑灭初起火灾的轻便灭火工具。

1. 酸碱灭火器

酸碱灭火器目前只有 MS 型手提式一种。使用时将筒身颠倒，瓶胆内的浓硫酸与筒内装的碳酸氢钠水溶液混合，生成大量的二氧化碳气体而产生压力，使筒内中和了的水溶液从喷嘴向外喷出。其主要的灭火作用是冷却燃烧物、降低温度以扑灭火焰。

酸碱灭火器提往灭火地点时，必须保持器身垂直平稳，不能将灭火器扛在肩上或夹在腋下，以免在途中筒内药液混合后喷出，丧失灭火效能。到达火场时，一手握住提环，一手握筒的底边，然后颠倒筒身，上下摇晃几次，灭火剂即可喷出。倒转时不能将灭火器的底部和顶盖对着人体，以防发生意外事故。

如果喷嘴堵塞，灭火剂不能喷出，就将器身平放在地上，用铁丝疏通喷嘴，注意筒底和顶盖不能朝向有人的方向，并且不可打开器盖，否则器盖顶弹出可能伤人。

酸碱灭火器适用于扑救竹、木、棉、毛、草、纸等一般可燃物质的初起火灾。但不宜用于油类、忌水、忌酸物质和电气设备的火灾。

2. 泡沫灭火器

泡沫灭火器有 MP 型手提式、MPZ 型手提舟车式和 MPT 型推车式三种。

MP 型手提式泡沫灭火器的构造、外形与 MS 型酸碱灭火器基本相同,其不同处就是瓶胆比较长。瓶胆内装硫酸铝水溶液,筒内装碳酸氢钠与泡沫稳定剂的混合液。当筒身颠倒时,两种药剂混合后产生二氧化碳,将浓泡沫从喷嘴中喷出。其使用方法和注意事项与酸碱灭火器大致相同。灭火时,泡沫流淌在燃烧物表面上,盖住表面,隔绝空气,停止燃烧。

MPZ 型与 MP 型相同,只是在筒盖上装在瓶盖机构,以防止车辆或船舶行驶时震动和颠簸而渗出药液,在使用时必须先将瓶盖机构向上扳起,中轴即向上弹出,开启瓶口,然后颠倒筒身,酸、碱两种溶液混合,生成泡沫,从喷嘴喷出。使用时注意事项与 MP 相同。

MPT 型推车式泡沫灭火器,是用旋转手轮通过丝杆连接胆塞,将瓶口封闭,以防两种药液混合。使用时为两人操作,一人施放皮管,双手握住喷枪,对准燃烧物;另一人按逆时针方向旋动手轮,开启胆塞,然后将筒身倒转,使拖杆触地,再将旋塞阀手柄扳直,使泡沫喷出。喷射时间为 3 分钟左右,一次用不完不能再关闭。用完后要等 15 分钟后才可打开盖子,以防余气喷出发生事故。

泡沫灭火器适用于扑救油脂类、石油产品及一般固体物质的初起火灾。

3. 二氧化碳灭火器

二氧化碳灭火器有 MT 型手轮式和 MTZ 型鸭嘴式两种。

MT 型手轮式二氧化碳灭火器由筒身(钢瓶)、启闭阀和喷筒组成,使用时先将铅封去掉,手提提把,翘起喷筒,再将手轮按逆时针方向旋转开启,高压气体即自行喷出。灭火时,人要站在上风向,手要握住喷筒木柄,以免冻伤。

MTZ 型鸭嘴式二氧化碳灭火器使用时应先拔去保险插销,一手持喷筒把手并紧压压把,气体即自行喷出,不用时将手放松即行关闭。其他与 MT 型相同。

二氧化碳灭火器主要适用于扑救贵重设备、档案资料、仪器仪表、600 伏以下的电气设备及油脂等火灾。

4. 干粉灭火器

干粉灭火器有 MT 型手提式，MFT 型推车式和 MFP 型背负式三种。

MT 型手提式干粉灭火器筒身外部悬挂充有高压二氧化碳的钢瓶，钢瓶与筒身由器头上的螺母进行连接，在器头中有一穿针，当打开保险销、拉动拉环时，穿针即刺穿钢瓶口的密封膜，使钢瓶内高压二氧化碳气体沿进气管进入筒内。筒内装有干粉，并有一出粉管，在出粉管下端安装一防潮堵。干粉利用二氧化碳气体的压力沿出粉管经喷管喷出。

MFT 型推车式干粉灭火器按照二氧化碳钢瓶安装位置不同，可分为内装式和外装式两种。它主要由喷枪、二氧化碳钢瓶、干粉贮罐车架、压力表和安全阀等六部分组成。MFT 型干粉灭火器由于结构不同，使用方法也各有差异。

背负式喷粉灭火器是为了方便消防员使用而设计制造的，其特点是结构简单、操作携带方便，可背负上楼或登高。

使用时一定要握紧喷嘴时拉动二氧化碳钢瓶上的拉环，防止皮管喷嘴因强大气流压力作用而乱晃伤人。用干粉灭火时，相距火源约 2~3m，并使粉雾覆盖燃烧面，效果较为显著。在扑救油类火灾时，干粉气流不要直接冲击油面，以免油液激溅引起火灾蔓延。

干粉灭火器适用于扑救石油类产品、可燃气体和电器设备的初起火灾。

5. 小型灭火器的设置和维护

化工企业设置小型灭火器的种类和数量应根据场所的火灾危险性、物质的性质、可燃物数量、占地面积以及固定灭火设施对扑救初起火灾的可能性等因素综合考虑决定。

灭火器要分别布置在明显的和便于取用的地方。干粉灭火器还要求布置在干燥通风的地方，防止受潮和日晒；平时要妥善保管好，不要随便动用；灭火器喷嘴要防止堵塞；冬季要做好保暖工作，防止灭火器被冻结；灭火器内药剂要有专人检查和调换，以使灭火器始终处于良好状态。

6. 固定、自动灭火装置

在化工企业中除了设置一定数量的灭火器以扑灭初起火灾之外，在易燃车间、生产装置、仓库、贮罐等处还应根据规模和危险程度设置固定灭火装置。常用的固定灭火装置有自动喷水灭火、水蒸气或惰性气体灭火、泡沫灭火和干粉灭火装置等。因此，对车间、部门设置的固定灭火装置也应了解其结构、性能和使用要点，以便及时有效地扑救火灾。

三、火灾扑救须知

1. 扑救火灾的一般原则

a. 报警早，损失小；b. 边报警，边扑救；

c. 先控制，后灭火；d. 先救人，后救物；

e. 防中毒，防窒息；f. 听指挥，莫惊慌。

总之要按照积极抢救生命、及时控制火势、迅速扑灭火灾的基本要求，及时、正确、有效地扑救火灾。

2. 化学危险物品火灾扑救

扑救化学危险物品火灾，如果灭火方法不恰当，就有可能使火灾扩大，甚至导致爆炸、中毒事故发生。所以必须注意运用正确的灭火方法。

（1）易燃和可燃液体火灾扑救 液体火灾特别是易燃液体火灾发展迅速而猛烈，有时甚至会发生爆炸。这类物品发生火灾主要根据它们的密度大小、能否溶于水和哪一种方法对灭火有利来确定。

一般来说，对比水轻又不溶于水的有机化合物如乙醚、苯、汽油等的火灾，可用泡沫或干粉扑救。初起火时，燃烧面积不大或燃烧物不多时，也可用二氧化碳灭火器扑救。但不能用水扑救，因为当用水扑救时因液体比水轻，会浮在水面上随水流淌而扩大火灾。

能溶于水或部分溶于水的液体，如甲醇、乙醇、醋酸乙酯等发生火灾时应用雾状水或抗溶性泡沫、干粉等灭火器扑救。当初起火或燃烧物不多时，也可用二氧化碳扑救。如使用化学泡沫灭火，泡沫强度必须比扑救的不溶于水的易燃液体大 3~5 倍。

不溶于水、密度大于水的液体着火时，可用水扑救，但覆盖在液体表面的水层必须有一定厚度，方能压住火焰。

敞口容器内易燃可燃液体着火，不能用砂土扑救。因为砂土非但不能覆盖液体表面，反而会沉积于容器底部，造成液面上升以致溢出，使火灾蔓延扩展。

(2) 易燃固体火灾扑救　易燃固体发生火灾时，一般都能用水、砂土、石棉毯及泡沫、二氧化碳、干粉等灭火器扑救。但粉状固体如铝粉、镁粉、闪光粉等不能直接用水、二氧化碳扑救，以避免粉尘被冲散在空气中形成爆炸性混合物而发生爆炸。如果用水扑救，则必须先用砂土、石棉毯覆盖后才能进行。

磷的化合物、硝基化合物和硫磺等易燃固体着火、燃烧时产生有毒和刺激性气体，扑救时人要站在上风向，以防中毒。

(3) 遇水燃烧物品和自燃物品火灾扑救　遇火燃烧物品如金属钠等的共同特点是遇水后能发生剧烈的化学反应，放出可燃性气体而引起燃烧或爆炸。遇水燃烧物品火灾应用砂土、干粉等扑救，灭火时严禁用水、酸碱灭火器和泡沫灭火器。遇水燃烧物如锂、钠、钾等由于化学性质十分活泼，能夺取二氧化碳中的氧而起化学反应使燃烧更猛烈，所以也不能用二氧化碳扑救。在扑救磷化物、保险粉等的燃烧时能放出大量有毒气体的物品时，人应站在上风向。

自燃物品起火时，除三乙基铝铁熔剂不能用水扑救外，一般可用大量的水进行灭火，也可用砂土、二氧化碳和干粉灭火器灭火。由于三乙基铝遇水产生乙烷，铝铁熔剂燃烧时温度极高，能使水分解产生氢气，所以不能用水灭火。

(4) 氧化剂火灾扑救　大部分氧化剂火灾都能用水扑救，但对过氧化物和不溶于水的液体有机氧化剂，应用砂土或二氧化碳、干粉灭火器扑救，不能用水和泡沫扑救。这是因为过氧化物遇水反应能放出氧，加速燃烧，不溶于水的液体有机氧化剂一般密度都小于$1g/cm^3$，如用水扑救时，会浮在水上面流淌而扩大火灾。粉状氧化剂火灾应用雾状水扑救。

(5) 毒害物品和腐蚀性物品火灾扑救　一般毒害物品着火时，可用水及其他灭火器灭火，但毒害物品中氰化物、硒化物、磷化物着火时，如遇酸能产生剧毒或易燃气体。所以氰化氢、磷化氢、硒化氢等着火时就不能用酸碱灭火器扑救，只能用雾状水或二氧化碳等灭火。

腐蚀性物品着火时，可用雾状水、干砂土、泡沫、干粉等扑救。硫酸、硝酸等酸类腐蚀品不能用加压密集水流扑救，因为密集水流会使酸液发热甚至沸腾，四处飞溅而伤害扑救人员。

当用水扑救化学危险物品，特别是扑救毒害物品和腐蚀性物品火灾时，还应注意节约水量和水的流向，同时注意尽可能使灭火后的污水流入污水管道。因为有毒或有腐蚀性的灭火污水四处溢流会污染环境，甚至污染水源。同时，减少水量还可减少物资的水迹损失。

3. 电气火灾扑救

电气设备发生火灾时，为了防止触电事故，一般都在切断电源后才进行扑救。

（1）断电灭火 切断电源时除要防止触电和电弧灼伤外，还应注意以下几点：

① 切断电源的位置要选择适当，防止切断电源后影响扑救工作进行；

② 切断电源应采用尽快拉脱开关，在拉脱闸刀（隔离开关）时要防止带负荷拉闸刀，并应用绝缘操作棒或戴绝缘橡胶手套操作；

③ 剪断低压线路电源时，应使用绝缘胶柄钳等绝缘工具；相线和零线应在不同部位剪断，防止发生线路短路；剪断电源的位置应在电源方向有支持物的附近，防止导线剪断后跌落在地上造成接地短路或触电危险。

（2）带电灭火 有时在危急的情况下，如等待切断电源后再进行扑救，就有使火势蔓延扩大的危险，或者断电后会严重影响生产。这时为了取得扑救的主动权，扑救就需要在带电的情况下进行。带电灭火时就应注意以下几点。

① 必须在确保安全的前提下进行，应用不导电的灭火剂如二氧化碳、干粉等进行灭火。不能直接用导电的灭火剂如直射水流、

泡沫等进行喷射，否则会造成触电事故。

② 使用小型二氧化碳、干粉灭火器灭火时，由于其射程较近，要注意保持一定的安全距离。

③ 在灭火人员穿戴绝缘手套和绝缘靴、水枪喷嘴安装接地线情况下，可以采用喷雾水灭火。

④ 如遇带电导线落于地面，要防止跨步电压触电，扑救人员在进行灭火时必须穿上绝缘鞋。

此外，对有油的电气设备如变压器、油开关着火时，也可用干燥的黄沙盖住火焰，使火熄灭。

复习思考题

1. 燃烧需要具备哪几方面条件？
2. 闪燃与闪点的区别？
3. 什么是爆炸极限？
4. 灭火有哪些基本方法？

第六章　电气安全技术

第一节　预防人身触电

电力是生产和人民生活必不可少的能源，由于电力生产和使用的特殊性，在生产和使用过程中，如果不注意安全，就会造成人身伤亡事故和给国家财产带来巨大损失，特别是石油化工生产的连续性以及石油化工生产接触的物质多为易燃、易爆、腐蚀严重和有毒的物质。因此，提高对安全用电的认识和安全用电技术的水平，落实保证安全工作的技术措施和组织措施，防止各种电气设备事故和人身触电事故的发生就显得非常重要。

一、人身触电的原因

人身触电的原因主要有以下几点。

① 没有遵守安全操作规程，人体直接接触或过于靠近电气设备的带电部分。

② 电气设备安装不符合规程的要求，带电体的对地距离不够。

③ 人体触及到因绝缘损坏而带电的电气设备外壳和与之相连接的金属构架。

④ 靠近电气设备的绝缘损坏处或其他带电部分的接地短路处，遭到较高电位所引起的伤害。

⑤ 对电气常识不懂或一知半解，乱拉电线、电灯、乱动电气用具造成触电。

二、人身触电的危害

（一）电流对人体的危害

电流对人体的危害与通过人体的电流强度、持续时间、电压、频率、人体电阻、通过人体的途径以及人体的健康状况等因素相关,而且各种因素之间有着十分密切的联系。

当电流流经人体时,会产生不同程度的刺痛和麻木,并伴随不自觉的肌肉和皮肤收缩。胸肌、膈肌和声门肌的强烈收缩会阻碍呼吸,而使触电者死亡。电流通过中枢神经系统的呼吸控制中心可使呼吸停止。电流通过心脏造成心脏功能紊乱,即室性纤颤,会使触电者因大脑缺氧而迅速死亡。

1. 电流强度对人体的影响

所谓电流强度即单位时间内通过导体横截面的电量,单位为安培,符号为 A。每秒钟通过 1 库仑(C)的电量叫 1 安培(A),1A 等于 1000mA。

通过人体的电流越大,人体的生理反应越明显,感觉越强烈,从而引起心室颤动所需的时间越短,致命的危险就越大。

不同电流强度对人体的影响见表 6-1。

表 6-1 不同电流强度对人体的影响

电流强度/mA	对人体的影响	
	交流电(50Hz)	直流电
0.6~1.5	开始感觉,手指麻刺	无感觉
2~3	手指强烈麻刺、颤抖	无感觉
5~7	手部痉挛	热感
8~10	手部剧痛,勉强可以摆脱电源	热感增多
20~25	手迅速麻痹,不能自立,呼吸困难	手部轻微痉挛
50~80	呼吸麻痹,心室开始颤动	手部痉挛呼吸困难
90~100	呼吸麻痹,心室经 3s 及以上颤动即发生麻痹,停止跳动	呼吸麻痹

根据电流通过人体所引起的感觉和反应不同可将电流分为以下几种。

(1) 感知电流 引起人感觉的最小电流称为感知电流。实验资料表明,对于不同的人,感知电流也不相同,成年男性平均感知电流约为 1.1mA;成年女性约为 0.7mA。

(2) 摆脱电流 人触电以后能自主摆脱电源的最大电流称为摆脱电流。实验资料表明,对于不同的人,摆脱电流也不相同:成年男性的平均摆脱电流约为 16mA;成年女性平均摆脱电流约为

10.5mA。成年男性最小摆脱电流约为 9mA；成年女性的最小摆脱电流约为 6mA。最小摆脱电流是按 99.5% 的概率考虑的。

(3) 致命电流　在较短时间内危及生命的最小电流称为致命电流。在电流不超过数百毫安的情况下，电击致死的主要原因是电流引起的心室颤动或窒息造成的。因此，可以认为引起心室颤动的电流即为致命电流。

2. 电流通过人体的持续时间对人体的影响

随着电流通过人体时间的延长，由于人体发热出汗和电流对人体的电解作用，使人体电阻逐渐降低，在电源电压一定的情况下，会使电流增大，对人体组织的破坏更加厉害，后果更为严重。另一方面，人的心脏每收缩扩张一次，中间约有 0.1s 的间隙，在这 0.1s 过程中，心脏对电流最敏感，若电流在这一瞬间通过心脏，即使电流很小（只有几十毫安），也会引起心脏颤动。因此，通电时间越长，重合这段时间的可能性越大，危险性就越大。

3. 作用于人体的电压对人体的影响

当人体电阻一定时，作用于人体的电压越高，则通过人体的电流越大。实际上，通过人体的电流强度，并不与作用在人体的电压成正比。这是因为随着人体电压的升高，人体电阻急剧下降，致使电流迅速增加，而对人体的危害更为严重。

当 220~1000V 工频电压（50Hz）作用于人体时，通过人体的电流可同时影响心脏和呼吸中枢，引起呼吸中枢麻痹，使呼吸和心脏跳动停止。更高的电压还可能引起心肌纤维透明性变，甚至引起心肌纤维断裂和凝固性变。

4. 电源频率对人体的影响

常用的 50~60Hz 工频交流电对人体的伤害更为严重，频率偏离工频越远，交流电对人体伤害越轻。在直流和高频情况下，人体可以耐受更大的电流值，但高压高频电流对人体依然是十分危险的，各种电源频率下的死亡率如表 6-2 所示。

表 6-2　各种电源频率下的死亡率

频率/Hz	10	25	50	60	80	100	120	200	500	1000
死亡/%	21	70	95	91	43	34	31	22	14	11

5. 人体电阻的影响

人体触电时，流过人体的电流（当接触电压一定时）由人体的电阻值决定。人体电阻越小，流过人体的电流越大，也就越危险。

人体电阻主要包括人体内部电阻和皮肤电阻，而人体内部电阻是固定不变的，并与接触电压和外界条件无关，约为 500Ω 左右。皮肤电阻一般指手和脚的表面电阻，它随皮肤表面干湿程度及接触电压而变化。

不同类型的人，皮肤电阻差异很大，因而使人体电阻差别很大。一般认为，人体电阻在 1000～2000Ω 之间。

影响人体电阻的因素很多，除皮肤厚薄的影响外，皮肤潮湿、多汗、有损伤或带有导电性粉尘等，都会降低人体电阻；接触面积加大、接触压力增加也会降低人体电阻。不同条件下的人体电阻见表 6-3。

表 6-3　不同条件下的人体电阻

接触电压/V	人体电阻/Ω			
	皮肤干燥①	皮肤潮湿②	皮肤湿润③	皮肤浸入水中④
10	7000	3500	1200	600
25	5000	2500	1000	500
50	4000	2000	875	440
100	3000	1500	770	375
250	1500	1000	650	325

① 干燥场所的皮肤，电流途径为单手至双脚。
② 潮湿场所的皮肤，电流途径为单手至双脚。
③ 有水蒸气，特别潮湿场所的皮肤，电流途径为双手至双脚。
④ 游泳池或浴池中的情况，基本为体内电阻。

6. 电流通过不同途径的影响

电流通过人体的头部会使人立即昏迷，甚至醒不过来而死亡；电流通过脊髓，会使人半截肢体瘫痪；电流通过中枢神经或有关部位，会引起中枢神经系统强烈失调而导致死亡；电流通过心脏会引起心室颤动，致使心脏停止跳动，造成死亡。因此，电流通过心脏呼吸系统和中枢神经时，危险性最大。实践证明，从左手到脚是最危险的电流途径，因为在这种情况下，心脏直接处在电路内，电流通过心脏、肺部、脊髓等重要器官；从右手到脚的途径的危险性较小，但一般也容易引起剧烈痉挛而摔倒，导致电流通过全身或摔伤。电流途径与通过心脏电流的百分数如表 6-4 所示。

表 6-4　电流途径与通过人体心脏电流的百分数

电流的途径	左手至双脚	右手至双脚	右手至左手	左脚至右脚
通过心脏电流的百分数/%	6.7	3.7	3.3	0.1

7. 人体健康状况的影响

试验和分析表明，电击危害与人体健康状况有关。女性对电流较男性敏感，女性的感知电流和摆脱电流均约为男性的三分之二；儿童对于电流较成人敏感；体重小的较体重大的对电流敏感；人体患有心脏病等疾病时遭受电击时的危险性较大，而健壮的人遭受电击的危险性较小。

（二）电流对人体伤害的种类

电流对人体伤害主要分为电击伤和电伤两种。

1. 电击伤

人体触电后由于电流通过人体的各部位而造成的内部器官在生理上的变化，称为电击伤如呼吸中枢麻痹、肌肉痉挛、心室颤动、呼吸停止等。

2. 电伤

当人体触电时，电流对人体外部造成的伤害，称为电伤，如电灼伤、电烙印、皮肤金属化等。

（1）电灼伤　一般有接触灼伤和电弧灼伤两种。接触灼伤多发生在高压触电事故时通过人体皮肤的进出口处，灼伤外呈黄色或褐黑色并又累及皮下组织、肌腱、肌肉、神经和血管，甚至使骨骼显碳化状态，一般治疗期较长。电弧灼伤多是由带负荷拉、合刀闸，带地线合闸时产生的强烈电弧引起的，其情况与火焰烧伤相似，会使皮肤发红、起泡、烧焦组织，并使其坏死。

（2）电烙印　它发生在人体与带电体有良好的接触，但人体不被电击的情况下，在皮肤表面留下和接触带电体形状相似的肿块痕迹，一般不发炎或化脓，但往往造成局部麻木和失去知觉。

(3) 皮肤金属化　由于高温电弧使周围金属熔化、蒸发并飞溅渗透到皮肤表层所形成。皮肤金属化后，表面粗糙、坚硬。根据熔化的金属不同，呈现特殊颜色，一般铅呈现灰黄色，紫铜呈现绿色，黄铜呈现蓝绿色，金属化后的皮肤经过一段时间能自行脱离，不会有不良后果。

此外，发生触电事故时，常常伴随高空摔跌，或由于其他原因所造成的纯机械性创伤，这虽与触电有关，但不属于电流对人体的直接伤害。

三、人体触电方式

人体触电一般分为与带电体直接接触触电、跨步电压触电、接触电压触电等几种形式。

（一）人体与带电体直接接触触电

与带电体直接接触触电又分为单相触电和两相触电。

1. 单相触电

当人体直接接触带电设备的其中一相时，电流通过人体流入大地，这种触电现象称为单相触电。对于高压带电体，在人体虽然未直接接触，但小于安全距离时，高电压对人体放电，造成单相接地引起触电，也属于单相触电。

2. 两相触电

人体同时接触带电设备或线路中两相导体，或在高压系统中，人体同时接近不同相的两相带电导体，而发生电弧放电，电流从一相通过人体流入另一相导体，构成一个闭合回路，这种触电方式称为两相触电。

（二）跨步电压触电

当电气设备发生接地故障时，接地电流通过接地体向大地流散，在地面上形成分布电位。这时，若人在接地故障点周围行走，其两脚之间（人的跨步一般按 0.8m 考虑）的电位差，就是跨步电压。由跨步电压引起的人体触电，叫跨步电压触电。

人体在跨步电压的作用下，虽然没有与带电体接触，也没有放弧现象，但电流沿着人的下身，从脚经胯部又到脚与大地形成通路。触电时先是脚发麻，后跌倒。当受到较高的跨步电压时，双脚会抽筋，并立即倒在地下。跌倒后，由于头脚之间距离大，故作用于人身体上的电压增高，电流相应增大，而且有可能使电流经过人体的路径改变为经过人体的重要器官，如从头到手和脚。经验证明，人倒地后，即使电压只持续2s，人身就会有致命危险。

跨步电压的大小决定于人体与接地点的距离，距离越近，跨步电压越大。当一脚踩在接地点上，跨步电压将达到最大值。

（三）接触电压触电

如果人体同时接触具有不同电压的两点，则在人体内有电流通过，此时加在人体两点之间的电压差称为接触电压。如人，站在地上，手脚触及已漏电的电动机，他的手足之间出现的电压差 U_1，就是人们所承受的接触电压。

四、防止人身触电的技术措施

人身触电事故的发生，一般不外乎以下两种情况：一是人体直接触及或过分靠近电气设备的带电部分；二是人体碰触平时不带电，但因绝缘损坏而带电的金属外壳或金属构架。针对这两种人身触电情况，必须从电气设备本身采取措施以及在从事电气工作时采取妥善的保证人身安全的技术措施和组织措施。

（一）保护接地和保护接零

电气设备的保护接地和保护接零是为防止人体触及绝缘损坏的电气设备所引起的触电事故而采取的有效措施。保护接地是将电气设备的金属外壳与接地体相连接。应用于中性点不接地的三相三线制系统中。保护接零是将电气设备的金属外壳与变压器的中性线相连接。应用于中性点不接地的三相四线制系统中。保护接地和保护接零是电气安全技术中的重要内容。

（二）安全电压

1. 安全电压的定义

根据我国颁布的《安全电压标准》（GB 3805—83）的规定，所谓安全电压是指为了防止触电事故而采用的由特定电源供电的电压系列。这个电压系列的上限值，在正常和故障情况下，任何两导体间或任意导体与地之间均不得超过交流（50～500Hz）有效值50V。一般情况下，人体允许电流可按摆脱电流考虑。在装有防止触电速断保护装置的场合,人体允许电流可按 30mA 考虑。在容易发生严重二次事故的场合,应按不引起强烈反应的 5mA 考虑。安全电压 50V 的限制是根据人体允许电流 30mA、人体电阻 1700Ω 的条件确定的。国际电工委员会规定安全电压(即接触电压限定值)为 50V,并规定 25V 以下不需考虑防止直接电击的安全措施。

2. 安全电压的等级及选用举例

我国安全电压额定值的等级分别为 42V、36V、24V、12V、6V。安全电压选用举例见表 6-5。

表 6-5 安全电压选用举例

安全电压(交流有效值)		选 用 举 例
额定值/V	空载上限值/V	
42	50	在有触电危险的场所使用的手提式电动工具等
36	43	在矿井、多导电粉尘等场所使用的行灯等
24	29	在金属容器内、隧道内、矿井内等工作地点狭窄、行动不便以及周围的大面积接地导体的环境中,供某些有人体可能偶然触及的带电体的设备选用
12	15	
6	8	

(三)触电保护装置

触电保护装置的作用主要是为了防止由漏电引起触电事故和防止单相触电事故,其次是为了防止由漏电引起的火灾事故以及监视或切除一相接地故障。此外,有的漏电保护器还能切除三相电动机单相运行(即缺一相运行)故障。适用于 1000V 以下的低压系统,凡有可能触及带电部件或在潮湿场所装有电气设备时,均应装设触电保护装置,以保障人身安全。

目前我国触电保护装置有电压型和电流型两大类,分别用于中性点不直接接地和中性点直接接地的低压供电系统中。触电保护装置在对人身安全的保护作用方面远比接地、接零保护优越,并且效果显著,已逐步得到广泛应用。

(四)保证安全的组织措施

① 凡电气工作人员必须精神正常,身体无妨碍工作的病症,熟悉本职业务,并经考试合格。另外,还要学会紧急救护法,特别

是触电急救。

② 在电气设备上工作，应严格遵守工作票制度，操作票制度，工作许可制度，工作监护制度，工作间断、转移和终结制度。

③ 把好电气工程项目的设计关、施工关，合理设计，正确选型，电气设备质量应符合国家标准和有关规定，施工安装应符合规程要求。

（五）保证安全的技术措施

① 在全部停电或部分停电的电气设备或线路上工作，必须完成停电、验电、装设接地线、挂标示牌和装设遮栏等技术措施。

② 工作人员在进行工作时，正常活动范围与带电设备的距离应不小于表6-6的规定。

表6-6　工作人员工作中正常活动范围与带电设备的安全距离

设备电压/kV	10及以下	10～35	44	60～110	154	220	330	500
人与带电部分的距离/m	0.35	0.60	0.90	1.50	2.00	3.00	4.00	5.00

③ 电气安全用具。为了防止电气人员在工作中发生触电、电弧灼伤、高空摔跌等事故，必须使用经试验合格的电气安全工具，如绝缘棒、绝缘夹钳、绝缘挡板、绝缘手套、绝缘靴、绝缘鞋、绝缘台、绝缘垫、验电器、高压核相器、高低压型电流表等；还应使用一般防护安全工具，如携带型接地线、临时遮栏、警告牌、护目镜、安全带等。

五、触电后的紧急救护

人体触电后会出现肌肉收缩、神经麻痹、呼吸中断、心跳停止等征象，表面上呈现昏迷不醒状态。此时并不是死亡，而是"假死"，如果立即急救，绝大多数的触电者是可以救活的。关键在于能否迅速使触电者脱离电源，并及时、正确地施行救护。

（一）使触电者迅速脱离电源

通常采用下列方法：如果触电者离电源开关或插销较近，可将开关拉开或把插销拔掉；也可以用干燥的衣服、绳索、木棒、木板等绝缘物做工具，拨开触电者身上的电线或移动触电者脱离电源，千万不可直接用手或其他金属及潮湿物件作为急救工具；如果触电者所在的地方较高，需要注意停电后从高处摔下的危险，应预先采取保证触电者安全的措施；如果停电救人影响出事地点的照明，应有临时照明措施。

（二）紧急救护

救护触电者所采用的紧急救护方法，应根据触电者下列三种情况来决定。

① 如果触电者还没有失去知觉，只是在触电过程中曾一度昏迷，或因触电时间较长而感到不适，必须使触电者保持安静，严密观察，并请医生前来诊治，或送往医院。

② 如果触电者已失去知觉，但心脏跳动和呼吸尚存在，应当使触电者舒适、平坦、安静地平卧在空气流通场所，解开衣服，以利呼吸，摩擦全身，使之发热，如天气寒冷还要注意保暖，并迅速请医生诊治。如果触电者呼吸困难，呼吸稀少，不时发生痉挛现象，应准备施行心脏停止跳动或呼吸停止时的人工呼吸。

③ 如发现心脏、脉搏及心脏跳动停止，仍然不可认为已经死亡（触电人经常有假死现象）。在这种情况下应立即施行人工呼吸，进行紧急救护。这种救护最好就地进行。如果现场威胁着触电人和救护人员的安全，不可能就地紧急救护时，应速将触电人抬到就近地方抢救，切忌不经抢救而长距离运输，以免失去救活的时机。

第二节　电气防火防爆

工业企业电气设备的绝缘，大多数是采用易燃物质组成的（如绝缘纸、绝缘油）。在运行中导体通过电流时要发热，开关切断电源要产生电弧，由于短路或接地事故、设备损坏等原因可能产生电弧及电火花，可将周围易燃物引燃，以免发生火灾或爆炸。尤其是石油化学工业，在生产、贮存运输过程中，极易形成易燃、易爆的环境。在这种场所使用的电气设备，由于选型不当、绝缘损坏等原因产生电火花时，就可以引起火灾或爆炸，所以应进一步了解电气火灾发生的原因，采取预防措施，并在火灾发生后采用正确的抢救方法，防止发生人身触电及爆炸事故。

一、电气火灾和爆炸的原因

发生电气火灾和爆炸要具备两个条件：首先要有易燃易爆物质和环境，其次要有引燃条件。

（一）易燃易爆物质和环境

在生产和生活场所中，广泛存在着易燃易爆易挥发物质，其中煤炭、石油、化工和军工等生产部门尤为突出。煤矿中产生的瓦斯气体，军工企业中的火药、石油企业中的石油、天然气，化工企业中的原料产品，纺织、食品企业生产场所的可燃气体、粉尘或纤维等均为易燃易爆易挥发物质，并容易在生产、贮存、运输和使用过程中与空气混合，形成爆炸性混合物。在一些生活场所，如果乱堆乱放杂物，木结构房屋明设电气线路等，都会形成易燃易爆环境。

（二）引燃条件

在生产场所的动力、照明、控制、保护、测量等系统和生活场所中的各种电气设备和线路，在正常工作或事故中常常会产生电弧、火花和危险的高温，这就具备了引燃或引爆条件。

① 有些电气设备在正常工作情况下就能产生火花、电弧和危险高温，如电器开关的分合、运行中发电机和直流电机电刷和整流子间，交流绕线电机电刷与滑环间总有或大或小的火花、电弧产生，弧焊机就是靠电弧工作的。电灯和电炉直接利用电流发热，工作温度相当高，100W白炽灯泡的表面温度为150～190℃，100W荧光灯等表面温度也在100～120℃，而碘钨灯管温度高达500～700℃。

② 电气设备和线路，由于绝缘老化、积污、受潮、化学腐蚀或机械损伤会造成绝缘强度降低或破坏，导致相间或对地短路，熔断器熔体熔断，连接点接触不良，铁芯铁损过大。电气设备和线路由于过负荷或通风不良等原因都可能产生火花、电弧或危险高温。另外，静电、内部过电压和大气过电压也会产生火花和电弧。

如果在生产或生活场所中存在着可燃可爆物质，当空气中的含量超过其危险浓度或在电气设备和线路正常或事故状态下产生的火花、电弧或在危险高温的作用下，就会造成电气火灾和爆炸。

二、电气防火防爆措施

防火防爆措施是综合性的措施，包括选用合理的电气设备、保持必要的防火间距、电气设备正常运行并有良好的通风、采用耐火设施、有完善的继电保护装置等技术措施。

（一）正确选用电气设备

应根据场所特点，选择适当形式的电气设备。我国爆炸性气体危险场所按爆炸性气体混合物出现的频繁程度和持续时间分为三个区。

0区：连续出现或长期出现爆炸性气体混合物的环境。

1区：在正常运行时可能出现爆炸性气体混合物的环境。

2区：在正常运行时不可能出现爆炸性气体混合物的环境，或即使出现也仅是短时存在的爆炸性气体混合物的环境。

防爆型电气设备依其结构和防爆性能的不同分为以下几种。

隔爆型（d）：具有隔爆外壳的电气设备，是指把能点燃爆炸性混合物的部件封闭在一个外壳内，该外壳能承受内部爆炸性混合物的爆炸压力并阻止向周围的爆炸性混合物传爆的电气设备。

增安型（e）：正常运行条件下，不会产生点燃爆炸性混合物的火花或危险温度，并在结构上采取措施，提高其安全程度，以避免在正常和规定过载条件下出现点燃现象的电气设备。

本质安全型（i）：在正常运行或在标准实验条件下所产生的火花或热效应均不能点燃爆炸性混合物的电气设备。

正压型（p）：具有保护外壳，且壳内充有保护气体，其压力保持高于周围爆炸性混合物气体的压力，以避免外部爆炸性混合物进入外壳内部的电气设备。

充油型（o）：全部或某些带电部件浸在油中使之不能点燃油面以上或外壳周围的爆炸性混合物的电气设备。

充砂型（q）：外壳内充填细颗粒材料，以便在规定使用条件下，外壳内产生的电弧、火焰传播，壳壁或颗粒材料表现的过热温度均不能够点燃周围的爆炸性混合物的电气设备。

无火花型（n）：在正常运行条件下不产生电弧或火花，也不产生能够点燃周围爆炸性混合物的高温表面或灼热点,且一般不会发生有点燃作用的故障的电气设备。

防爆特殊型(s):在结构上不属于上述各型,而是采取其他防爆形式的电气设备。例如,将可能引起爆炸性混合物爆炸的部分设备装在特殊的隔离室内或在设备外壳内填充石英砂等。

浇封型(m):防爆型的一种,将可能产生点燃爆炸性混合物的电弧、火花或高温的部分浇封在浇封剂中,在正常运行和认可的过载或认可的故障下不能点燃周围的爆炸性混合物的电气设备。

按爆炸危险场所区分,电气设备的选型见表6-7~表6-11。

表6-7 旋转电机防爆结构的选型

电气设备	1区			2区			
	隔爆型 d	正压型 p	增安型 e	隔爆型 d	正压型 p	增安型 e	无火花型 n
鼠笼型感应电动机	○	○	△	○	○	○	○
绕线型感应电动机	△	△	△	○	○	○	×
同步电动机	○	○	×	○	○	○	△
直流电动机	○	○	×	○	○	×	△
电磁滑差离合器(无电刷)	○	△	×	○	○	○	△

注:1. 表中符号:○为适用;△为慎用;×为不适用(下同)。
2. 绕线型感应电动机及同步电动机采用增安型,其主体是增安型防爆结构,发生电火花的部分是隔爆或正压型防爆结构。
3. 无火花型电动机在通风不良及户内具有比空气重的易燃物质区域内慎用。

表6-8 低压变压器类防爆结构的选型

电气设备	1区			2区			
	隔爆型 d	正压型 p	增安型 e	隔爆型 d	正压型 p	增安型 e	充油型 o
变压器(包括启动用)	△	△	×	○	○	○	○
电抗线圈(包括启动用)	△	△	×	○	○	○	○
仪表用互感器	△		×	○		○	○

表 6-9 低压开关和控制器类防爆结构的选型

电气设备	0区 本质安全型 ia	1区 本质安全型 ia,ib	1区 隔爆型 d	1区 正压型 p	1区 充油型 o	1区 增安型 e	2区 本质安全型 ia,ib	2区 隔爆型 d	2区 正压型 p	2区 充油型 o	2区 增安型 e
刀开关,断路器			○					○			
熔断器								○			
控制开关及按钮	○	○	○			○	○	○		○	
电抗启动器和启动补偿器			△				○	○			○
启动用金属电阻器			△	△		×		○	○		○
电磁阀用电磁铁						×		○			○
电磁摩擦制动器			△			×		○			△
操作箱、柱											
控制盘			△					○	○		
配电盘			△					○			

注:1. 电抗启动器和启动补偿器采用增安型时,是指将隔爆结构的启动运转开关操作部件与增安型防爆结构的电抗线圈或单绕组变压器组成一体的结构。

2. 电磁摩擦制动器采用隔爆型时,是指将制动片、滚筒等机械部分也装入隔爆壳体内者。

3. 在2区内电气设备采用隔爆型时,是指除隔爆型外,也包括主要有火花部分为隔爆结构而其外壳为增安型的混合结构。

表 6-10 灯具类防爆结构的选型

电气设备	1区 隔爆型 d	1区 增安型 e	2区 隔爆型 d	2区 增安型 e
固定式灯	○	×	○	○
移动式灯	△		○	
携带式电池灯	○		○	
指示灯类		×		
镇流器	○	△	○	○

表 6-11　信号、报警装置等电气设备防爆结构的选型

电气设备	0区 本质安全型 ia	1区 本质安全型 ia,ib	1区 隔爆型 d	1区 正压型 p	1区 增安型 e	2区 本质安全型 ia,ib	2区 隔爆型 d	2区 正压型 p	2区 增安型 e
信号、报警装置	○	○	○	○	×	○	○	○	○
插接装置			○				○		
接线箱(盒)			○		△		○		○
电气测量表计		○	○		×		○	○	

（二）保持防火间距

为防止电火花或危险温度引起火灾，开关、插销、熔断器、电热器具、照明器具、电焊器具、电动机等均应根据需要，适当避开易燃易爆建筑构件。天车滑触线的下方，不应堆放易燃易爆物品。

交、配电站是工业企业的动力枢纽，电气设备较多，而且有些设备工作时产生火花和较高温度，其防火、防爆要求比较严格。室外变、配电装置距堆场、可燃液体储罐和甲、乙类厂房库房不应小于25m；距其他建筑物不应小于10m；距液化石油气罐不应小于35m。变压器油量越大，防火间距也越大，必要时可加防火墙。石油化工装置的变、配电室还应布置在装置的一侧，并位于爆炸危险区范围以外。

10kV及以下变、配电室不应设在火灾危险区的正上方或正下方，且变、配电室的门窗应向外开，通向非火灾危险区域。10kV及以下的架空线路，严禁跨越火灾和爆炸危险场所；当线路与火灾和爆炸危险场所接近时，其水平距离一般不应小于杆柱高度的1.5倍。在特殊情况下，采取有效措施后，允许适当减小距离。

（三）保持电气设备正常运行

电气设备运行中产生的火花和危险温度是引起火灾的重要原因。因此，保持电气设备的正常运行对防火防爆有着重要意义。保持电气设备的正常运行包括保持电气设备的电压、电流、温升等参

数不超过允许值,保持电气设备足够的绝缘能力,保持电气连接良好等。

保持电压、电流、温升不超过允许值是为了防止电气设备过热。在这方面,要特别注意线路或设备连接处的发热。连接不牢或接触不良都容易使温度急剧上升而过热。

保持电气设备绝缘良好,除可以免除造成人身事故外,还可避免由于泄漏电流、短路火花或短路电流造成火灾或其他设备事故。

此外,保持设备清洁有利于防火。设备脏污或灰尘堆积既降低设备的绝缘又妨碍通风和冷却。特别是正常时有火花产生的电气设备,很可能由于过分脏污引起火灾。因此,从防火的角度出发,应定期或经常清扫电气设备,保持清洁。

(四) 通风

在爆炸危险场所,如有良好的通风装置能降低爆炸性混合物的浓度,达到不致引起火灾和爆炸的限度。这样还有利于降低环境温度。这对可燃易燃物质的生产、贮存、使用及对电气装置的正常运行都是必要的。

(五) 接地

爆炸和火灾危险场所内的电气设备的金属外壳应可靠接地(或接零),以便在发生相线碰壳时迅速切断电源,防止短路电流长时间通过设备而产生高温发热。

(六) 其他方面的措施

① 爆炸危险场所,不准使用非防爆手电筒。

② 在爆炸危险场所内,因条件限制,如必须使用非防爆型电气设备时,应采取临时防爆措施。如安装电气设备的房间,应用非燃烧体的实体墙与爆炸危险场所隔开,只允许一面隔墙与爆炸危险场所贴邻,且不得在隔墙上直接开设门洞;采用通过隔墙的机械传动装置,应在传动轴穿墙处采用填料密封或有同等密封效果的密封措施;安装电气设备房间的出口,应通向非爆炸危险区域和非火灾危险区环境,当安装电气设备的房间必须与爆炸危险场所相通时,应保持相对的正压,并有可靠的保证措施。

③ 密封也是一种有效的防爆措施,密封有两个含义,一是把

危险物质尽量装在密封的容器内，限制爆炸性物质的产生和逸散；二是把电气设备或电气设备可能引爆的部件密封起来，消除引爆的因素。

④ 变、配电室建筑的耐火等级不应低于二级，油浸电变压室应采用一级耐火等级。

三、电气火灾的扑救常识

电气火灾对国家和人民生命财产有很大威胁，因此，应贯彻预防为主的方针，防患于未然，同时，还要做好扑救电气火灾的充分准备。用电单位发生电气火灾时，应立即组织人员使用正确方法进行扑救，同时向消防部门报警。

（一）电气火灾的特点

电气火灾与一般性火灾相比，有两个突出的特点。

① 着火后电气装置可能仍然带电，且因电气绝缘损坏或带电导线断落等发生接地短路事故，在一定范围内存在着危险的接触电压和跨步电压，灭火时如不注意或未采取适当的安全措施，会引起触电伤亡事故。

② 有些电气设备本身充有大量的油，例如变压器、油开关、电容器等，受热后有可能喷油，甚至爆炸，造成火灾蔓延并危及救火人员的安全。所以，扑灭电气火灾，应根据起火的场所和电气装置的具体情况，作一些特殊规定。

（二）扑灭电气火灾的安全措施

发生电气火灾时，应尽可能先切断电源，而后再灭火，以防人身触电，切断电源应注意以下几点。

① 停电时，应按规程所规定的程序进行操作，防止带负荷拉闸。

② 切断带电线路电源时，切断点应选择在电源侧的支持物附近，以防导线断落后触及人体或短路。

③ 夜间发生电气火灾，切断电源时，应考虑临时照明措施。

（三）扑救电气火灾的特殊安全措施

发生电气火灾，如果由于情况危急，为争取灭火时机，或因其他原因不允许和无法及时切断电源时，就要带电灭火。为防止人身触电，应注意以下几点。

① 扑救人员与带电部分应保持足够的安全距离。

② 高压电气设备或线路发生接地，在室内，扑救人员不得进入故障点 4m 以内的范围；在室外，扑救人员不得进入故障点 8m 以内的范围；进入上述范围的扑救人员必须穿绝缘靴。

③ 应使用不导电的灭火剂，例如二氧化碳和化学干粉灭火剂，因泡沫灭火剂导电，在带电灭火时严禁使用。

（四）充油电气设备的灭火措施

充油电气设备着火时，应立即切断电源，然后扑救灭火。备有事故贮油池时，则应设法将油放入池内，池内的油火可用干粉扑灭。池内或地面上的油火不得用水喷射，以防油火飘浮水面而蔓延。

第三节 防雷保护

雷电是一种常见的自然现象，不仅能击毙人、畜，劈裂树木、电杆，破坏建（构）筑物，还能引起火灾和爆炸事故。因此，防雷是石油化工行业一项重要的防火防爆安全措施。

一、雷电的发生和种类

1. 雷电的概念

在雷雨季节里，地面的气温变化不匀，常有升高或降低。当气温升高时，就会形成一股上升的气流，而在这股气流中，因含有大量的水蒸气，在上升过程中受到高空中高速低温气流的吹袭，会凝结成为一些小水滴和较大的水滴，它们带有不同的电荷，若较大的水滴带正电（或负电）并以雨的形式降落到地面，较小的水滴就成为带负电（或正电）的云在空中飘浮，有时会被气流携走，于是成为带有不同电荷的雷云，当雷云层和大地接近时，使地面也感应相反的电荷。这样，当电荷聚积到一定程度，就冲破空气的绝缘，形成了云与云之间或云与大地之间的放电，迸发出强烈的光和声，这就是人们常见的雷电。

2. 雷电的种类

根据雷电的不同形状，大致有片状、线状和球状三种形式。片状雷电是在云间发生的，对人类影响最大；线状雷电就是比较常见的闪电落雷现象；球状雷电是一种特殊雷电现象，简称"球雷"。"球雷"是一种紫色或红色的发光球体，直径从几毫米到几十米，存在时间一般3~5s。球雷通常是沿着地面滚动或在空气中飘行，并还会通过缝隙进入室内。"球雷"碰到建筑物便可发生爆炸，并往往引起燃烧。

二、雷电的危害性

雷电具有很大的破坏性，能够摧毁房屋，劈裂树木伤害人畜，损坏电气设备和电力线路。雷击放电所出现的各种物理现象和危害如下。

1. 电效应

在雷电放电时，能产生高达数万伏的冲击电压，足以烧毁电力系统的发电机、变压器、断路器等电气设备或将输电线路绝缘击穿而发生短路，导致可燃、易燃易爆物品着火和爆炸。

2. 热效应

当几十至几千安的强大雷电流通过导体时，在极短时间内转换大量的热能。雷击点的发热能量为500~2000J，这一能量可熔化50~200mm^3的钢，故在雷电通道中产生的高温往往会酿成火灾。

3. 机械效应

由于雷电的热效应，还将使雷电通道中木材纤维缝隙和其他结构中间缝隙里的空气剧烈膨胀，同时使水分及其他物质分解为气体。因而在被雷击物体内部出现强大的机械压力，致使被击物体遭受严重破坏或造成爆炸。

4. 散电感应

当金属物处于雷云和大地电场中时，金属物上会生出大量的电荷。雷云放电后，云和大气间的电场虽然消失，但金属物上所感应积聚的电荷却来不及逸散，因而产生很高的对地电压。这种对地电压，称为静电感应电压。静电感应电压往往高达几万伏，可以击穿数十厘米的空气间隙，发生火花放电，因此，对于存放可燃性物品及易燃、易爆物品的仓库是很危险的。

5. 电磁感应

雷电具有很高的电压和很大的电流，同时又是在极短暂的时间内发生的。因此在它周围的空间里，将产生强大的交变磁场，不仅会使处在这一电磁场的导体感应出较大的电动势，并且还会在构成闭合回路的金属物中感应电流，这时如果回路中有的地方接触电阻较大，就会局部发热或发生火花放电，对存放易燃、易爆物品的建筑物同样非常危险。

6. 雷电侵入波

雷电在架空线路、金属管道上会产生冲击电压，使雷电波沿线路或管道迅速传播。若侵入建筑物内，可造成配电装置和电气线路绝缘层击穿，产生短路，或使建筑物内易燃、易爆物品燃烧和爆炸。

7. 防雷装置上的高电压对建筑物的反击作用

当防雷装置受雷击时，在接闪器、引下线和接地体上都具有很高的电压。如果防雷装置与建筑物内、外的电气设备、电气线路或其他金属管道的相隔距离很近，它们之间就会产生放电，这种现象称为反击。反击可能引起电气设备绝缘破坏，金属管道烧穿，甚至造成易燃、易爆物品着火和爆炸。

8. 雷电对人的危害

雷击电流迅速通过人体，可立即使呼吸中枢麻痹，心室纤颤或心跳骤停，以致使脑组织及一些主要脏器受到严重损害，出现休克或突然死亡，雷击时产生的电火花，还可使人遭到不同程度的烧伤。

三、防雷的基本措施

根据不同的保护对象，对直击雷、雷电感应、雷电侵入波均应采取适当的安全措施。

1. 直击雷保护措施

(1) 避雷针　避雷针用来保护工业与民用高层建筑以及发电厂、变电所的屋外配电装置、输电线路个别区段。在雷电先导电路向地面延伸过程中，由于受到避雷针畸变电场的影响，会逐渐转向并击中避雷针，从而避免了雷电先导向被保护设备，击毁被保护设备和建筑的可能性。由此可见，避雷针实际上是引雷针，它将雷电引向自己，从而保护其他设备免遭雷击。

(2) 避雷线 避雷线也叫架空地线,它是沿线路架设在杆塔顶端,并具有良好接地的金属导线。避雷线是输电线路的主要防雷保护措施。

(3) 避雷带、避雷网 是在建筑上沿屋角、屋脊、檐角和屋檐等易受雷击部件敷设的金属网格,主要用于保护高大的民用建筑。

2. 雷电感应的防护措施

雷电感应也能产生很高的冲击电压,引起爆炸和火灾事故。因此,也要采取预防措施。

为了防止雷电感应产生的高压,应将建筑物内的金属设备、金属管道、结构钢筋予以接地。

根据建筑物的不同屋顶,采取相应的防止雷电感应的措施,对金属屋顶,应将屋顶妥善接地,对钢筋混凝土屋顶,应将屋顶钢筋焊成 6～12m 网格,连成通路接地。对于非金属屋顶,应在屋顶上加装边长 6～12m 的金属网格,予以接地。屋顶或其金属网格的接地不得少于 2 处,且其间距不得超过 18～30m。

为防止感应,平行管道相距不到 100mm 时,每 20～30m 用金属线跨接,交叉管道相距不到 100mm 时,也应用金属线跨接;管道与金属设备或金属结构之间距离小于 100mm 时,也应用金属线跨接。此外,管道接头(法兰)弯头等接触不可靠的地方,也应用金属线跨接。

3. 雷电侵入波的防火措施

雷电侵入波造成的雷害事故很多,特别是电气系统,这种事故占雷害事故的比例较大,所以也要采取防护措施。

(1) 阀型避雷器 是保护发、变电设备的最主要的基本元件,主要由放电间隙和非线性电阻两部分构成。当高幅值的雷电波侵入被保护装置时,避雷器间隙先行放电,从而限制了绝缘设备上的过电压值,起到保护作用。

(2) 保护间隙 是一种简单而有效的过电压保护元件,它是由带电与接地的两个电极,中间间隔一定数值的间隙距离构成的。将它并联接在被保护的设备旁,当雷电波袭来时,间隙先行击穿,把雷电流引入大地,从而避免了被保护设备因高幅值的过电压而击毁。

（3）管形避雷器　它实质上是一个具有熄弧能力的保护间隙。当雷电波侵入放电接地时，它能将工频电弧很快吹灭，而不必靠断路器动作断弧，保证了供电的连续性。

4. 可燃液体贮罐的防雷措施

因为油罐本身就有着良好的屏蔽性能，遭受雷击时，只要油罐顶板有足够的厚度，不致击穿罐顶，用自身保护是可以满足要求的。所以，我国规定可燃气体、液化烃、可燃液体的钢罐，必须设防雷接地，但装有阻火器的甲B类、乙类可燃液体地上固定顶罐，当顶板厚度等于或大于4mm时，可不设避雷针，且丙类液体储罐也可不设避雷装置，但必须设防感应雷接地。浮顶油罐可不设防雷装置，但应将浮顶与罐体用两根截面不小于25mm的软线作电气连接。

四、防雷装置的检查

为了使防雷装置具有可靠的保护效果，不仅有合理的设计和正确的施工，还要建立必要的维护保养制度，进行定期和特殊情况下的检查。

① 对于重要设施，应在每年雷雨季以前做定期检查，对于一般性设施，应每二、三年在雷雨季以前做定期检查，如有特殊情况，还要做临时性的检查。

② 检查是否由于维修建筑物或建筑物本身变形，使防雷装置的保护情况发生变化。

③ 检查各处明装导体有无因锈蚀或机械损伤而折断的情况。如发现锈蚀在30%以上必须及时更换。

④ 检查接闪器有无因遭受雷击后而发生熔化或折断，避雷器瓷套有无裂纹、碰伤的情况，并应定期进行预防性试验。

⑤ 检查接地线在距地面2m至地下0.3m处的一般保护处理有无被破坏的情况。

⑥ 检查接地装置周围的土壤有无沉陷现象。

⑦ 测量全部接地装置的接地电阻，如发现接地电阻有很大变化时，应对接地系统进行全面检查。必要时可补打接地极。

⑧ 检查有无因施工挖土、敷设其他管道或种植树木而挖断接地装置的情况。

复习思考题

1. 什么是跨步电压触电？
2. 电气防火、防爆的措施有哪些？
3. 防雷装置的检查包括哪些内容？

第七章 压力管道安全技术

压力管道，系指符合原劳动部 1996 年 4 月颁布的《压力管道安全管理与监察规定》限定的各种管道。包括最高工压力≥0.1MPa（表压，下同），输送介质为气（汽）体、液化气体、可燃、易爆、有毒、有腐蚀性或最高工作温度大于等于标准沸点液体的管道输送介质，最高工作压力虽低于 0.1MPa（表压）、但符合 GB 5044《职业性接触毒物危害程度分级》中规定的毒性程度为极度危害介质和 GB 50160《石油化工企业设计防火规范》及 GBJ 16《建筑设计防火规范》中规定的火灾危险性为甲、乙类介质的管道。

化工管道是化工生产中所用的各种管道总称，它是化工生产装置中很重要的一部分，且数量非常大，化工管道的功用是按工艺流程把各个化工设备和机器连接起来，以输送某种介质，如高温、高压、低温、低压、有爆炸性、可燃性、毒害性和腐蚀性的介质等。因此，化工管道种类繁多，满足压力管道条件的称为化工压力管道。

管道主要包括管子和管道附件（管件、阀门、法兰、密封垫片以及连接螺栓）。

第一节 化 工 管 道

一、管子

化工生产常用管子的种类很多，一般可分为金属管、非金属管和衬里管三大类。

1. 金属管

金属管在化工管道系统中应用极为广泛。

(1) 钢管 钢管又可以分为有缝和无缝两类。

(2) 铸铁管 铸铁管对泥土、碱液、浓硫酸等的耐蚀性较好，所以它通常用于埋在地下的给水总管、煤气总管、污水管或料液管。

（3）有色金属管　紫铜管和黄铜管都是拉制或压制的无缝管，主要用于制造换热设备、制氧设备中的低温管道，以及机械设备中的油管和控制系统的管道。

2. 非金属管

包括耐酸陶瓷管、塑料管、橡胶管等。应用较广泛的是塑料管，其主要优点是化学稳定性高、质轻、力学性能和机加工工艺性能良好。缺点是仅能在相当窄的温度范围内保持其强度。

3. 衬里管

就是在管道内壁用其他材料涂敷或粘贴，形成保护层，起到防腐蚀的作用。

二、管道附件

管件是管道中的重要零件，它起着连接管子、改变方向、接出支管和封闭管道的作用。目前管件已经标准化，若需要可从相关手册中查出。阀门在管道中也非常重要，它控制管道的开启和关闭并可调节管道的流量。垫片在管道连接时主要起密封作用。法兰和螺栓的作用就是把各段的管道连接起来。

三、化工压力管道分级

化工压力管道的分级，不是以压力等级为唯一原则，而是综合考虑压力、温度、介质的危害程度。危害越大，管理越严。

1. 按压力分级

石油化工管道，有低压、中压、高压、超高压及真空管道之分，压力分级见表 7-1。

表 7-1　管道压力等级划分

级别名称	压力 p/MPa
真空管道	<0
低压管道	$0 \leqslant p < 1.6$
中压管道	$1.6 \leqslant p < 10$
高压管道	$10 \leqslant p < 100$
超高压管道	$p \geqslant 100$

注：工作压力 $\geqslant 9.0$ MPa，且工作温度 >500 ℃ 的蒸汽管道可升级为高压管道。

2. 按压力和介质危害程度分级

(1) 介质毒性程度为Ⅰ、Ⅱ级的管道按Ⅰ类管道。

(2) 穿越铁路干线、公路干线、重要桥梁、住宅区及工厂重要设施的甲、乙类火灾危险物质和介质毒性为Ⅲ级以上的管道，其穿越部分按Ⅰ类管道。

(3) 石油气（包括液态烃）、氢气管道和低温系统管道至少按Ⅲ类管道。

(4) 甲乙类火灾危险物质、Ⅲ级毒性物质和具有腐蚀性介质的管道，均应升高一个类别。

(5) 介质毒性程度参照 GB 5044—85《职业性接触毒物危害程度分级》的规定分为四级，其最高允许浓度如下。

Ⅰ级（极度危害） $<0.1 mg/m^3$；

Ⅱ级（高度危害） $0.1 \sim 1.0 mg/m^3$；

Ⅲ级（中度危害） $1.0 \sim 10 mg/m^3$；

Ⅳ级（轻度危害） $<10 mg/m^3$。

Ⅰ、Ⅱ级为氟、氢氰酸、光气、氟化氢、碳酰氟、氯等。

Ⅲ级为二氧化硫、氨、一氧化碳、氯乙烯、甲醇、氧化乙烯、硫化乙烯、二硫化碳、乙炔、硫化氢等。

Ⅳ级为氢氧化钠、四氟乙烯、丙酮等。

甲类火灾危险气体系一级易燃气体，爆炸下限小于 10%，如氢、甲烷、乙烯、乙炔、环氧乙烷、硫化氢等，占多数。乙类火灾危险气体系二级易燃气体，爆炸下限大于等于 10%，如氨、一氧化碳、溴甲烷等，占少数。

可燃液体的闪点是指引起闪燃时的温度。当可燃液体温度高于其闪点时则随时都有被火点燃的危险。可见闪点低，火险大。通常，闪点小于 28℃ 者称为一级易燃液体，如汽油、酒精、丙酮、苯等。

(6) 输送极度或高度危害毒性介质的管道属 A 级管道。

(7) 物料为易燃可燃介质，工作温度大于 450℃ 的合金钢及不锈钢管道，工作温度大于 370℃ 的碳素钢管道属 A 级管道。

(8) 工作温度高于或等于介质自燃点的管道属 B 级管道。

(9) 输送甲类火灾危险气体（爆炸下限＜10%）介质的管道，级别应提升两级。

(10) 输送中度危害毒性介质、乙类火灾危险气体（爆炸下限≥10%）、闪点小于 28℃ 的易燃液体介质的管道，级别应提升一级。

(11) 混合介质，以其中危害程度最大的介质为分级依据。

第二节　压力管道安全技术

一、化工管道工程的试压、验收

化工管道系统投入运行前应进行全面检查、试压验收，验收内容包括试压、吹扫清洗和验收。较大和复杂管网系统的试压、吹洗，事先应制定专门的可行性方案，有计划地实施。

1. 压力管道试压

管道系统的压力试验，包括强度试验、密封性试验、真空度试验和泄漏量试验。

强度与密封性试验，一般应采用液压。如有困难或特殊原因时，也可采用气压试验，但必须有相关安全措施并经有关主管部门逐级审批。以气压代替液压进行强度试验时，试验压力应为设计压力的 1.1 倍。

管道系统进行压力试验过程中，不得带压作业维修，以免发生危险。

埋地压力管道在回填土后，还要进行最终水压试验和渗水量测定，即进行第二次压力试验和测定渗水量。具体方法和标准按规范规定进行。

真空管道在强度试验和严密性试验合格后，还应做真空试验。真空试验一般在工作压力下试验 24h，增压率 A 级管道不大于 3.5%，B、C 级管道不大于 5% 为合格。

A、B 级管道试验前，应由建设单位与施工单位对管子、管件、阀门、焊条的制造合格证、阀门试验记录、焊接探伤记录、静电测试记录等有关资料按相关规定进行审查。

2. 吹扫清洗

吹扫清洗的目的是为了保证管道系统内部的清洁。采用气体或蒸汽清理称为吹扫，采用液体介质清理称为清洗。吹扫清洗前应编制吹扫清洗方案，以确保吹扫清洗质量和安全。

(1) 空气吹扫　工作介质为气体的管道，一般用空气吹扫。空气吹扫时，在排出口用白布或涂有白漆的靶板检查，5min 内靶板上无铁锈、灰尘、水分和其他脏物为合格。

(2) 蒸汽吹扫　工作介质为蒸汽的管道和用空气吹扫达不到清洁要求的非蒸汽管道用蒸汽吹扫。蒸汽吹扫应先缓慢升温暖管，防止升温过快造成管道系统膨胀破坏。一般蒸汽管道或其他管道，吹扫时可用刨光的木板置于排汽口处检测，无铁锈、脏物为合格。中、高压蒸汽管道及蒸汽透平机的人口管道，吹扫质量要求比一般管道严格，用装于排汽管口的铝靶板检查，俗称打靶。两次靶板更换检查时，每次肉眼可见的冲击斑痕不多于 10 点，每点不大于 1mm，视为蒸汽吹扫合格。

(3) 油清洗　润滑、密封及控制油系统管道，在试压吹扫合格后，系统试运转前进行油清洗。清洗至目测过滤网（200 目或 100 目，根据设备转数定），每厘米滤网上滤出的杂物不多于 3 个颗粒为合格。油清洗合格的管道系统，在试运转前换上合格的正常使用的油品。

(4) 管道脱脂　氧气管道、富氧管道等忌油管道，要进行脱脂处理。脱脂处理应在水或蒸汽吹扫、清除杂物合格后进行。脱脂处理一般可选用二氯乙烷、三氯乙烯、四氯化碳、工业酒精、浓硝酸或液碱等进行。脱脂剂为易燃易爆、有毒、腐蚀介质，因此脱脂作业要有防火、防毒、防腐蚀灼伤的安全措施。

(5) 酸洗钝化　酸洗的目的是清除管道系统内壁的锈迹、锈斑，而又不损坏内壁表面一般石油化工装置。在投料前都要进行整个系统或局部系统的酸洗、钝化。

3. 验收

管道施工完毕后交付生产时，应提交一系列技术文件，如管子、管件、阀门等的材料合格证；材料代用记录；焊接探伤记录；

各种试验检查记录；竣工图等。高压管道系统还应提交高压管子、管件制造厂家的全部证明书；验收记录及校验报告单；加工记录；紧固件及阀门制造厂家的全部证明及校验报告单；高压阀门试验报告、修改设计通知及材料代用记录；焊接记录及Ⅰ类焊缝位置单线图；热处理记录及探伤报告单；压力试验、吹洗、检查记录其他记录及竣工图等。

二、化工压力管道检测的方法

（一）主要检测方法

化工压力管道检测的方法与化工设备检测的方法相同，主要包括表面检测、射线检测和超声波检测。

（二）管道的检验

（1）役前检验是很重要的一环，企业把住了这一关，则化工压力管道因先天缺陷，如材料用错或使用了质量不合格的管子而引发的事故，就可基本避免。役前检验也是对安装质量的一次检查，安装中的严重质量问题（如焊接接头存在严重超标缺陷）无疑成了事故的隐患，在开车前查出并消除是十分必要的。

企业应认真执行役前检验，役前检验应委托专业检验单位进行。如发现管道在制造和安装中存在漏检项目或数据不可信时，应及时进行补充检验。另外，应按适当比例进行抽检。在线检验是要求管道的管理或操作人员对管道在运行中进行的安全检查，应列入企业设备管理的重要内容认真执行。需要指出的是，检验人员必须认真填写检验报告，如发现危及安全的重大问题（泄漏、振动等）必须书面报告主管领导，建议采取措施及时解决。

（2）全面检验的目的，除检查制造、安装时遗留下的缺陷外，更主要的是检查管道在运行中产生的缺陷。以宏观检查和测厚为主的检验方法是根据管道的实际情况来确定的。实际上，凡是表面上存在明显的宏观缺陷，或者是管道壁厚已腐蚀得很薄，只要经过认真负责的宏观检查和有效的测厚，大多数的事故是可以预防、避免发生的（提前发现隐患并及时消除）。

测厚虽然是一种简单的常规检验手段，但只要运用得当，还是很有效的。一般选择测厚部位大多在弯头，弯头上的测厚点位置的选定原则是物料冲刷较重处及易积存凝液而造成的腐蚀处。这些地方如发现有减薄现象，再将测厚扩大到整根管线。

三、压力管道的安全管理

压力管道与压力容器一样，发生爆炸或泄漏、造成人身伤害的危险性较大，易发生事故。因此，做好运行管理十分重要。压力管道的管理主要有如下几点。

（一）外部检查

管道外部检查每年一次。外部检查的主要项目如下。

(1) 有无裂纹、腐蚀、变形、泄漏等情况；

(2) 紧固件是否齐全，有无松动，法兰有无偏斜，吊卡、支架是否完好等；

(3) 绝热层、防腐层是否完好；

(4) 管道震动情况，管道与相邻物件有无摩擦；

(5) 阀门填料有无泄漏，操作机构是否灵活；

(6) 易燃易爆介质管道，每年必须检查一次防静电接地电阻。法兰间接触电阻应小于 0.03Ω，管道对地电阻不得大于 100Ω。

停用两年以上需重新启用的，外部检查合格后方可使用。

（二）定点测厚

定点测厚主要用于检查高压、超高压管道。一般每年至少进行一次。主要检查管道易冲刷、腐蚀、磨损的焊缝弯管、角管、三通等部位。定点测厚部位的测点数量，按管道腐蚀、冲刷、磨损情况及直径大小、使用年限等确定。定点测厚发现问题时，应扩大检测范围，做进一步检测。定点测厚数据记入设备档案中。

（三）全面检查

管道的全面检查，每 3~6 年进行一次。可根据实际技术状况和检测情况，延长或缩短检查周期，但最长不得超过 9 年。高压、超高压管道全面检查，一般 6 年进行一次。使用期限超过 15 年的各类管道，经全面检查，技术状况良好，经单位技术总负责人批准，仍可按原定周期检查，否则应缩短检查周期。

压力管道是可能引起燃烧爆炸或中毒等危险性较大的特种设备。因此，使用单位必须做好压力管道的安全管理工作。

1. 运行前的检查

(1) 竣工文件检查。竣工文件是指装置（单元）设计、采购及施工完成之后的最终图纸文件资料，它主要包括设计竣工文件、采购竣工文件和施工竣工文件三部分。设计竣工文件的检查主要是查设计文件是否齐全、设计方案是否满足生产要求、设计内容是否有足够而且切实可行的安全保护措施等内容。在确认这些方面满足开车要求时，才可以开车，否则就应进行整改。

(2) 现场检查

现场检查可以分为设计与施工漏项、未完工程、施工质量三方面的检查。

① 设计与施工漏项。设计与施工漏项可能发生在各个方面，出现频率较高的问题有以下几个方面。

◆ 阀门、跨线、高点排气及低点排液等遗漏；

◆ 操作及测量指示点太高以致无法操作或观察，尤其是仪表现场指示元件；

◆ 缺少梯子或梯子设置较少，巡回检查不方便；支吊架偏少，以致管道挠度超出标准要求，或管道不稳定；

◆ 管道或构筑物的梁柱等影响操作通道；

◆ 设备、机泵、特殊仪表元件（如热电偶、仪表箱、流量计等）、阀门等缺少必要的操作检修场地，或空间太小，操作检修不方便。

② 未完工程。未完工程的检查适用于中间检查或分期分批投入开车的装置检查。对于本次开车所涉及的工程，必须确认其已完成并不影响正常的开车。对于分期分批投入开车的装置，未列入本次开车的部分，应进行隔离，并确认它们之间相互不影响。

③ 施工质量。施工质量可能发生在各个方面，因此应全面检查。可着重从以下几个方面进行检查。

◆ 管道及其元件方面；

◆ 支吊架方面；

◆ 焊接方面；

◆ 隔热防腐方面。

2. 运行中的检查和监测

运行中的检查和监测包括运行初期检查、在线监测、末期检查及寿命评估三部分。

(1) 运行初期检查由于可能存在的设计、制造、施工等问题，当管道初期升温和升压后，这些问题都会暴露出来。此时，操作人员应会同设计、施工等技术人员，有必要对运行的管道进行全面系统的检查，以便及时发现问题，及时解决。在对管道进行全面系统的检查过程中，应着重从管道的位移情况、振动情况、支撑情况、阀门及法兰的严密性等方面进行检查。

(2) 人工巡线检查及在线检测，在装置运行过程中，由于操作波动等其他因素的影响，或压力管道及其附件在使用一段时期后因遭受腐蚀、磨损、疲劳、蠕变等损伤，随时都有可能发生压力管道的破坏，故对在役压力管道进行定期或不定期的巡检，及时发现可能产生事故的苗头，并采取措施，以免造成较大的危害。

除了进行人工巡线检查外，对于重要管道和重点部位还可利用现代检测技术进行在线检测，即可利用工业电视系统、声发射检漏技术、红外线成像技术等对在线管道的运行状态、裂纹扩展动态、泄漏等进行不间断监测，并判断管道的安定性和可靠性，从而保证压力管道的安全运行。

(3) 末期检查及寿命评估，压力管道经过长时期运行，因遭受到介质腐蚀、磨损、老化等的损伤，一些管道已处于不稳定状态，因此更应加强在线监测，并制定好应急措施和救援方案，随时准备着抢险救灾。在做好在线监测和抢险救灾准备的同时，还应加强在役压力管道的寿命评估，从而变被动安全管理为主动安全管理。压力管道寿命的评估应根据压力管道的损伤情况和检测数据进行，总体来说，主要是针对管道材料已发生的相变、均匀腐蚀和裂纹等几方面进行评估。

第三节 化工压力管道的使用与操作管理

一、压力管道的使用管理

压力管道的可靠性首先取决于其设计、制造和安装的质量。在用压力管道由于介质和环境的侵害、操作不当、维护不力,往往会引起材料性能的恶化、失效而降低其使用性能和周期,甚至发生事故。压力管道的安全可靠性与使用的关系极大,只有强化控制工艺操作指标和工艺纪律,坚持岗位责任制,认真执行巡回检查,才能保证压力管道的使用安全。

1. 工艺指标的控制

包括:①操作压力和温度的控制;②腐蚀性介质含量控制。

2. 建立岗位责任制

要求操作人员熟悉本岗位压力管道的技术、特性、系统结构、工艺流程、工艺指标、可能发生的事故和应采取的措施。操作人员必须经过安全技术和岗位操作法的学习培训,经考试合格后才能上岗独立进行操作。操作人员要掌握"四懂三会",既懂原理、懂性能、懂结构、懂用途;会使用、会维护保养、会排除故障。管道运行时应尽量避免压力和温度的大幅度波动;尽量减少管道的开停次数。

3. 加强巡回检查

使用单位应根据本单位工艺流程和各装置单元分布情况划分区域,明确职责,制定严格的压力管道巡回检查制度。制度要明确检查人员、检查时间、检查部位、应检查的项目,操作人员和维修人员均要按照各自的责任和要求定期按巡回检查路线完成每个部位、每个项目的检查,并做好巡回检查记录。检查中发现的异常情况应及时汇报和处理。

二、压力管道的操作维护管理

1. 压力管道的操作规程

压力管道是国家重点监察的特种设备,为了确保压力管道的安全运营,必须由专人进行管理,操作人员必须经过安全监察机构的安全技术和岗位操作法学习培训,经考核合格后才能持证上岗。同时,压力管道的使用单位应根据压力管道的生产工艺和技术性能,分别制定压力管道的安全操作规程,安全操作规程至少应包括如下内容。

(1) 操作工艺控制指标,包括最高工作压力、最高或最低操作温度。

（2）压力及温度波动控制范围，介质成分，尤其是腐蚀性或爆炸极限等介质成分的控制值。

（3）岗位操作法，开停车的操作程序和有关注意事项。

（4）运行中重点检查的部位和项目。

（5）运行中可能出现的异常现象的判断和处理办法、报告程序和防范措施。

（6）停用时的封存和保养方法。

2. 压力管道的维护保养

在对压力管道进行安全操作运营的前提下，需对其进行日常维护保养，这是保证和延长压力管道使用寿命的重要基础。同时，正确地进行压力管道的运行维护与检验，对于确保压力管道的安全运行也是至关重要的。因此，压力管道的操作人员必须认真做好下述各项日常维护保养工作。

（1）经常检查压力管道的防护措施，保证其完好无损。

（2）减少管道表面腐蚀。

（3）阀门的损伤机构要经常除锈上油。

（4）定期进行损伤，保证其操纵灵活。

（5）安全阀和压力表要经常擦拭，确保其灵敏准确，并按时进行校验。

（6）定期检查坚固螺栓的完好状况，做到齐全、不锈蚀、丝扣完整、连接可靠。

（7）注意管道的震动情况，发现异常震动应采取隔断振源、注意加强支撑等减震措施，发现摩擦应及时采取措施。

（8）静电跨接、接地装置要保持良好完整，发现损坏应及时修复。

（9）检查管道和支架接触处等容易发生腐蚀和磨损的部位，发现问题及时采取措施。

（10）及时消除管道系统存在的跑、冒、滴、漏现象。

（11）对高温管道，在开工升温过程中需对管道法兰连接螺栓进行热紧；对低温管道，在降温过程中注意进行冷紧。

（12）配合压力管道检验人员对管道进行定期检验。

（13）当操作中遇到下列情况时，应立即采取紧急措施并及时报告有关管理部门和管理人员。

① 介质压力、温度超过允许的范围且采取措施后仍不见效。

② 管道及组成件发生裂纹、鼓瘪变形、泄漏。

③ 压力管道发生冻堵。

④ 压力管道发生异常振动、响声，危及安全运行。

⑤ 安全保护装置失效。

⑥ 发生火灾事故且直接威胁正常安全运行。

⑦ 压力管道的阀门及监控装置失灵，危及安全运行。

复习思考题

1. 什么是压力管道？如何分级？
2. 压力管道外部检查的频次和检查项目有哪些？
3. 压力管道如何试压？
4. 压力管道日常维护保养有哪些内容？

第八章 石油化工静电安全技术

第一节 静　电

一、静电的定义及其特点

静电和普通电是有区别的，主要是带电体不同，并由此产生一系列不同的现象和规律。静电并不是静止的，除了带电体的宏观运动外，它们本身也在运动或传输。这个传输（消散）一般用弛豫时间或半衰期来描述。其数值不是一个常数，它和带电体的性质以及带电量的多少有关。物体静电起电大体有接触分离带电、静电感应带电、其他原因带电几大类型。

二、静电起电的种类

(1) 固体静电　静电起电包括接触-分离起电、吸附起电、电解起电、破断起电、感应起电等多种起电过程。固体静电起电是一种表面起电现象，受外在因素及接触方式、形状等因素影响较大。

固体物质大面积摩擦，如橡胶或塑料碾制、传动皮带与皮带辊或传送皮带与导轮摩擦等；固体物质在挤出、过滤时与管道、过滤器等发生摩擦，如塑料的挤出等；固体物质的粉碎、研磨和搅拌过程及其他一些相类似的工艺过程，均可能产生静电。固体静电容易造成火灾、电击等事故。

(2) 液体静电　液体在流动、过滤、搅拌、飞溅、灌注、剧烈晃动等过程中，可能产生十分危险的静电，特别是石油化工的液体物料更容易因静电造成危害，严重者会由静电火花引起爆炸或火灾。

(3) 粉体静电　粉体是由物质分散成的细小颗粒组成。在化工生产过程中，经常遇到不同种类的粉体状物料。粉体物料在搅拌、筛分或高速运动时，由于粉体颗粒与颗粒之间以及粉体颗粒与管道壁、容器壁或其他器具之间的碰撞、摩擦会产生有害的静电，轻则给人以电击、妨碍生产；重则引起粉尘爆炸。

（4）蒸气和气体静电　蒸气或气体在管道内高速流动或由阀门、缝隙高速喷出时也会产生危险的静电。

蒸气或气体产生静电如同液体产生静电，其静电是由于接触和分离等原因产生的。但其过程往往属喷嘴效应、流速高，因此带电量大，危险性较大。完全纯净的气体是不会产生静电的，但由于气体内往往含有灰尘、干冰、液滴、蒸气等固体颗粒或液体颗粒，通过这些颗粒的碰撞、摩擦、分裂等过程可产生静电。

（5）人体静电　人在从毛衣外面脱下合成纤维衣料的衣服时，或经头部脱下毛衣时，在衣服之间或衣服与人体之间，均可能发生放电。例如，人在脱衣服时，静电电压可高达数万伏。因为人体活动范围较大，而人体静电又容易被人们忽视，所以，由人体静电引起的放电往往是酿成静电灾害的重要原因之一。人体可以通过活动、感应等方式带电。

三、静电放电的形式及其危害

静电放电一般是因带电物体产生的静电场达到空气绝缘击穿场强（约 30kV/cm）时而产生的电离现象。产生静电放电时，储存于带电物体的静电能量，作为放电能量而释放于空气中，变为热量、声音、光、电磁波等而消耗。这种放电能量变化时，就会引起易燃易爆性物质着火、爆炸，是导致静电灾害、故障的产生原因。

（1）电晕放电　电晕放电一般是在非均匀电场中电场强度极高的部分，发生局部电离的放电。电晕放电多为连续性放电，但能量密度小，所以产生静电灾害的故障概率就低。

（2）刷状放电（也称射光放电）　刷状放电一般伴随着"啪"的较强声响，由于刷状放电的放电能量密度比电晕放电大，所以易于成为静电灾害和故障的原因。由带电的塑料、液体、粉体等产生的刷状放电，成为可燃性气体蒸气与空气混合气体火源的概率一般较高。

（3）火花放电　火花放电是在带电物体与接地导体的形状都较

平滑时，伴随着强烈的声响和一条发光而在空气中突然产生的放电。火花放电一般在带电物体为导体时易于产生。火花放电属于集中放电，放电时间短（属纳秒级），放电间隙因放电短路成为全路放电，放电能量密度大，所以易于引起静电灾害和故障。因接地不良而呈绝缘状态的带电金属物体、人体等导体产生的火花放电，成为可燃性气体蒸气、可燃性粉体着火源的概率极高。

（4）沿表放电　沿表面放电是在带电物体背面附近有接地导体，带电物体表面电位上升被抑制的情况下，带电量非常大时，沿着带电物体表面发生的放电。由于雷状放电的放电能量极大，所以作为一切可燃性物质（可燃性气体蒸气、粉尘）引火源的概率高。雷状放电一般在承压的液体、液化气等喷出时，有产生的危险。

四、静电危害的特点和类型

静电在工业生产中是不可避免的，静电造成的危害特点和类型如下。

（1）静电库仑力作用的危害　静电荷的存在，其周围将形成电场。电场中的物体将受到静电库仑力的作用。该物体受到的电场力有两种情况。一种情况是置于电场中的物体带电；另一种情况是物体不带电。

（2）静电放电的危害　静电一旦发生放电，其危害范围甚大。如果从带有几千伏、几十千伏高电位的物体发生脉冲刷状放电和火花放电时，则在瞬态有几安培的电流流动，并伴随着电磁波发射，这种静电能量会引起种种灾害。

① 引起爆炸火灾　在火灾危险场所和易爆炸区域，静电放电将起点火源的作用，容易引起易燃易爆物质燃烧爆炸，造成严重后果。

② 绝缘击穿，产品报废　静电足够高，以至足够大的场强时，易引起空气或介质绝缘击穿。

③ 造成电击　静电电击就是由带电的人体触地放电，或由带电物体向人体放电，在人体中流过电流而引起。当人体受到电击时，往往会发生手指尖负伤，或手指麻木等机能性损伤，或由于经常受到电击的恐怖情绪，而使工作效率下降。

第二节　石油化工液体静电

一、液体静电起电

当液体与固体、液体与气体之间、液体与不相溶的液体之间，由于搅拌、沉降、喷射、流动等接触-分离的相对运动时会在液体中产生静电。这种静电对易燃液体和可燃液体，如石油产品中的汽油、液体烃类油等燃料油品以及苯、二甲苯等化工原料是一种潜在的火源。

二、液体带电类型

1. 按物质聚集的状态分类

（1）液体与固体之间　如液体在管道中流动，搅拌器搅拌液浆，固体颗粒在液体中的沉降等。

（2）液体与气体之间　如液体从管线或喷嘴喷出，强气流喷出的雾滴，气泡在液体中上升等。

（3）液体与不相溶的液体之间　如水滴在油品中的沉降，高压水冲洗燃料油储罐等。

2. 按机械运动的形式分类

（1）流动带电　液体流动带电是工业生产中常见的一种静电带电形式，在石油工业中更为常见，如油品在管线中输送时，由于流动便在管中产生静电电荷。

（2）喷射带电　当有压力的液体从喷嘴或管口喷出成束状液体，在与空气接触时分成许许多多的小液滴，其中比较大的液滴很快地沉降，其他微小的液滴停滞在空气中形成雾状小液滴云。这个小液滴云是带有大量电荷的电荷云。

（3）冲击带电　液体从管道口喷出后遇到壁或板，这些液体向上飞溅形成许多微小的液滴，这些液滴会带有电荷，并在其间形成了电荷云。如油品经过顶部注入口给储罐、槽车等装油，油柱下落后对罐壁或油面发生冲击，引起飞沫、气泡和雾滴而带电。

（4）液体沉降带电　在绝缘液体例如非纯净的轻质油品中含有固体颗粒杂质或水分，当这些颗粒或积聚成大水滴的水粒向下沉降时，由于正负电荷的分离也将带电。

三、液体静电的防护和消除措施

生产工艺过程中产生的静电有时会带来严重的危害，有些甚至造成巨大的灾害，防止和消除静电危险十分重要。生产过程中产生的静电电压可达到几万伏以上，静电除可能引起多种爆炸性混合物发生爆炸外还可能造成电击。为防止静电放电火花引起的燃烧爆炸，可根据生产过程中的具体情况采取相应的防静电措施。

1. 静电接地

接地是防静电危害的最基本措施，它的目的是使工艺设备与大地之间构成电气上的泄漏通路，将产生在工艺过程的静电泄漏于大地，防止静电的积聚。在静电危险场所，所有属于静电导体的物体必须接地。凡用来加工、储存、运输各种易燃液体、易燃气体和粉体的设备都必须接地。工厂或车间的氧气、乙炔等管道必须连成一个整体，并予以接地。可能产生静电的管道两端和每隔200～300m处均应接地。平行管道相距10cm以内时，每隔20m应用连接线互相连接起来。管道与管道或管道与其他金属物件交叉或接近，其间距离小于10cm时，也应互相连接起来。汽车槽车、铁路槽车在装油之前，应与储油设备跨接并接地；装、卸完毕先拆除油管，后拆除跨接线和接地线。因为静电泄漏电流很小，所有单纯为了消除导体上静电的接地，其防静电接地电阻原则上不得超过 $1M\Omega$ 即可；但出于检测方便等考虑，规程要求接地电阻不应大于 100Ω。

2. 跨接接地

保持良好接地，接地是消除静电危害最为常用的方法之一。用导电线进行跨接是保证系统各个部分处于接地状态的措施。下列生产设备应有可靠的接地装置：输送可燃气体和易燃液体的管道以及各种阀门、灌油设备和油槽车（包括灌油桥台、铁轨、油桶、加油用鹤管和漏斗等）；通风管道上的金属网过滤器；生产或加工易燃液体和可燃气体的设备储罐；输送可燃粉尘的管道和生产粉尘的设备以及其他能够产生静电的生产设备。为消除各部件的电位差，可采用等电位措施。例如在管道法兰之间加装跨接导线，既可以消除两者之间的电位差，又可以造成良好的电气通路，以防止静电放电火花。跨接的目的，保证系统各部分充分接地。

3. 控制流速

流体在管道中的流速必须加以控制，例如易燃液体在管道中的流速不宜超过 4~5m/s，可燃气体在管道中的流速不宜超过 6~8m/s。灌注液体时，应防止产生液体飞溅和剧烈的搅拌现象。向储罐输送液体的导管，应放在液面之下或将液体沿容器的内壁缓慢流下，以免产生静电。易燃液体灌装结束时，不能立即进行取样等操作，因为在液面上积聚的静电荷不会很快消失，易燃液体蒸气也比较多，应经过一段时间，待静电荷松弛后，再进行操作，以防静电放电火花引起着火爆炸。

4. 控制装油方式

装油方式有顶部加油和底部加油两类，顶部加油又有浸没式和喷溅式两种。

装油方式往往受现场设备和条件的限制，但是不同装油方式的安全程度是明显不同的。不同的装油方式对电荷的发生并没有多大影响，但对罐内电荷的分布及电荷电位的大小是有影响的。从静电安全性来说，落管浸没式装油最好，其次是底部加油，最差的是顶部喷溅加油。

5. 油罐静置时间

油罐加装完油后，罐内电荷的泄散要有一个过程。为了避免剩余电荷可能引起的静电灾害，油罐加完油后要规定一个静置时间。这项措施对于加完油后还要进行检尺、测温、取样等罐上作业的，更为必要。静置时间的长短，主要取决于油品的电导率和油罐尺寸的大小。油品电导率越低、油罐尺寸越大，电荷越不容易泄散，静置时间就应越长。

6. 采用静电消散技术

工艺过程中产生的静电总是伴随着产生和消散两个区域，静电电荷在这里依照电荷守恒定律进行着交换。在静电产生区域是把静电分离成相等的正、负电荷，在静电消散区，带电物体上的电荷经过泄漏而消散。显然，通过增强消散过程可以使静电危害得以减轻和消除。

流体在管道输送过程中，一般来说管道部分是产生静电的区域，管道末端的容器（对液体输送而言）或料斗、料仓（对粉体输送而言）等接受容器则是静电消散区域。在管道上采取了一些静电接地措施，消散了部分静电电荷后，为进一步提高安全系数，在有条件的情况下，如果在管道的末端再加装一直径较大的"松弛容器"，还可大大消除流体在管内流动时所积累的静电。当液体输送管线上装有过滤器时，甲、乙类液体输送自过滤器至装料之间应有 30s 的缓冲时间。如满足不了缓冲时间，可配置缓和器或采取其他防静电措施。

7. 抗静电添加剂

抗静电添加剂是具有良好导电性或较强吸湿性的化学药剂。加入抗静电添加剂之后，材料能降低体积电阻率或表面电阻率。

8. 人体静电防护

在静电场中，人体是一个活动的静电导体，很容易由静电感应而导致火花放电，因此要特别注意防止其他人员过分接近正在操作有爆炸危险品的工作人员，以避免不必要的静电放电现象的发生。生产和工作人员应尽量避免穿尼龙或的确良等易产生静电的工作服，而且为了导除人身上积累的静电，最好穿布底鞋或导电橡胶底胶鞋。工作地点宜采用水泥地面。禁止在静电危险场所穿脱衣物、帽子及类似物，并避免剧烈的身体运动。

复习思考题

1. 什么是静电？有何特点？
2. 石油化工液体静电的类型有哪几种？
3. 液体静电的防护和消除措施有哪些？

第九章 职业危害控制技术

第一节 职业危害控制基本原则和要求

一、防尘、防毒基本原则和要求

对于作业场所存在粉尘、毒物的企业,防尘、防毒的基本原则是:优先采用先进的生产工艺、技术和无毒(害)或低毒(害)的原材料,消除或减少尘、毒职业性有害因素。

对于工艺、技术和原材料达不到要求的,应根据生产工艺和粉尘、毒物特性,设计相应的防尘、防毒通风控制措施,使劳动者活动的工作场所有害物质浓度符合相关标准的要求。如预期劳动者接触浓度不符合要求的,应根据实际接触情况,采取有效的个人防护措施。

① 原材料选择应遵循无毒物质代替有毒物质,低毒物质代替高毒物质的原则。

② 对产生粉尘、毒物的生产过程和设备(含露天作业的工艺设备),应优先采用机械化和自动化,避免直接人工操作。为防止物料跑、冒、滴、漏,其设备和管道应采取有效的密闭措施,密闭形式应根据工艺流程、设备特点、生产工艺、安全要求及便于操作、维修等因素确定,并应结合生产工艺采取通风和净化措施。对移动的扬尘和逸散毒物的作业,应与主体工程同时设计移动式轻便防尘和排毒设备。

③ 对于逸散粉尘的生产过程,应对产尘设备采取密闭措施;设置适宜的局部排风除尘设施对尘源进行控制;生产工艺和粉尘性质可采取湿式作业的,应采取湿法抑尘。当湿式作业仍不能满足卫生要求时,应采用其他通风、除尘方式。

④ 在生产中可能突然逸出大量有害物质或易造成急性中毒或易燃易爆的化学物质的室内作业场所，应设置事故通风装置及与事故排风系统相连锁的泄漏报警装置。在放散有爆炸危险的可燃气体、粉尘或气溶胶等物质的工作场所，应设置防爆通风系统或事故排风系统。

⑤ 可能存在或产生有毒物质的工作场所应根据有毒物质的理化特性和危害特点配备现场急救用品，设置冲洗喷淋设备、应急撤离通道、必要的泄险区以及风向标。

二、防噪声与振动基本原则和要求

1. 防噪声

作业场所存在噪声危害的生产企业应采用行之有效的新技术方法、新材料、新工艺来控制噪声。对于生产过程和设备产生的噪声，应首先从声源上进行控制，使噪声作业劳动者接触噪声声级符合相关标准的要求。采用工程控制技术措施仍达不到相关标准要求的，要从接收者方面考虑，应根据实际情况合理设计劳动作息时间，并采取适宜的个人防护措施。常用的护耳器有耳塞、耳罩等。

① 在进行厂房设计时，应合理地配置声源。产生噪声的车间，应在控制噪声发生源的基础上，对厂房的建筑设计采取减轻噪声影响的措施，注意增加隔声、吸声措施。按照产生噪声的车间与非噪声作业车间、高噪声车间与低噪声车间分开布置的原则。

② 对于设备布局，在满足工艺流程条件的前提下，宜将高噪声设备相对集中，并采取相应的隔声、吸声、消声、减振等控制措施。对于生产允许远置的噪声源，如风机、电动机等，应移至车间外或采取隔离措施。此外设法提高机器的精密度，尽量减少机器的撞击、摩擦和振动，以降低生产噪声。

③ 为消减噪声，宜安装消声器或设置隔声罩、隔声间或隔声室。隔声室的天棚、墙体、门窗均应符合隔声、吸声的要求。

2. 防振动

作业场所存在振动危害的企业应首先控制振动源，使振动强度符合相关标准的要求。其次采取隔振措施，采用工程控制技术措施仍达不到要求的，应根据实际情况合理设计劳动作息时间，并采取适宜的个人防护措施。

三、防非电离辐射与电离辐射基本原则和要求

辐射分为非电离辐射和电离辐射。

1. 防非电离辐射

非电离辐射的主要防护措施有场源屏蔽、距离防护、合理布局以及采取个人防护措施等。对于在生产过程中有可能产生非电离辐射的设备,应制订非电离辐射防护规划,采取有效的屏蔽、接地、吸收等工程技术措施及自动化或半自动化远距离操作,如预期不能屏蔽的应设计反射性隔离或吸收性隔离措施,使劳动者非电离辐射作业的接触水平符合相关标准的要求。

2. 防电离辐射

电离辐射的防护,也包括辐射剂量的控制和相应的防护措施。

四、防高温基本原则和要求

生产作业场所存在高温作业的应优先采用先进的生产工艺、技术和原材料,工艺的设计要使操作人员远离高温热源,同时根据其具体条件采取必要的隔热、通风、降温等措施,来消除高温职业危害。另外,应根据生产工艺、技术、原材料特性以及自然条件,通过采取工程控制措施和必要的组织措施,如减少生产过程中的热和水蒸气释放、屏蔽热辐射源、加强通风、减少劳动时间、改善作业方式等,使室内和露天作业地点 WBGT 指数符合相关标准的要求。还有可根据实际接触情况采取有效的个人防护措施。

第二节 生产性粉尘危害及控制技术

一、生产性粉尘的来源和分类

1. 来源

生产性粉尘是指在生产过程中散发出来的较长时间悬浮于作业环境空气中的固体微粒。它是污染生产作业环境,影响作业人员健康的有害因素之一。生产性粉尘来源:化学工业中固体原料加工处理,物质加热时产生的蒸气、有机物质的不完全燃烧所产生的烟尘。此外,粉末状物质在混合、过筛、包装和搬运等操作时产生的

粉尘，以及沉积粉尘的二次扬尘等。

2. 分类

生产性粉尘分类方法有几种，根据生产性粉尘的性质可将其分为三类：无机性粉尘，有机性粉尘，混合性粉尘。

二、生产性粉尘的理化性质

粉尘对人体的危害程度与其理化性质有关，与其生物学作用及防尘措施等也有密切关系。在卫生学上，常用的粉尘理化性质包括粉尘的化学成分、分散度、溶解度、密度、形状、硬度、荷电性和爆炸性等。

1. 粉尘的化学成分

粉尘的化学成分、浓度和接触时间是直接决定粉尘对人体危害性质和严重程度的重要因素。根据粉尘化学性质不同，粉尘对人体可有致纤维化、中毒、致敏等作用。

2. 分散度

粉尘的分散度是表示粉尘颗粒大小的一个概念，它表示物质的粉碎程度，尘粒越小其分散度越高。它与粉尘在空气中呈浮游状态存在的持续时间（稳定程度）有密切关系。在生产环境中，由于气流、通风、热源、机器转动以及人员走动等原因，使空气经常流动，从而使尘粒沉降变慢，延长其在空气中的浮游时间，被人吸入的机会就越多。直径小于 $5\mu m$ 的粉尘对机体的危害性较大，也易于达到呼吸器官的深部。

3. 荷电性

高分散度的尘粒通常带有电荷，与作业环境的湿度和温度有关。尘粒带有相异电荷时，可促进凝集、加速沉降。粉尘的这一性质对选择除尘设备有重要意义。

4. 爆炸性

高分散度的化工聚合树脂粉料等粉尘具有爆炸性，某些粉尘在空气中的浓度达到爆炸极限时，遇到火源能发生爆炸。在有爆炸性粉尘存在的场所，一定要采取防爆措施。

三、粉尘的最高允许浓度

该浓度是从卫生学角度考虑确定的，粉尘中游离的二氧化硅对人的危害最大，因此，粉尘的最高允许浓度大部分以二氧化硅含量多少而定。生产环境中的粉尘浓度超过最高允许浓度时，必须采取防尘、除尘措施，使之降至最高允许浓度以下。生产性粉尘的治理是采用工程技术措施消除和降低粉尘危害，这是治本的对策，是防止尘肺发生的根本措施。

1. 改革工艺过程

通过改革工艺流程使生产过程机械化、密闭化、自动化，从而消除和降低粉尘危害。

2. 湿式作业

湿式作业防尘的特点是防尘效果可靠，易于管理，投资较低。

3. 密闭、抽风、除尘

对不能采取湿式作业的场所应采用该方法。密闭、抽风、除尘系统可分为密闭设备、吸尘罩、通风管、除尘器等几个部分。

4. 个体防护

当防、降尘措施难以使粉尘浓度降至国家标准水平以下时，应佩戴防尘护具。另外，应加强对员工的教育培训、现场的安全检查以及对防尘的综合管理等。

第三节 生产性毒物危害控制技术

一、生产性毒物的来源与存在形态

1. 来源

毒物是指较小剂量的化学物质，在一定条件下，作用于机体与细胞成分产生生物化学作用或生物物理变化，扰乱或破坏机体的正常功能，引起功能性或器质性改变，导致暂时性或持久性病理损害，甚至危及生命。在生产过程中，生产性毒物主要来源于原料、辅助材料、中间产品、夹杂物、半成品、成品、废气、废液及废渣，有时也可能来自加热分解的产物，如聚氯乙烯塑料加热至160~170℃时可分解产生氯化氢。

2. 毒物形态

生产性毒物可以固体、液体、气体的形态存在于生产环境中。

① 气体，在常温、常压条件下，散发于空气中的气体，如氯、氨、一氧化碳和烯烃等。

② 蒸气，固体升华、液体蒸发时形成蒸气，如水银蒸气和苯蒸气等。

③ 雾，混悬于空气中的液体微粒，如喷洒农药和喷漆时所形成雾滴。

④ 烟尘，又称烟雾或烟气，直径小于 $0.1\mu m$ 的悬浮于空气中的固体微粒，如熔铜时产生的氧化锌烟尘，熔锡时产生的氧化锡烟尘，电焊时产生的电焊烟尘等。

⑤ 粉尘，能较长时间悬浮于空气中的固体微粒，直径大多数为 $0.1\sim10\mu m$。

二、毒物侵入人体的途径

生产性毒物进入人体的途径主要是经呼吸道，也可经皮肤和消化道进入。

1. 呼吸道

石油化工生产中的毒物，主要是从呼吸道进入人体。整个呼吸道的黏膜和肺泡都能不同程度地吸收有毒气体、蒸气及烟尘，但主要的部位是支气管和肺泡，尤以肺泡为主。肺泡接触面积大，周围又布满毛细血管，有毒物质能很快地经过毛细血管进入血液循环系统，从而分布到全身。这一途径是不经过肝脏解毒的，因而具有较大的危险性。在石油化工企业中发生的职业中毒，大多数是经呼吸道吸入体内而导致中毒的。

2. 皮肤

脂溶性毒物，如苯胺、丙烯腈等，可以通过人体完整的皮肤，经毛囊空间到达皮脂腺及腺体细胞而被吸收，一小部分则通过汗腺进入人体。毒物进入人体的这一途径也不经肝脏转化，直接进入血液系统而散布全身，危险性也较大。

3. 消化道

毒物由消化道进入人体的机会很少，多由不良卫生习惯造成误食或由呼吸道侵入人体，一部分沾附在鼻咽部混于其分泌物中，无意间被吞入。毒物进入消化道后，大多随粪便排出，其中一部分在小肠内被吸收，经肝脏解毒转化后被排出，只有一小部分进入血液循环系统。

三、职业中毒及抢救

1. 急性中毒和慢性中毒

① 急性中毒是指在短时间内接触高浓度的毒物，引起机体功能或器质性改变。一般发病很急，病情比较严重，病情变化也很快。如果急救不及时，容易造成死亡或留有后遗症。

② 慢性中毒是指在长时间内经常接触某种较低浓度的毒物所引起的中毒。发病较慢，病情进展慢，初期病情较轻。如果得不到及时诊断和治疗，将会发展成为严重慢性中毒。

2. 急性中毒的现场抢救

石油化工生产和检修现场发生的急性中毒，多在现场突然发生异常时，由于设备损坏泄漏致使大量毒物外逸所造成的。若能及时、正确地抢救，对于挽救中毒者生命、减轻中毒程度、防止合并症具有重要意义。

抢救急性中毒患者，应迅速、沉着地做好下面几项工作。

① 救护者应做好个人防护。救护者在进入毒区之前，首先要做好个人呼吸系统和皮肤的防护，佩戴好氧气（空气）呼吸器，否则非但中毒者不能获救，救护者也会中毒，反而使中毒事故扩大。

② 切断毒物来源。对中毒者抢救的同时，应采取果断措施切断毒源（如关闭阀门、停止加送物料、加盲板等），防止毒物继续外逸。如果是在厂房内中毒，应开启通、排风机。

③ 防止毒物继续侵入人体。将中毒者迅速移至新鲜空气处，注意保持体温，松解中毒者颈、胸部纽扣和腰带，使头部偏向一侧，以保持呼吸畅通。消除毒物，防止沾染皮肤和黏膜。送往医疗救护中心或医院进行救治。

四、生产性毒物危害治理措施

生产过程的密闭化、自动化是解决毒物危害的根本途径。采用无毒、低毒物质代替有毒或高毒物质是从根本上解决毒物危害的首选办法。常用的生产性毒物控制措施如下。

1. 密闭-通风排毒系统

该系统由密闭罩、通风管、净化装置和通风机构成。采用该系统必须注意以下两点。一是整个系统必须注意安全、防火、防爆问题；二是正确地选择气体的净化和回收利用方法，防止二次污染，防止环境污染。

2. 使用局部排气罩

局部排气罩就地密闭，就地排出，就地净化，是通风防毒工程的一个重要技术准则。排气罩就是实施毒源控制，防止毒物扩散的具体技术装置。

3. 排出气体的净化

工业气体的无害化排放，是通风防毒工程必须遵守的重要准则。根据输送介质特性和生产工艺的不同，可采用不同的有害气体净化方法。有害气体净化方法大致分为洗涤法、吸附法、袋滤法、静电法、燃烧法和高空排放法。

（1）洗涤法　洗涤法也称吸收法，是通过适当比例的液体吸收剂处理气体混合物，完成沉降、降温、聚凝、洗净、中和、吸收和脱水等物理化学反应，以实现气体的净化。洗涤法是一种常用的净化方法，在工业上已经得到广泛应用，如化工行业的工业气体净化等。

（2）吸附法　吸附法是使有害气体与多孔性固体（吸附剂）接触，使有害物（吸附质）黏附在固体表面上（物理吸附）。当吸附质在气相中的浓度低于吸附剂上的吸附质平衡浓度时，或者有更容易被吸附的物质达到吸附表面时，原来的吸附质会从吸附剂表面上脱离而进入气相，实现有害气体的吸附分离。吸附剂达到饱和吸附状态时，可以解吸、再生、重新使用。吸附法多用于低浓度有害气体的净化，并实现其回收与利用。如化工等行业，对苯类、醇类、酯类和酮类等有机蒸气的气体净化与回收工程，已广泛应用，吸附效率在 $90\%\sim95\%$。

（3）袋滤法　袋滤法是粉尘通过过滤介质受阻，而将固体颗粒物分离出来的方法。在袋滤器内，粉尘经过沉降、聚凝、过滤和清灰等物理过程，实现无害化排放。袋滤法是一种高效净化方法，主要适用工业气体的除尘净化。

(4) 燃烧法　燃烧法是将有害气体中的可燃成分与氧结合,进行燃烧,使其转化为 CO_2 和 H_2O,达到气体净化与无害物排放的方法。燃烧法适用于有害气体中含有可燃成分的条件。

4. 个体防护

对接触毒物作业的工人,进行个体防护有特殊意义。毒物通过呼吸道、皮肤侵入人体,因此凡是接触毒物的作业都应规定有针对性的个人卫生制度,必要时应列入操作规程,对毒物和粉尘的防护,应使用过滤式和隔离式防毒用具。过滤式防毒用具有简易防毒口罩、防尘口罩和过滤式防毒面具等。隔离式防毒用具可分为氧气呼吸器、空气呼吸器、自吸式长管面具和送风式防毒面具等。使用什么样的防毒面具,应根据现场作业环境的条件(含氧量、毒物和浓度等)正确选用。个体防护制度不仅保护操作者自身,而且可避免家庭成员间接受害。

第四节　物理因素危害控制技术

化工生产过程中作业场所存在的物理性职业危害因素,有噪声、振动、辐射和异常气象条件(高温、低温)等。这些物理性职业危害因素会对人体造成各种危害,以及可能引起一些职业病的发生。

一、噪声

1. 生产性噪声的特性、种类及其危害

在生产中,由于机械转动、气体排放、工件撞击与摩擦所产生的噪声,称为生产性噪声或工业噪声。生产性噪声可归纳为3类。①空气动力噪声,有风机、压缩机、汽轮机等;②机械性噪声,有机泵、振动器等,在化工系统中,还有混炼机、切粒机、注塑机、成型机、冲切机、包装机等大型机械产生较高噪声;③电磁性噪声,有电动机、变压器、电磁振动台和振荡器等。

生产性噪声一般声级较高,有的作业地点可高达120dB以上。长期接触噪声会对人体产生危害,其危害程度主要取决于噪声强度

（声压）的大小、频率的高低和接触时间的长短。一般认为强度越大、频率越高、接触时间越长则危害越大。由于长时间接触噪声导致的听阈升高、不能恢复到原有水平的称为永久性听力阈移，临床上称噪声聋。噪声不仅对听觉系统有影响，对非听觉系统如神经系统、心血管系统、内分泌系统、生殖系统及消化系统等都有影响。

2. 噪声控制措施

防止噪声危害应从声源、传播途径和接收者三个方面考虑，主要有三方面措施。

（1）消除或降低噪声、振动源　如铆接改为焊接、锤击成型改为液压成型等。为防止振动，使用隔绝物质，如用橡皮、软木和砂石等隔绝噪声。

（2）消除或减少噪声、振动的传播　控制噪声的传播一般有吸声、消声、隔声、隔振等几种措施。①吸声。采用吸声材料装饰在车间的内表面，吸收辐射和反射声能，使噪声强度减低。具有较好吸声效果的材料有玻璃棉、矿渣棉、泡沫塑料、毛毡、棉絮、加气混凝土、吸声板、木丝板等。②消声。用一种能阻止声音传播而允许气流通过的装置，即消声器。这是防止空气动力性噪声的主要措施。③隔声。在某些情况下，可以利用一定的材料和装置，把声源封闭，使其与周围环境隔绝起来，如隔声罩、隔声间。隔声结构应该严密，以免产生共振影响隔声结果。④隔振。为了防止通过地板和墙壁等固体材料传播的振动噪声。

（3）加强个人防护和健康监护。对于生产场所的噪声暂时不能控制，或需要在特殊高噪声条件下工作时，佩戴个人防护用品是保护听觉器官的有效措施。耳塞是最常用的一种，隔声效果可达30dB左右。耳罩、帽盔的隔声效果优于耳塞，但使用时不够方便，成本也较高。

二、振动

1. 产生振动的机械

在生产过程中，生产设备、工具产生的振动称为生产性振动。在化工厂产生振动的机械有冲压机、压缩机、振动机、送风机等。

凡使用风动工具、电动工具、交通运输工具等，由于气体的振动，而产生设备振动也较明显。在生产中手臂振动所造成的危害，较为明显和严重，国家已将手臂振动病列为职业病。

存在手臂振动的生产作业主要有以下几类。①操作锤打工具，如操作凿岩机、空气锤、筛选机、风铲、捣固机和铆钉机等；②手持转动工具，如操作电钻、风钻、喷砂机、金刚砂抛光机和钻孔机等；③使用固定轮转工具，如使用砂轮机、抛光机、球磨机和电锯等；④驾驶交通运输车辆与使用农业机械，如驾驶汽车、使用脱粒机。

2. 振动的控制措施

（1）控制振动源　应在设计、制造生产工具和机械时采用减振措施，使振动降低到对人体无害水平。

（2）改革工艺，采用减振和隔振等措施　如采用焊接等新工艺代替铆接工艺；采用水力清砂代替风铲清砂；工具的金属部件采用塑料或橡胶材料，减少撞击振动。

（3）限制作业时间和振动强度　工作中可安排一定的工间休息，振动的频率越高，休息次数与时间应相应地增加和延长。使用的风动工具振动频率达 1200 次/min 时，工人操作 1h 宜休息 10min；如振动频率为 4000 次/min，宜休息 30min。

（4）改善作业环境，加强个体防护及健康监护　对接触振动的工人应进行就业前及定期体检。

三、辐射

电磁辐射是存在于宇宙空间上的一种能量。这种能量以电场和磁场形式存在，并以波动形式向四周传播，人们把这种交替变化的，以一定速度在空间传播的电场和磁场，称为电磁辐射或电磁波。

电磁辐射分为射频辐射、红外线、可见光、紫外线、X 射线及 α 射线等。由于其频率、波长、量子能量不同，对人体的危害作用也不同。当量子能量达到 12eV 以上时，对物体有电离作用，能导致机体的严重损伤，这类辐射称为电离辐射。量子能量小于 12eV 的不足以引起生物体电离的电磁辐射，称为非电离辐射。

1. 非电离辐射的分类与防护

(1) 非电离辐射的分类及其危害

① 射频辐射。射频辐射又称为无线电波,量子能量很小。按波长和频率,射频辐射可分成高频电磁场、超高频电磁场和微波3个波段。

高频作业,如高频感应加热金属的热处理、表面淬火、金属熔炼、热轧及高频焊接等。高频介质加热对象是不良导体,广泛用于塑料热合、橡胶硫化等。高频等离子技术用于高温化学反应和高温熔炼。

工人作业地带的高频电磁场主要来自高频设备的辐射源,如高频振荡管、电容器、电线圈及馈线等部件。无屏蔽的高频输出变压器常是工人操作岗位的主要辐射源。

微波作业,如微波加热广泛用于医药与纺织印染等行业。生产场所接触微波辐射多因设备密闭结构不严,造成微波能量外泄或由各种辐射结构(天线)向空间辐射的微波能量。

一般来说,射频辐射对人体的影响不会导致组织器官的器质性损伤,主要引起功能性改变,并具有可逆性特征,在停止接触数周或数月后往往可恢复。但在大强度长期射频辐射的作用下,心血管系统的征候持续时间较长,并有进行性倾向。主要表现心动过缓,血压下降。

② 红外线辐射。在生产环境中,熔炉等加热设备、熔融玻璃及强发光体等可成为红外线辐射源。红外线辐射对机体的影响主要是皮肤和眼睛。较大强度短时间照射,皮肤局部温度升高,血管扩张,出现红斑反应,停止接触后红斑消失,反复照射,局部出现色素沉着。过量照射,特别是近红外线(即短波红外线),除发生皮肤急性灼伤外,还可透入皮下组织,使血液及深部组织加热。眼睛长期暴露于低能量红外线下,可致眼的慢性损伤,常见为慢性血性眼睑炎。短波红外线可致角膜热损伤,并能透过角膜伤及虹膜。

③ 紫外线辐射。生产环境中,物体温度达1200℃以上的辐射电磁波谱中即可出现紫外线。随着物体温度的升高,辐射的紫外线频率增高,波长变短,其强度也增大。常见的辐射源有冶炼炉(高

炉、平炉、电炉)、电焊、氧乙炔气焊、氢弧焊和等离子焊接等。

强烈的紫外线辐射作用可引起皮炎，表现为弥漫性红斑，有时可出现小水泡和水肿，有发痒、烧灼感。在作业场所比较多见的是紫外线对眼睛的损伤，即由电弧光照射所引的职业病——电光性眼炎。此外在阳光照射的冰雪环境下作业时，受到大量太阳光中紫外照射，可引起类似电光性眼炎的角膜、结膜损伤，称为太阳光眼炎或雪盲症。

④ 激光。激光是物质受激辐射所发出光的放大，它是一种人造的、特殊类型的非电离辐射。具有亮度高、方向性、相干性好的一系列优异特性。被广泛应用于工业、农业、国防、医疗和科研领域。在工业生产中主要利用激光辐射能量集中的特点，用于焊接、打孔、切割和热处理等。

激光对人体的危害主要是由它的热效应和光化学效应造成的，使蛋白质凝固变性，酶失去活性。激光对皮肤损伤的程度取决于激光强度、频率和肤色深浅、组织水分、角质层厚度等。激光能灼伤皮肤。

(2) 非电离辐射的控制与防护

① 对高频电磁场的防护，主要有以下措施。

场源屏蔽：可以金属薄板（或金属网、罩）将高频电磁波的场源包围，以反射或吸收高频电磁波的场能，降低作业场所电磁场的强度。常用的有逐件屏蔽和整体屏蔽，两者都必须有良好的接地装置，以便将场能转变为感应电流引入地下。

距离防护：由于电磁场辐射源所产生的场能与距离的平方成反比，故应在不影响操作的前提下尽量远离辐射源，例如使用长柄作业工具、遥控装置等。

合理布局：安装高频机时，尽量远离非专业工人的作业点和休息场所，高频机之间应有一定距离。

② 对微波辐射的防护，是直接减少源的辐射、屏蔽辐射源、采取个人防护及执行安全规则。

③ 对红外线辐射的防护，使用反射性铝制盖物和铝箔制衣服，减少红外线暴露和降低操作工的热负荷，重点是对眼睛的保护，生

产操作中能有效过滤红外线的防护镜。

④ 对紫外线辐射的防护,是屏蔽和增大与辐射源的距离,佩戴专用面罩、防护眼睛、防护服、手套等防护用品。

⑤ 对激光的防护,应包括激光器、工作室及个体防护三方面。激光器要有安全设施,在光束可能泄漏处应设置防光封闭罩;工作室围护结构应使用吸光材料,色调要暗,不能裸眼看光;使用适当个体防护用品并对人员进行安全教育等。

2. 电离辐射来源与防护

(1) 电离辐射来源　凡能引起物质电离的各种辐射称为电离辐射。其中 α 粒子、β 粒子等带电粒子都能直接使物质电离,称为直接电离辐射;γ 光子、中子等非带电粒子,先作用于物质产生高速电子,继而由这些高速电子使物质电离,称为非直接电离辐射。能产生直接或非直接电离辐射的物质或装置称为电离辐射源,如各种天然放射性核素、人工放射性核素和 X 线机等。

随着原子能事业的发展,核工业、核设施也迅速发展,放射性核素和射线装置在工业、农业、医药卫生和科学研究中已经广泛应用。接触电离辐射的人员也日益增多。

(2) 电离辐射的防护　电离辐射的防护,主要是控制辐射源的质和量。电离辐射的防护分为外照射防护和内照射防护。外照射防护的基本方法有时间防护、距离防护和屏蔽防护,通称"外防护三原则"。内照射防护的基本防护方法有围封隔离、除污保洁和个人防护等综合性防护措施。

四、异常气象条件

1. 异常气象条件的种类

按其气象条件的特点,常见的高温作业分为三种类型。

(1) 高温作业　化工企业的高温作业和岗位较多。各种焙烧炉、熔炉、炼焦炉、反应器、锅炉等处,都有大量热能散发;热蒸气管道也有一定热量放出。橡胶厂的硫化、烘胶,染料厂的烘房,氮肥厂的煤气发生炉、化工机械厂的热处理等岗位气温都较高。夏天南方地区的室外运输等作业,还会受到强烈阳光的照射。

(2) 高温、强热辐射作业　高温、强热辐射作业是指工作地点气温在 30℃ 以上或工作地点气温高于夏季室外气温 2℃ 以上,并有较强的辐射热作业。这些作业环境的特点是气温高、热辐射强度大,相对湿度低。

(3) 高温高湿作业　高温高湿作业,其作业环境的特点是气温高、湿度大,热辐射强度不大,或不存在热辐射。如印染、缫丝等工业中,液体加热或蒸煮,车间气温可达 35℃ 以上,相对湿度达 90% 以上。有的煤矿深井井下气温可达 30℃,相对湿度 95% 以上。

(4) 其他异常气象条件作业　如冬天在寒冷地区或极地从事野外作业,冷库或地窖工作的低温作业,潜水作业和潜涵作业等高气压作业,高空、高原低气压环境中进行运输、勘探、筑路及采矿等低气压作业。

2. 异常气象条件高温对人体的影响

(1) 体温调节障碍　在正常情况下,人们的体温是在 37℃ 左右,这是因为有体温调节中枢的控制,使人体产生的热、散发的热经常保持相对平衡的结果。当我们饮食、劳动和运动时,体内就会产生热能,而散热的途径,除呼吸排出一些热量外,主要通过血液循环,把体内产生的热能送到皮肤表面再散发出去。但当外界的温度超过皮肤温度,由皮肤通过对流、辐射的散热功能会受到障碍,这时主要借出汗的水分蒸发起到散热作用。所以作业环境中的温度过高、湿度过大或存在强烈辐射热源,将影响人体的正常散热功能,甚至使体内的热量蓄积而引起体温升高。

(2) 水分和盐分损失　在高温环境中劳动,常常是大汗淋漓,汗流浃背。这种出汗是人体保持体温平衡的一种重要散热方式。皮肤表面蒸发汗液,约可带走 2.42kJ 的热量。高温环境下劳动,出汗量往往比常温时增高三四倍,甚至更多些。由于汗液里含有 0.4%~0.5% 的盐分,所以排出 1L 汗液,大约会损失 4~5g 盐分;排汗越多,损失盐量就越多。这时高温工人感到口渴、疲乏、无力等不适,往往是缺水、缺盐的早期信号。

(3) 其他方面影响　高温造成大量排汗后血液浓缩,以致加重了心脏负担,便心跳加快,血压降低。此外,消化液分泌减少,胃酸降低,消化功能下降,食欲减退,有时伴有注意力不集中、乏力等表现。

3. 异常气象条件防护措施

(1) 高温作业防护　对于高温作业,首先应合理设计工艺流程,改进生产设备和操作方法,这是改善高温作业条件的根本措施。采用开放或半开放式作业,利用自然通风,尽量在夏季主导风向下风侧对热源隔离等。

(2) 隔热　隔热是防止热辐射的重要措施,可利用水来进行。

(3) 通风降温　通风降温方式有自然通风和机械通风两种方式。

(4) 保健措施　供给饮料和补充营养,暑季供应含盐的清凉饮料是有特殊意义的保健措施。

(5) 个体防护　高温防护可使用耐热工作服等。对低温的防护,要防寒和保暖,加强个体防护用品使用。

复习思考题

1. 职业危害控制的基本原则是什么?
2. 生产性粉尘治理的技术措施有哪些?
3. 生产性毒物有哪几种形态?
4. 个体防护有哪些用具?使用原则是什么?

第二篇 环 境 保 护

第十章 环境保护的基本概念和基础知识

第一节 绪 论

环境保护是我国的一项基本国策,随着经济建设的发展和改革的深入,环保工作越来越引起人们的关心和重视。实践证明,以大量消耗资源、粗放经营为特征的传统经济发展模式,经济效益低,排污量大,不但环境质量必然会不断恶化,损害人民健康,而且经济也难以持续发展。我们要善于从实践中吸取正反两方面的经验,充分发挥社会主义制度的优越性,在建立社会主义市场经济和深化改革的过程中,勇于探索,勇于创新,尽快转变发展战略,开拓具有中国特色的环境保护道路。在经济持续、快速、健康发展的同时,创造一个清洁安静、优美舒适的劳动环境和生活环境。

一、什么是环境

环境是人类进行生产和生活活动的场所,是人类生存和发展的物质基础。《中华人民共和国环境保护法》明确指出:"本法所称环境是指影响人类生存和发展的各种天然的、经过人工开发的自然因素的总体,包括大气、水、海洋、土地、矿藏、森林、草原、野生生物、自然遗迹、人文遗迹、自然保护区、风景名胜、城市和乡村等。"

二、环境问题

环境科学与环境保护所研究的环境问题主要不是自然灾害问题,而是人为因素所引起的环境问题,这种人为环境问题一般可分为两类：一是不合理开发利用自然资源，超出环境承载力，使生态环境质量恶化或自然资源枯竭的现象；二是人口激增、城市和工农业高速发展引起的环境污染和破坏。总之，是人类经济社会发展与环境的关系不协调所引起的问题。

环境问题的实质是由于盲目发展、不合理开发利用资源而造成的环境质量恶化和资源浪费，甚至枯竭和破坏。

三、环境保护是我国的一项基本国策

1. 环境保护的内容和任务

1989年颁布的《中华人民共和国环境保护法》明确提出了环境保护的基本任务："保护和改善生活环境与生态环境，防治污染和其他公害，保障人体健康，促进社会主义现代化建设的发展。"

2. 为什么把环境保护提到国策的战略高度

① 吸取我国人口问题的历史教训。

② 保护环境资源，为经济建设服务。

③ 保护人民健康，满足人民需要。

④ 为了子孙后代。

四、世界已进入持续发展的时代

1. 什么是持续发展战略

（1）两个基本要点　一是人类应坚持与自然相和谐的方式追求健康而富有生产成果的生活，这是人类的基本权利，但却不应该凭借手中的技术与投资，以耗竭资源、污染环境、破坏生态的方式求得发展。

二是当代人在创造和追求今世的发展与消费时，应同时承认和努力做到使自己的机会和后代人的机会相平等，所以绝不能剥夺或破坏后代人应当合理享有的同等发展与消费的权利。

（2）思想实质　尽快发展经济满足人类日益增长的基本需要，但经济发展不应超出环境的容许极限，经济与环境必须协调发展，保证经济、社会能够持续发展。

2. 世界已进入持续发展的时代

（1）实行持续发展战略已成为世界各国的共识

（2）持续发展时代的新变化

① 环境与发展的新思想、新概念。
② 环境原则已成为经济活动中的重要原则。
在国际贸易、工业发展、经济决策和银行贷款中均要讲求环境原则；商品价格应准确反映经济活动造成的环境代价。

第二节　人类环境系统

一、人口与环境

1. 当代中国人口发展概况
① 人口基数庞大，总量增长迅速。
② 增长率上下波动，变化幅度剧烈。
③ 人口年龄结构已开始向成年过渡，出现了一定的老年化趋势。
④ 人口分布不均。
⑤ 人口身体素质和文化素质较低。
2. 人口对环境的影响
（1）人口过快增长对环境的压力
① 人口增长对环境资源的压力。
a. 人口急剧增长，耕地不断减少。
b. 人口增长使森林资源承受过重的需求压力。
c. 庞大的人口对矿产资源造成沉重的压力。
d. 人口激增对水资源施加了压力。
e. 人口增长直接导致能源需求量的增长，对环境的压力也随之增大。
② 人口增长对就业带来压力。
③ 人口增长对城市建设的压力。
（2）其他人口因素对环境的影响
① 人口密度与环境负荷：人口密切影响环境的本质是高密度的人口通过高强度的经济活动和资源利用对环境施加更大的压力。
② 人均占有资源量将进一步减少，对未来环境的压力增大。

③ 人口文化素质与环境保护行动：人口的科学文化素质直接影响到人类的环境意识，进而体现在社会经济发展中人们对待环境的行为。

人口的科学文化素质直接影响到环境科学技术的发展，进而体现在防治环境污染和生态破坏的技术水平上。因此人口的文化素质对于环境有着十分重要的影响。

3. 控制人口增长，保护生态环境
① 人口政策是加快人口因素转变的决定性因素。
② 计划生育是中国的基本国策。
③ 提高人口素质。

二、城市生态系统

1. 城市生态系统组成

城市生态系统由城市居民、自然环境系统和经济环境系统组成。

城市居民由其数量、结构和空间分布三个要素构成。

自然环境系统包括大气、水体、土壤、岩石、矿产资源、太阳、风等非生物系统和动物、微生物等生物系统。

经济环境系统包括人工建造的物质环境系统（房屋建筑、道路桥梁、运输工具、供电、供热、通讯等）和非物质环境系统（城市政治、经济、文化、科技、教育系统等）。

2. 城市生态系统特点
① 人是城市生态系统的主体。
② 城市生态系统中消费者的比例大于生产者。
③ 城市生态系统是一个开放系统。

3. 城市生态系统结构
① 构型：构型即城市的总体外貌和图形，是人为改造的产物。
② 密度：通常是单位面积上的频数，如人口密度是指每平方公里的居民数。
③ 分区：分区指城市各部分的用途，一般可分为居住区、商业娱乐区、工业区、风景旅游区等。
④ 联络：指的是把城市系统联络在一起的一套物理结构和功

能纽带。联络的增加将成为构型、密度和分区的刺激因素。

城市系统营养结构主要是经济结构。经济结构包括工作结构、能源结构、资源结构和交通结构等几个方面，其中比较重要的是工业结构和能源结构。

4. 城市生态系统功能

① 生产功能：生产功能为社会提供丰富的物质和信息产品。

② 生活功能：生活功能为市民提供方便的生活条件和舒适的环境。

③ 协调及还原功能：协调功能保证城乡自然资源的连续利用和社会、经济、环境的协调发展。

5. 建设高质量城市生态环境

现代化的城市是城市发展的高级阶段。其主要标志是完善的设施、合理的规划、科学的管理、健全的生态和最佳的效益。

搞好现代化城市的建设、推进城市化建设的健康发展必须做好以下四个方面的工作。

① 正确实施城市发展方针，合理控制城市规模。

② 综合整治城市环境，以最佳方式利用城市环境资源。

③ 在改善城市环境的同时，重视农村生态环境的改善。

④ 控制人口数量，提高人口素质。

第三节 环境与健康

一、人体与环境的关系

1. 生命的起源

生命是以蛋白质的方式存在的，碳、氢、氧、氮是构成蛋白质的主要化学元素，还有磷、钙、镁、钾、硫、氯、钠共 11 种元素为人体必需宏量元素，占人体总重 99.95%。此外，在人体内还发现了 50 多种微量元素。据科学家分析，人体内微量元素的种类和海洋中这些元素的种类相似，所以科学家认为，生命起源于原始的海洋。

2. 人体与环境的统一

人体和环境都是由物质组成的。人体通过新陈代谢作用与周围环境进行能量传递和物质交换。人类赖以生存的自然环境是经过亿万年演变而形成的，人类是自然环境的产物，在正常情况下，人体与环境之间保持一种动态平衡的关系。环境如果遭受污染，会使环境中某些化学元素或物质增多。通过人体与环境在组成的相关性以及人体与环境相互依存的关系，说明人体和环境是不可分割的辩证统一体，在地球长期历史发展进程中，形成了一种相互制约、相互作用的统一关系。

二、环境与疾病

1. 地方病

发展在某一特定地区、同一定的自然环境有密切关系的疾病称为地方病。地方病发生在经济不发达、同外地物资交流少以及保健条件不良的地区。我国最典型的地球化学性疾病有地方性甲状腺肿、克山病和地方性氟中毒等。

2. 环境污染疾病

环境污染对人体健康的影响是极其复杂的过程，各种污染物通过大气、食物、饮水等多种途径进入人体。这些有毒有害的污染物被人体吸收后，以其原形或代谢产物作用于某些器官，具有广泛性、长期性和潜伏性特点，又具有致病、致畸、致突变等作用，导致慢性病的发生，有的潜伏期长达十几年，有的甚至在后代身上表现出来。

三、环境污染的特征和危害

1. 环境污染的特征

① 影响范围大。

② 作用时间长。

③ 污染物深度低。

④ 污染容易，治理难。

2. 环境污染对健康的危害

（1）大气污染对健康的影响　大气污染对健康的影响，取决于大气中有害物质的种类、性质、浓度和持续时间，也取决于个体的第三性。一般说来，进入越深，面积越大，停留时间越长，吸收量也越大。毒物由呼吸道进入机体的危害最大。

有刺激作用的有害物（如烟尘、二氧化硫、硫酸雾、氯气、臭氧等）会刺激上呼吸道黏膜表层的迷走神经末梢，引起支气管反射性收缩和痉挛、咳嗽、打喷嚏等。

大气中无刺激作用的有害气体（如一氧化碳等）由于不能为人体感官所觉察，危害性比刺激性气体还要大。

近几十年来，医学界发现传染病的发病率和死亡率在不断下降，而癌症的发病率和死亡率却不断上升。现已查明，引起肿瘤的病因有：①物理因素——紫外线、X射线、电离辐射等；②生物因素——如病毒等；③化学因素——如吸烟、工业污染物、药物等。对"总体人群"的危害程度而言，化学因素居首位。

环境污染物中除致癌物以外，有些污染物还具有致畸、致突变作用，此外，大气中一些有害化学物质对眼睛、皮肤也有刺激作用，有的有臭味，还可引起感官性状的不良反应。

(2) 水污染对健康的影响

① 引起急性和慢性中毒。

② 致癌、致畸、致突变作用。

③ 发生以水为媒介的传染病。

④ 间接影响（使水体的天然自净能力受到抑制，影响水体的卫生状况）。

(3) 土壤污染对健康的影响　土壤是人类环境的主要因素之一，也是生态系统物质交换和物质循环的中心环节。土壤污染主要是指土壤中收容的有机废弃物或含毒废弃物过多，影响或超过了土壤的自净能力，从而在卫生学上和流行病学上产生了有害的影响。被病原体污染的土壤传播伤寒、痢疾、病毒性肝炎等传染病。有些人畜共患的传染病或与动物有关的疾病，也可以通过土壤传染给人。土壤被有毒化学物污染后，对人体的影响大多是间接的。

(4) 生物污染对健康的影响　生物性污染主要是由有害微生物及其毒素、寄生虫及其虫卵和昆虫等引起的。当人们一次大量摄入受污染的食品时，可引起急性中毒，即食物中毒。

现代人过分追求食品"色、香、味"，所加大多数添加剂都是化学物质，这些添加剂多数都有一定的毒性，过多地摄入会在体内积累，产生对人体有害的作用。

俗话说"病从口入"，切实注意食品卫生是保障人们身体健康的关键。

四、居住环境与健康

人的一生大约有 2/3 的时间是在居室内度过的，居室的居住水平和居住环境质量是衡量一个国家或地区人民生活水平的指标之一，它直接影响着居民的健康。

1. 居室与居住标准

居室是家庭最小的活动单位。

在成套住宅中，住房的使用面积通常为建筑面积的 60%～70%。室高、室深、面积、容积是居室规模的直观指标。室高是指居室天花板至地板的垂直高度。按照我国"住宅建设设计规范"规定，住宅建筑室内净高不应低于 2.4m。室深指外墙外表面对对面墙内表面的距离。室深与室高应有一定比例，太小房间会显得狭窄，太大光线不理想。面积是居住规模的重要指标。从卫生学和建筑学等各种因素来看，人均居住面积九平方米较合适。居室容积是居室规模的一项综合指标，人均居住容积应在 $20\sim25m^3$。

2. 居室内生活燃料的污染

（1）开放式排放　家庭所用炊事燃烧产物如煤烟、硫氧化物等的浓度大大超过室外。

（2）缓慢排放　生活煤炉在炊事活动以外的时间都保持不熄灭的封闭状态，炉内不完全燃烧过程缓慢排放出二氧化硫和一氧化碳。尽管浓度较低但缓慢排放的时间较长，污染物容易在室内积累。

（3）挥发物排放量大　燃煤过程中干馏阶段逸出挥发物，由于居用煤炉的炉膛很浅，大多数挥发物来不及燃烧就被排放出来，造成室内有机物污染严重。

（4）低空排放　生活煤炉的污染物直接在人们生活空间排放，影响面广，对人的健康危害较严重。

城市住宅厨房空气的污染，除了燃料燃烧的产物造成污染外，烧菜过程中油烟等污染物在厨房不通风或通风不良时大部分进入室内，因此，在人类所有能够正常生活的建筑空间里，住宅厨房的空气污染是最严重的。

3. 吸烟的污染

吸烟是居室的主要污染源之一。烟草中含有一种特殊的生物碱——尼古丁，对人的神经细胞和中枢神经系统有兴奋和抑制作用，人在吸入一定量的尼古丁后就会产生"烟瘾"。烟草中尼古丁的含量大约为 0.8%～5%，毒性很大，是吸烟致病的主要物质之一。

我国卷烟消费量现在已占世界总消费量的 1/3。世界卫生组织为了引起各国对吸烟问题的重视，将每年 5 月 31 日定为"世界无烟日"。

日本学者指出，吸烟、大气污染和职业因素诱发肺癌的比例关系大致是 7：2：1。即使香烟加了过滤嘴，也很难把有毒物质过滤掉，无论什么样的过滤嘴，其滤除效率仅在 20% 左右。

不吸烟的人在吸烟污染的室内同样会受到烟气的危害，这是通常所说的被动吸烟。吸烟者吸入体内的主烟流仅占整个烟气的 10%，90% 的侧烟流弥漫在室内。侧烟流中，特别是危害较大的焦油、尼古丁、一氧化碳等均高于主烟流，由此看来，吸烟不仅损害自己的健康，还会造成居室污染，使家庭中其他成员被动吸烟，遭受吸烟的种种危害。为了保障健康，大家还是不要抽烟。特别是在公共场所，应该严禁吸烟。

复习思考题

1. 什么是环境？
2. 环境污染的特征和危害有哪些？

第十一章 化工、炼油工业对环境的污染及防治

第一节 化工、炼油工业污染物及危害

一、化工、炼油工业污染物

1. 根据生产过程区分污染来源

（1）开采过程的污染　例如在采石油时，会发生石油对周围土壤（或水域）的污染。

（2）制造过程的污染

① 原料不能被完全利用造成的污染：例如，氯碱工业电解食盐溶液制取氯气、氢气和烧碱，只能利用食盐中的氯化钠，其余占原料10%左右的杂质则排入下水道；又如氮肥工业利用氨与硫酸的中和反应制取硫酸铵时，260kg氨和750kg硫酸共重1010kg，生成的硫酸铵只有1000kg，还有约1%的原料没有完全反应，随着排气跑到空气中，等等。

原料不能被完全利用的原因有三点：一是原料不纯，含有生产所不需要的成分；二是原料之间的反应不完全；三是气体被吸收不完全。

② 化学反应的副产物带来的污染：利用化学反应制取产品时，生成物不光有我们所需要的产品，还往往有我们不需要的副产物，如不加以回收利用，就会污染环境。如磷肥工业中用磷矿、焦炭、硅石反应制取黄磷时，同时还生成一氧化碳和硅酸钙，分别形成了废气和废渣。

③ 辅助生产过程中产生的污染：不论是化学工业还是炼油工业，在生产过程中都要用到水蒸气，因此要烧锅炉提供水蒸气，这

就是辅助生产。烧锅炉所产生的燃烧废渣和燃烧废气的污染，就是辅助生产过程中产生的污染。

④ 生产事故造成的污染：比较经常的事故是设备事故，尤其是化工生产，因为原料、成品或半成品很多都具有腐蚀性的，容器、管道等容易被腐蚀坏，如检修不及时，就会出现跑、冒、滴、漏现象，流失的原料、成品或半成品就会造成对环境的污染。比较偶然的事故是工艺过程事故，如反应条件没有控制好，或催化剂没有及时更换，或者为了安全而大量排气、排液，或者生成了不需要的东西，这种废气、废液和不需要的东西，数量比平时多，浓度比平时高，会造成一时的严重污染。

(3) 运输过程的污染　每个工厂都要运进原料、运出产品。在运输过程中，会出现各种各样的损耗，造成程度不同的污染。如石油对海洋的污染，化学药品、化学试剂、化工产品，或者因包装不严密，或者因容器破损，在运输过程中也会有化学物品洒漏，污染了环境。

(4) 贮存过程的污染　在贮存过程中，有的产品内部还会继续发生化学变化，如钙镁磷肥在粉碎包装后，其内部各成分之间还发生化学反应，产生含氟废气；有的产品易挥发，有的产品易潮解，结果也会造成对空气和地面的污染。

(5) 使用过程的污染　有的产品被用作生产其他产品的原料，因原料不能被完全利用，会造成污染；有的用过以后，成了废品而造成污染。

2. 根据物质形态区分污染物

通常条件下，物质的形态有固态、液态、气态。故污染物亦可分为废渣、废水、废气。

(1) 废气中的主要工业有害物

① 气体和蒸气：包括一氧化碳、一氧化氮、二氧化氮、二氧化硫、硫化氢、氟气、氟化氢、四氟化硅、氯气、氯化氢、氨气、甲烷、乙烯、丙烯、丁烯、氯乙烯、氯丁二烯、3,4-苯并芘、甲醛、甲硫醇、苯胺还有成分复杂的恶臭物质、光化学烟雾、铅烟等。

② 气溶胶：包括铅尘、硅尘、浮游粒子。

(2) 废水中的主要工业有害物　包括无机酸（盐酸、硝酸、硫酸、磷酸）、无机碱（纯碱、硫化碱、苛性钾、苛性钠、消石灰）、氰化物（氢氰酸、氰化钠、氰化钾）、铅、砷、汞、钴、镉、钼、铬、铜、锰、镍、锌等。

有机酸（脂肪酸、芳香族酸）、芳烃及其衍生物（苯、二甲苯、苯胺等）、有机氧化物（甲醇、乙醇、乙二醇等）、甲基汞、二甲基汞。

(3) 废渣　包括开矿废石、硫铁矿渣、磷石膏、磷渣、电石渣、氯化钙、盐泥、工业垃圾。

3. 化学、炼油工业生产中的污染物

粗略地分，化学工业可分为无机化学工业、有机化学工业两大类。

无机化学工业生产中的污染物大致为：①氯碱工业，产品有烧碱、氯气、氢气，生产方法为水银电解法，污染物为汞、氯气、氯化氢、盐酸、硫酸、盐泥；②纯碱工业，产品为纯碱，生产方法为氨碱法，污染物为石灰粉尘、废水、氯化钙废渣；③硫酸工业，产品为硫酸，生产方法为塔式法，污染物为氮氧化物、二氧化硫、硫酸酸雾；④氮肥工业，产品为合成氨，生产方法系以天然气为原料，以乙醇胺脱碳，污染物为一氧化碳、氨、碳酸氢铵、乙醇胺、二氧化碳。

有机化学工业生产中的污染物大致为：①基本有机原料工业，产品有乙烯、丙烯、丁烯等，生产方法采用石油裂解，生产中的污染物为一氧化碳、甲烷等碳氢化合物、油类、芳烃和低分子量烯烃聚合物、废碱液、绿油、溶解性烃类、有机硫化物；②合成树脂与塑料工业，产品为聚氯乙烯，污染物为氯化氢、有机氯化物、催化剂、有机物或无机盐类固体悬浮物、氯乙烯、聚氯乙烯。

炼油工业生产中的主要污染物为：炼油废水中的油酚、硫化物、氰化物、氨和酸、碱；炼油废气中的二氧化硫、硫化氢、烃类化合物、一氧化碳、氧化氮以及来自催化裂化再生器的粉尘；炼油废渣中的游离酸、磺酸、硫化物、烃类、聚烃类等的酸渣以及含有过剩碱、硫化钠、环烷酸钠、酚类化合物等的碱渣。

二、化工、炼油工业污染物的危害

1. 对环境的危害

（1）污染物对器材、建筑物等的腐蚀作用　像二氧化硫、硫酸酸雾等气体，与空气中的水雾反应，生成硫酸、盐酸时对器材、建筑物的腐蚀作用就更大；烟尘或者说浮游粒子，也对钢板、锌板有腐蚀作用，而且降落到器物上会玷污器物。

（2）污染物对水体的破坏　酸、碱污染物进入水体后，会增加水体的酸度或碱度；有毒污染物进入水体后，会增加水体的毒性。另外，需氧废弃物、植物营养物进入水体，也会破坏水体。

（3）污染物对土壤的破坏　酸性污染会使土壤酸化，碱性废水使土壤碱化，有毒废水使土壤毒化。

（4）污染物对气候的影响　大气中二氧化碳浓度的增高，会导致地球上气温的上升，浮游粒子也会影响地球气温。

2. 对生物的危害

（1）对微生物的危害　当 pH 小于 6 时，活性污泥法处理废水的过程会受到影响。氯化物对细菌也有毒害作用，在活性污泥法处理污水的过程中，当氰根在 7mg/kg 以上时，则由于氰根的干扰，微生物的繁殖将受到影响。

（2）对植物的危害　二氧化硫、氮氧化物、氯气等都对植物有害。它们使树叶枯斑、落叶或者堵塞植物叶孔，最后都会使植物死亡。

（3）对动物的危害　氟化氢使牛骨质疏松、关节发硬、体质衰弱。汞使鸟类中毒死亡。苯酚使鱼、贝类发生臭味。有机氯造成鸟类死亡。石油及石油产品对海鸟妨碍很大，还使水中的鱼、贝类、海生动物窒息死亡。

3. 对人体的危害

（1）直接损害人体的各个器官

① 工业有害物危害人的呼吸系统。

② 工业有害物危害人的血液。

③ 工业有害物危害人的皮肤和五官。

此外，工业有害物还危害骨骼、肠胃和神经。
(2) 使人中毒或长癌

第二节　化工、炼油工业废水的处理

工业废水是化工、炼油工业环境保护工作的重要环节。由于水量大、水质复杂，对废水处理问题要从多方面进行综合考虑，以求合理解决。

现代的污水处理技术，按其作用原理可分为物理法、化学法、物理化学法和生物处理法四大类。

(1) 物理法　通过物理作用，分离、回收污水中不溶解的呈悬浮状的污染物质（包括油膜和油珠），在处理过程中不改变其化学性质。物理法操作简单，经济。常采用的有重力分离法、离心分离法、过滤法及蒸发、结晶法等。

① 重力分离（即沉淀）法：利用污水中呈悬浮状的污染物和水密度不同的原理，借重力沉降（或上浮）作用，使其水中悬浮物分离出来。沉淀（或上浮）处理设备有沉砂池、沉淀池和隔油池。

在污水处理与利用方法中，沉淀与上浮法常常作为其他处理方法前的预处理。

② 过滤法：利用过滤介质截流污水中的悬浮物。过滤介质有钢条、筛网、纱布、塑料、微孔管等，常用的过滤设备有格栅、栅网、微滤机、砂滤机、真空滤机、压缩机等。

③ 气浮（浮选）：将空气通入污水中，并以微小气泡形式从水中析出成为载体，污水中相对密度接近于水的微小颗粒状的污染物（如乳化油）黏附在气泡上，并随气泡上升至水面，形成泡沫——气、水、悬浮颗粒（油）三相混合体，从而使污水中的污染物质得以从污水中分离出来。根据空气打入方式不同，气浮处理设备有加压溶气气浮法、叶轮气浮法和射流气浮法等。

④ 离心分离法：含有悬浮污染物质的污水在高速旋转时，由于悬浮颗粒（如乳化油）和污水的质量不同，因此旋转时受到的离心力大小不同，质量大的被甩到外围，质量小的则留在内圈，通过

不同的出口分别引导出来，从而回收污水中的有用物质（如乳化油）并净化污水。常用的离心设备按离心力产生的方式可分为两种：由水流本身旋转产生离心力的旋流分离器；由设备旋转同时也带动液体旋转产生离心力的离心分离机。

⑤ 反渗透：利用一种特殊的半渗透膜，在一定的压力下，将水分子压过去，而溶解于水中的污染物质则被膜所截留，污水被浓缩，而被压透过膜的水就是处理过的水。制作半透膜的材料有醋酸纤维素、磺化聚苯醚等有机高分子物质。反渗透处理工艺流程应该由三部分组成：预处理、膜分离及后处理。

（2）化学法 向污水中投加某种化学物质。利用化学反应来分离，回收污水中的某些污染物质，或使其转化为无害的物质。常用的方法有化学沉淀法、混凝法、中和法、氧化还原（包括电解）法等。

① 化学沉淀法：向污水中投加某种化学物质，以降低污水中的溶解性物质发生互换反应，生成难溶于水的沉淀物，以降低污水中溶解物质的方法。这种处理法常用于含重金属、氰化物等工业生产污水的处理。

进行化学沉淀的必要条件是能生成难溶盐。加入污水中促使产生沉淀的化学物质称为泥沉淀剂。按使用沉淀剂的不同，化学沉淀法可分为石灰法（又称氢氧化物沉淀法）、硫化物法和钡盐法。

② 混凝法：水中呈胶体状态的污染物质通常都带有负电荷，胶体颗粒之间互相排斥形成稳定的混合液。若向水中投加带有相反电荷的电解质（即混凝剂），可使污水中的胶体颗粒改变为呈电中性，失去稳定性，并在分子引力作用下，凝聚成大颗粒而下沉。通过混凝法可去除污水中细分散固体颗粒、乳状油及胶体物质等。所以该法可用于降低污水的浊度和角度，该法在工业污水处理中使用得非常广泛，既可作为独立处理工艺，又可与其他处理法配合使用，作为预处理、中间处理或最终处理。

③ 中和法：用于处理酸性废水和碱性废水。向酸性废水中投加碱性物质如石灰、氢氧化钠、石灰石等，使废水变为中性。对碱性废水可吹入含有 CO_2 的烟道气进行中和，也可用其他的酸性物

质进行中和。

④ 氧化还原法：废水中呈溶解状态的有机或无机污染物，在投加氧化剂或还原剂后，由于电子的迁移而发生氧化或还原作用，使其转化为无害的物质。根据有毒物质在氧化还原反应中能被氧化或还原的不同情况，污水的氧化还原法又可分为氧化法和还原法两大类。

氧化还原方法在污水处理中的应用实例有：空气氧化法处理含硫污水；碱性氯化法处理含氰污水；臭氧氧化法在污水的除臭、脱色、杀菌及除酚、氰、铁、锰，降低污水的 BOD 与 COD 等方面均有显著效果。还原法目前主要用于含铬污水处理。

(3) 物理化学法　在工业污水的回收利用中，经常遇到物质由一相转移到另一相的过程，例如用汽提法回收含酚污水时，酚由液相（水）转移到气相中。其他如萃取、吸附、离子交换、吹脱等物理化学法都是传质过程。利用这些操作过程处理或回收利用工业废水的方法可称为物理化学法。工业废水在应用物理化学法进行处理或回收利用之前，一般均需先经过预处理，尽量去除废水中的悬浮物、油类、有害气体等杂质，或调整废水的 pH 以便提高回收效率及减少损耗。常用的物理化学法有以下几种。

① 萃取（液-液）法：将不溶于水的溶剂投入污水之中，使污水中的溶质溶于溶剂中，然后利用溶剂与水的密度差，将溶剂分离出来。再利用溶剂与溶质的沸点差，将溶质蒸馏回收，再生后的溶剂可循环使用。

② 吸附法：利用多孔性的固体物质，使污水中的一种或多种物质吸附在固体表面而去除的方法。常用的吸附剂有活性炭。

③ 离子交换法：用固体物质去除污水中的某些物质，即利用离子交换剂的离子交换作用来置换污水中的离子化物质。在污水处理中使用的离子交换剂有无机和有机两大类。

④ 电渗析法：系在离子交换技术基础上发展起来的一项新技术。它与普通离子交换法不同，省去了用再生剂再生树脂的过程，因此具有设备简单、操作方便等优点。其基本原理是在外加直流电场作用下，利用阴、阳离子交换膜对水中离子的选择透过性使一部

分溶液中的离子迁到另一部分溶液中去，以达到浓缩、纯化、合成、分离的目的。

(4) 生物处理法　污水的生物处理法就是利用微生物的新陈代谢功能，使污水中呈溶解和胶体状态的有机污染物被降解并转化为无害的物质，使污水得以净化，属于生物处理法的工艺又可以根据参与作用的微生物种类和供氧情况，分为两大类，即好氧生物处理法及厌氧生物处理法。

① 好氧生物处理法：在有氧的条件下，借助于好氧微生物（主要是好氧菌）的作用来进行的处理。依据好氧微生物在处理系统中所呈状态的不同又可分为活性污泥法和生物膜法两大类。

活性污泥法是当前使用最广泛的一种生物处理法。该法是将空气连续鼓入曝气池的污水中，经过一段时间，水中即形成繁殖有巨量好氧性微生物的絮凝体——活性污泥，它能够吸附水中的有机物。生活在活性污泥上的微生物以有机物为食料，获得能量并不断生长繁殖。从曝气池流出并含有大量活性污泥的污水（混合液）进入沉淀池经沉淀分离后，澄清的水被净化排放，沉淀分离出的污泥作为种泥，部分回流进入曝气池，剩余的（增殖）部分从沉淀池排放。

生物膜法系使污水连续流经固体填料（碎石、煤渣或塑料填料），在填料上大量繁殖生长微生物形成污泥状的生物膜。生物膜上的微生物能够起到与活性污泥同样的净化作用，吸附和降低水中的有机污染物，从填料上脱落下来的衰老生物膜随处理后的污水流入沉淀池，经沉淀，泥水分离，污水得以净化而排放。

② 厌氧生物处理法：在无氧的条件下，利用厌氧微生物的作用来进行。近30多年来一大批高效新型厌氧生物反应器相继出现，包括厌氧生物池、升流式厌氧污泥床、厌氧流化床等。它们的共同特点是反应器中生物固体浓度很高，污泥龄很长，因此处理能力大大提高，从而使厌氧生物处理法所具有的能耗小、可回收能源、剩余污泥量少，生成的污泥稳定、易处理，对高浓度有机污水处理效率高等优点。目前还可用于低浓度有机污水的处理。

第三节 大气污染及其防治

一、大气污染

大气污染通常是指由于人类活动和自然过程引起某种物质进入大气中，呈现出足够的浓度，达到足够的时间并因此而危害了人体的舒适、健康或危害了环境的现象。

按污染的范围，大气污染可分为4类。

① 局部地区大气污染：如某个工厂烟囱排气所造成的直接影响。

② 区域性大气污染：如工矿区或其附近地区的污染，或整个城市的大气污染。

③ 广域性大气污染：是指更广泛地区、更广大地域的大气污染，在大城市及大工业带可以出现这种污染。

④ 全球性大气污染：指跨国界乃至涉及整个地球大气层的污染，如酸雨、温室效应、臭氧层破坏等。

二、大气污染综合防治

1. 大气污染现状

我国是世界上大气污染最严重的国家之一，特别是在工业、人口集中的城市，污染程度更为严重。1989年联合国环境保护计划和世界卫生组织根据60个国家连续监测15年所得到的总结报告中，列举了世界上SO_2含量最高的10个大城市，我国就占据3个：沈阳第二，西安第七，北京第九。

我国以燃煤为主，大气污染是以烟尘和SO_2为主的煤烟型污染。据1994年中国环境年统计，工业废气排放量为9.34万亿标立方米，占废气排放总量的85%左右。工业废气的排放仍是我国大气污染的主要原因。

全国城市大气中悬浮微粒的年日均浓度范围为$108\sim815\mu g/m^3$，北方的污染重于南方。在所统计的74个城市中，有38个城市的日均值超过国家二级标准，占统计城市的51%。

二氧化硫的污染状况，据对77个城市统计，超过国家二级标准的城市占所统计城市的 20%，较 1992 年有所增加。

综上所述，我国大气污染加剧的趋势尚未被有效地控制，主要污染物的排放量在世界各国中名列前茅，大气污染状况仍十分严重。

2. 大气污染综合防治的原则

① 减少污染物的排放与净化、治理相结合。
② 合理利用大气自净能力并与人为措施相结合。
③ 分散治理与集中控制相结合。
④ 技术措施与管理相结合。

3. 综合防治的对策与措施

① 加强城镇规划，搞好环境功能分区。
② 减少污染排放，实行全过程控制。
③ 节约能源。
④ 污染源治理。
⑤ 合理利用大气的自净能力，增加烟囱高度。
⑥ 绿化。
⑦ 加强管理。

三、治理技术简介

1. 颗粒污染物的治理技术

从废气中将颗粒物分离出来并加以捕集、回收的过程称为除尘。实现上述过程的设备装置称为除尘器。

（1）除尘装置的技术性能

① 烟尘的浓度有两种表示方法

a. 烟尘的个数浓度。即单位气体体积中所含烟尘颗粒的个数，称为个数浓度，单位为个$/cm^3$。在粉尘浓度极低时用此单位。

b. 烟尘的质量浓度。即每单位标准体积含尘气体中悬浮的烟尘质量，称为质量浓度，单位为 g/m^3（标准）。

② 除尘装置的处理量。该项指标表示的是除尘装置在单位时间内所能处理烟气量的大小，是表明装置处理能力大小的参数，烟气量一般用体积流量表示 [m^3(标准)/h，m^3(标准)/s]。

③ 除尘装置的效率。除尘装置的效率是表征装置捕集粉尘效

果的重要指标,也是选择评价装置最主要的参数。

a. 除尘装置的总效率。除尘装置的总效率是指在同一时间内,由除尘装置收集的粉尘量与进入除尘装置的粉尘量的百分比,常用 η 表示。总效率所反映的实际上是装置净化程度的平均值,它是评定装置性能的重要技术指标。

b. 除尘装置的分级效率。分级效率是指装置对某一粒径 $d\pm\Delta d$ 范围烟尘的除尘效率。具体数值用同一时间内除尘装置收集的该粒径范围内的烟尘量占进入装置的该粒径范围内的烟尘量的百分比来表示,符号用 η_d。

c. 除尘装置的通过率(除尘效果)。通过率是指没有被除尘装置收集的烟尘量与除尘装置入口烟尘量的百分比,用符号 ε 表示。

d. 多级除尘效率。在实际应用的除尘系统中,为了提高除尘效率,往往把两种或多种不同规格或形式的除尘器串联使用,这种多级净化系统的总效率 $\eta_\text{总}$ 可依下式计算。

$$\eta_\text{总}=1-(1-\eta_1)(1-\eta_2)\cdots(1-\eta_n)$$

式中,$\eta_1,\eta_2,\cdots,\eta_n$ 分别为 $1,2,\cdots,n$ 级除尘装置的单级效率。

④ 除尘装置的压力损失。压力损失是表示除尘装置消耗能量大小的指标,有时也称压力降。压力损失的大小用除尘装置进出口处气流的全压差来表示,压力损失的大小与流体流经装置所耗的机械能成正比,与风机所耗功率成正比,因此压损的大小直接影响到风机的选择。

(2) 除尘装置的分类与除尘原理

① 除尘装置的分类

依照除尘器除尘的主要机制可将其分为机械式除尘器、过滤式除尘器、湿式除尘器和静电除尘器四类。

② 各种除尘装置的除尘原理

a. 机械式除尘器。通过重力的作用达到除尘目的。

b. 过滤式除尘器。使含尘气体通过多孔滤料,把气体中的尘粒截留下来,使气体得到净化。按滤尘方式有内部过滤与外部过滤之分。

c. 湿式除尘器。湿式除尘也称为洗涤除尘。该方法是用液体（一般为水）洗涤含尘气体，使尘粒与液膜、液滴或气泡碰撞而被吸附，凝集变大，尘粒随液体排出，气体得到净化。

d. 静电除尘器。利用高压电场产生静电力（库仑力）的作用实现固体粒子或液体粒子与气流的分离。

2. 气态污染物的治理技术

(1) 主要治理方法原理

① 吸收法：当气、液相接触时，利用气体中的不同组分在同一液体中的溶解度不同，可使气体中的一种或数种溶解度大的组分进入到液相中，使气相中各组分相对浓度发生改变，气体即可得到分离净化，这个过程称为吸收。吸收法即是采用适当的液体作为吸收剂，使含有害物质的废气与吸收剂接触，废气中的有害物质被吸收于吸收剂中，使气体得到净化。

② 吸附法：由于固体表面上存在着未平衡和未饱和的分子引力或化学键力，因此当其与气体接触时，就能吸引气体分子，使其浓集在固体表面并保持其上，这种现象称为吸附。吸附法治理废气的原理就是利用固体表面的这种性质，使废气与大表面多孔性固体物质相接触，将废气中的有害组分吸附在固体表面上，使其与气体混合物分离，达到净化目的。

③ 催化法：催化法净化气态污染物是利用催化剂的作用，使废气中的有害组分发生化学反应并转化为无害物或易于去除物质的一种方法。

④ 燃烧法：燃烧是伴随有光和热的激烈化学反应过程。在有氧存在的条件下，当混合气体中可燃组分浓度在燃烧极限范围浓度以内时，一经明火点燃，可燃组分即可进行燃烧。燃烧净化法即是对含有可燃有害组分的混合气体进行氧化燃烧或高温分解，从而使这些有害组分转化为无害物质的方法。

⑤ 冷凝法：物质在不同温度下具有不同的饱和蒸汽压，利用这一性质，采用降低废气温度或提高废气压力的方法，使一些易于凝结的有害气体或蒸汽态的污染物冷凝成液体并从废气中分解出来。

(2) 主要气态污染物治理简介

① 低浓度 SO_2 调入废气的治理

a. 湿法

氨法：用氨水做吸收剂吸收废气中的 SO_2，由于氨易挥发，实际上此法是用氨水与 SO_2 反应后生成的亚硫酸铵水溶液作为吸收 SO_2 的吸收剂 $[(NH_4)_2SO_3 + SO_2 + H_2O \longrightarrow 2NH_4HSO_3$，通入氨后再发生反应 $NH_4HSO_3 + NH_3 \longrightarrow (NH_4)_2SO_3]$。对吸收后的混合液用不同方法处理可得到不同的副产物。

钠碱法：本法是用氢氧化钠或碳酸钠的水溶液作为开始吸收剂，与 SO_2 反应生成的 Na_2SO_3 继续吸收 SO_2，主要吸收反应为

$$NaOH + SO_2 \longrightarrow NaHSO_3$$
$$2NaOH + SO_2 \longrightarrow Na_2SO_3 + H_2O$$
$$Na_2SO_3 + SO_3 + H_2O \longrightarrow 2NaHSO_3$$

生成的吸收液为 Na_2SO_3 和 $NaHSO_3$ 的混合液。用不同的方法处理吸收液，可得不同的副产物。

钙碱法：此法是用石灰石、生石灰或消石灰的乳浊液为吸收剂吸收烟气中 SO_2 的方法。对吸收液进行氧化可副产石膏。通过控制吸收液的 pH，可以副产半水亚硫酸钙。

b. 干法

活性炭吸附法：在有氧及水蒸气存在的条件下，用活性炭吸附 SO_2。

催化氧化：在催化剂的作用下可将 SO_2 氧化为 SO_3 后进行净化。

② 含 NO_x 废气的治理

a. 吸收法。目前常用的吸收剂有碱液、稀硝酸溶液和浓硫酸等。

b. 吸附法。用吸附法吸附 NO_x 已有工业规模的生产装置，可以采用的吸附剂为活性炭与沸石分子筛。

c. 催化还原法。在催化剂的作用下，用还原剂将废气中的 NO_x 还原为无害的 N_2 和 H_2O 的方法称为催化还原法。依还原剂与废气中的 O_2 发生作用与否，可将催化还原法分为非选择性催化剂还原和选择性催化还原。

第四节 固体废物的处理和综合利用

一、固体废物的一般处理技术

1. 预处理技术

固体废物预处理是指采用物理化学或生物方法，将固体废物转变成便于运输、贮存、回收利用和处置的形态。

2. 焚烧回收技术

焚烧是高温分解和深度氧化的过程，目的在于使可燃的固体废物氧化分解，借以减容、去毒并回收能量及副产品。

3. 热解技术

固体废物热解是利用有机物的热不稳定性，在无氧或缺氧条件下受热分解的过程。热解法与焚烧法相比是完全不同的两个过程。焚烧是放热的，热解是吸热的，焚烧的产物主要是二氧化碳和水，而热解的产物是可燃的低分子化合物。

4. 微生物分解技术

利用微生物的分解作用处理固体废物的技术，应用最广泛的是堆肥化。堆肥化是指依靠自然界广泛分布的细菌、放线菌和真菌等微生物，人为地促进可生物降解的有机物向稳定的腐殖质生化转化的微生物学过程，其产品称为堆肥。

二、危险固体废物的处理方法

1. 填埋法

（1）卫生土地填埋　卫生土地填埋是处置一般固体废物而不会对公众健康及环境安全造成危害的一种方法。主要是用来处置城市垃圾。

（2）安全土地填埋　安全土地填埋是一种改进的卫生填埋方法，也称为安全化学土地填埋。安全土地填埋主要用来处置危险固体废物，因此，对场地的建造技术要求更为严格。

2. 焚烧法

焚烧法是高温分解和深度氧化的综合过程，通过焚烧可以使可燃性固体废物氧化分解，达到减少容积、去除毒性、回收能量及副产品的目的。

3. 固化法

固化是将水泥、塑料、水玻璃、沥青等凝结剂同危险固体废物加以混合进行固化，使得污泥中所含的有害物质封闭在固化体内不被浸出，从而达到稳定化、无害化、减量化的目的。

4. 化学法

化学法是一种利用危险物的化学性质，通过酸碱中和、氧化还原以及沉淀等方式，将有害物质转化为无害的最终产物的方法。

5. 生物法

许多危险废物是可以通过生物降解来解除毒性的，解除毒性后的废物可以被土壤和水体所接受。

三、有毒废渣回收处理与利用

（1）砷渣　砷矿一般与铜、铅、锌等有色金属矿共生，随着矿产资源的开采和冶炼转变为含砷废物，如黄渣、铅渣、铜浮渣等，应用含砷废渣可以提取白砷和回收有色金属。

（2）汞渣　化学工业中的水银法制碱、电解法生产烧碱、定期更换下的含汞触媒等都有大量含汞废物排出。目前，国内外多采用焙烧法处理并回收废物中的汞。

（3）氰渣　氰盐生产中排出的废渣含有剧毒的氰化物，可以采用高温-汽化法处理。

（4）电镀污泥　电镀污泥含有多种重金属，目前较难回收。比较成熟的处理方法是用水泥固化。

四、综合防治对策

根据国情，我国制定出近期以"无害化、减量化、资源化"作为控制固体废物污染的技术政策，并确定今后较长一段时间内应以"无害化"为主，以"无害化"向"资源化"过渡，"无害化"和"减量化"应以"资源化"为条件。

第五节　噪声污染及其控制

一、噪声概述

一切声音，当人体心理对其反感时，即成为噪声，它不仅包括杂乱无章不协调的声音,而且也包括影响旁人工作、休息、睡眠、谈话和思考的乐声。

产生噪声的来源称为声源,若按噪声产生的机理来划分,可将噪声分为三大类。

① 机械噪声。

② 空气动力性噪声。

③ 电磁性噪声。

如果把噪声按随时间变化来分,可分成两大类。

① 稳态噪声,其强度不随时间变化。

② 非稳态噪声,其强度随时间而变化。

与人们生活密切相关的是城市噪声,它的来源大致可分为四种。

① 工厂生产噪声。

② 交通噪声。

③ 施工噪声。

④ 社会噪声。

二、噪声控制技术

噪声在传播过程中有三个要素即声源、传播途径和接受者,只有这三个要素同时存在时,噪声才能对人造成干扰和危害。因此控制噪声必须从这三个因素进行考虑。

1. 声源控制技术

(1) 机械噪声的控制

① 避免运动部件的冲击和碰撞,降低撞击部件之间的撞力和速度,延长撞击部件之间的撞击时间。

② 提高旋转运动部件的平衡精度,减少旋转运动部件的周期性激发力。

③ 提高运动部件的加工精度和光洁度,选择合适的工差配合,控制运动部件之间的间隙大小,降低运动部件的振动振幅,采取足够的润滑减少摩擦力。

④ 在固体零部件接触面上,增加特性阻抗不同的黏弹材料,减少固体传声;在振动较大的零部件上安装减振器,以隔离振动、

减少噪声传递。

⑤ 采用具有较高内损耗系数的材料制作机械设备中噪声较大的零部件，或在振动部件的表面附加外阻尼，降低其声辐射效率。

⑥ 改变振动部件的质量和刚度，防止共振，调整或降低部件对外激发力的响应，降低噪声。

(2) 气流噪声控制

① 选择合适的空气动力机械设计参数，减小气流脉动、减小周期激发力。

② 降低气流速度，减少气流压力突变，以降低湍流噪声。

③ 降低高压气体排放压力和速度。

④ 安装合适的消声器。

(3) 电磁噪声的控制　降低电动机噪声的主要措施有以下几种。

① 合理选择沟槽数和级数。

② 在转子沟槽中充填一些环氧树脂材料，降低振动。

③ 增加定子的刚性。

④ 提高电源稳定度。

⑤ 提高制造和装配精度。

降低变压器电磁噪声的主要措施有以下三种。

① 减小磁力线密度。

② 选择低磁性硅钢材料。

③ 合理选择铁芯结构，铁芯间隙充填树脂材料，硅钢片之间采用树脂材料粘贴。

(4) 隔振技术　振动和噪声是两种不同的概念，但它们有着密切的联系。许多噪声是由振动诱发产生的。因此在对声源进行控制时，必须同时考虑隔振，主要措施有以下几种。

① 减小扰动：减小或消除振动源的激励。

② 防止共振：防止或减少设备结构对振动的响应。

③ 采取隔振措施：减小或隔离振动的传递。

2. 控制噪声的传播途径

(1) 吸声降噪　当声波入射到物体表面时，部分入射声能被物体表面吸收而转化成其他能量,这种现象叫做吸声。物体的吸声作用是普遍存在的,吸声的效果不仅与吸声的材料有关,还与所选的吸声结构有关。

① 吸声材料:常用的吸声材料分三种类型,即纤维型、泡沫型和颗粒型。纤维型多孔吸声材料有玻璃纤维、矿渣棉毛毡、甘蔗纤维、木丝板等;泡沫型吸声材料有聚甲基丙烯酸酯泡沫塑料等;颗粒型吸声材料有膨胀珍珠岩和微孔吸声砖等。

② 吸声结构:常用的共振吸声结构有共振吸声器(单个空腔共振结构)、穿孔板(槽孔板)、微穿孔板、膜状和板状等共振吸声结构及空间吸声体。

(2) 消声器 消声器是一种既能使气流通过又能有效地降低噪声的设备。不同消声器的降噪原理有别,大体上有以下几种。

① 阻性消声:它是利用装置在管道内壁或中部的阻性材料(主要是多孔材料)吸收声能而达到降低噪声的目的。

② 抗性消声:它是利用管道截面的变化(扩张或收缩)使声波反射、干涉而达到消声的目的。

③ 损耗型消声:它是在气流通道内壁安装穿孔板或微孔板,利用它们的非线性声阻来消耗声能从而达到消声的目的。

④ 扩散消声:扩散消声器是利用扩散降速、变频或改变喷注气流参数等机理达到消声的目的。

(3) 隔声技术

① 隔声墙:对于实心的均匀墙体,其隔声能力取决于墙体单位面积的重量,其值越大则隔声性能越好。有空心夹层的双层墙体的隔声结构比同样重量的单层墙隔声效果更好。这是由于夹层中空气的弹性作用可使声能衰减。

② 隔声间:由隔声墙及隔声门等构件组成的房间称为隔声间。

③ 隔声罩:当噪声源比较集中或只有个别噪声源时,可将噪声源封闭在一个小的隔声空间内,这种隔声设备称为隔声罩。

④ 隔声门和隔声窗:隔声门、窗的隔声量要与其隔声构件主体的隔声量匹配。隔声门在制作中都采用多层复合结构。窗子的隔声效果主要取决于玻璃的厚度,在制作中多采用两层以上玻璃中间

夹以空气层的方法，以提高玻璃窗的隔声效果。

⑤ 隔声屏障：隔声屏障是保护近声场人员免遭直达声危害的一种噪声控制手段。

三、综合防治对策

制订科学合理的城市规划和城市区域环境规划，划分每个区域的社会功能，加强土地使用和城市规划中的环境管理，规划建设专用工业园区，组织并帮助高噪声工厂企业实施区域集中整治，对居民生活地区建立必要的防噪声隔离带或采取成片绿化等措施，缩小工业噪声的影响范围，使住宅、文教区远离工业区或机场高噪声源，以保证要求安静的区域不受噪声污染。

有组织有计划地调整、搬迁噪声污染扰民严重而就地改造又有困难的小企业，严格执行有关噪声环境影响评价"三同时"项目的审批制度，以避免产生新的噪声污染。

发展噪声污染现场实时监测分析技术，对工业企业进行必要的污染跟踪监测监督，及时有效地采取防治措施，并建立噪声污染申报登记管理制度，充分发挥社会和群众监督作用，大幅度消除噪声扰民矛盾。

对不同的噪声源机械设备实施必要的产品噪声限制标准和分级标准。

建立有关研究和技术开发、技术咨询机构，为各类噪声源设备制造商提供技术指导，以便在产品的设备、制造中实现有效的噪声控制，有计划、有目的地推行新技术。

提高吸声、消声、隔声、隔振等专用材料的性能。

总之，噪声污染防治工作是一项复杂而艰巨的任务，它涉及到许多部门，需要从系统的观点出发，结合各个部门的实际情况，作出整体的规划安排。

复习思考题

1. 化工、炼油工业污染物的危害有哪些？
2. 大气污染综合防治的原则？
3. 危险固体废物的处理方法有哪些？

第十二章 环境管理

第一节 环境质量评价概述

一、基本概念

1. 环境质量

环境质量是环境系统客观存在的一种本质属性,并能用定性和定量的方法加以描述的环境系统所处的状态。

2. 环境质量评价

所谓环境质量评价,是评价环境质量的价值,而不是评价环境质量的本身,是对环境质量与人类社会生存发展需要满足程度进行评定。

二、环境质量评价的分类

环境质量评价可以从不同的角度被分成许多种类型。

从时间域上可以分为:环境质量回顾评价,环境质量现状评价和环境质量预测(影响)评价。

从空间域上可分为:单项工程环境质量评价,城市环境质量评价,区域(流域)环境质量评价,全球环境质量评价。

从评价内容上可以分为:健康影响评价,经济影响评价,生态影响评价,风险评价,美学景观评价。

三、环境质量评价的内容

1. 环境质量的识别

环境质量识别包括两大部分内容。一是通过调查、监测及分析处理,确定环境质量现状;二是根据环境质量的变异规律,预测在人类行为作用下环境质量的变化。

2. 人类对环境质量的需求

(1) 维持生态系统良性循环的需要

（2）维持人类自然健康生存的需要

（3）促进人类社会发展经济的需要

3. 人类行为与环境质量关系

人类行为的内容很丰富，其中与环境质量关系最为密切的是人类的经济发展行为。人类的经济发展行为对环境质量影响最大，在人类获得经济发展的同时，也会对环境质量带来或大或小的不利影响。

4. 协调发展与环境的关系

经济要发展，环境要保护。我们既反对只顾发展经济而不顾环境建设的观点；也反对一味的只顾保护环境而抑制经济发展的观点，我们的口号是经济建设与环境建设做到协调发展。经济发展与环境保护是对立统一体。

四、环境质量现状评价

1. 基本概念

（1）环境质量现状评价概念　某一地区，由于人们近期和当前的生产开发活动和生活活动，会引起该地区环境质量发生或大或小的变化，并引起人们与环境的价值关系发生变化，对这些变化进行评价称为环境质量现状评价。

环境质量现状所能反映的价值不外乎以下几种，即自然资源价值、生态价值、社会经济价值和生活质量价值等。所以环境质量现状评价应该是多方面的，但目前较多注意的是污染方面的评价，但在概念上不要认为环境质量现状评价的只是污染现状评价。

（2）环境质量现状评价的程序

① 准备阶段。

② 监测阶段。

③ 评价和分析阶段。

④ 成果应用阶段。

2. 大气环境质量现状评价

（1）大气污染监测评价

① 评价因子的选择

a. 尘：总悬浮微粒。
b. 有害气体：二氧化硫、氮氧化物、一氧化碳、臭氧。
c. 有害元素：氟、铅、汞、镉、砷。
d. 有机物：苯并芘、碳氢化合物。

② 评价方法　目前我国进行大气污染监测评价的方法绝大多数是采用大气质量指数评价方法。

(2) 大气污染生物学评价　生物学评价方法很多，为了适应在城市环境中做工作，选择树木作为评价植物。就树木而言，由于长期暴露在污染空气中，其树高、胸径、新梢长度、叶片面积等生长量以及叶片中化学元素含量都作为评价的因子。将取回来的叶片洗干净，除去水分，分析其中化学元素含量。评价二氧化硫污染可以分析叶片中硫含量；评价氟、铅、镉污染可以分析叶片中氟、铅、镉含量。

3. 水环境质量现状评价

(1) 水污染指数评价

① 内梅罗河水污染指标指数。
② 罗斯水质指数。
③ 有机污染综合评价指数。

(2) 水环境质量的生物学评价

① 一般描述对比法。
② 评价生物法。
③ 生物指数。

五、环境影响评价

1. 环境影响评价

环境影响是指人类的行为对环境产生的作用以及环境对人类的反作用。人类活动对环境产生的作用是多变的、复杂的，要识别这些影响，并制订出减轻对环境不利影响的措施，是一项技术性极强的工作，这种工作就是环境影响评价。

环境影响评价可分三种类型。

① 单项建设工程的环境影响评价。
② 区域开发的环境影响评价。

③ 公共政策的环境影响评价。

2. 环境影响评价制度

把环境影响评价工作以法律形式确定下来,作为一个必须遵守的制度,叫做环境影响评价制度。

我国环境影响评价制度的特点:①具有法律强制法;②纳入基本建设程序;③评价的对象侧重于单项建设工程。

第二节 环 境 管 理

一、环境管理的含义

运用经济、法律、技术、行政教育等手段,限制人类损害环境质量的行为,通过全面规划使经济发展与环境相协调,达到既要发展经济满足人类的基本需求,又不超出环境的允许极限。

二、环境管理的内容

1. 从环境管理的范围来划分

（1）资源管理 资源管理包括可更新资源的恢复和扩大再生产,以及不可更新资源的合理利用。

（2）区域环境管理 区域管理主要是协调区域的经济发展目标与环境目标,进行环境影响预测,制订区域环境规划,进行环境质量管理与技术管理,按阶段实现环境目标。

（3）部门管理 包括能源环境管理,工业环境管理,农业环境管理,交通运输环境管理,商业和医疗等部门的环境管理及企业环境管理。

2. 从环境管理的性质来划分

① 环境计划管理。

② 环境质量管理。

③ 环境技术管理。

三、环境管理的基本指导思想和基本理论

1. 环境管理的基本指导思想

（1）环境管理要为促进经济持续发展服务

（2）从宏观、整体规划上研究解决环境问题

① 环境问题是社会整体中的一个有机部分,它既有自己的特殊规律,又与整体社会密切相关。

② 控制和解决环境问题必须把环境作为一个整体来考虑,局部地区、个别环境问题的治理是解决不了整个环境问题的。

③ 环境问题比较复杂,必须采取综合的方法才能有效地控制和解决。

(3) 建立以合理开发利用资源、能源为核心的环境管理战略

2. 环境管理的理论基础——"生态经济"理论

环境管理主要是通过全面规划使人类经济活动与环境系统协调发展,因而需要深入研究人类经济社会活动(主要是经济系统)与环境(生态)系统相互作用的规律与机理,这是"生态经济"学的任务。所以说,生态经济理论是环境管理的理论基础。

四、环境管理的基本职能

环境管理的基本职能是规划、协调、指导和监督四个方面,其中主要是监督职能。

五、环境管理的八项制度

1. "三同时"制度

"三同时"制度是指新建、改建、扩建项目和技术改造项目以及区域性开发建设项目的污染治理设施必须与主体工程同时设计、同时施工、同时投产的制度。

2. 环境影响评价制度

环境影响评价是对可能影响环境的重大工程建设、区域开发建设及区域经济发展规划或其他一切可能影响环境的活动,在事前进行调查研究的基础上,对活动可能引起的环境影响进行预测和评定,为防止和减少这种影响制订最佳行动方案。

3. 排污收费制度

排污收费制度是指一切向环境排放污染物的单位和个体生产经营者,应当依照国家的规定和标准,缴纳一定费用的制度。

4. 环境保护目标责任制

环境保护目标责任制是一种具体落实地方各级人民政府和有污染的单位对环境质量负责的行政管理制度。

5. 城市环境综合整治定量考核

城市环境综合整治就是在市政府的统一领导下，以城市生态理论为指导，以发挥城市综合功能和整体最佳效益为前提，采用系统分析的方法，从总体上找出制约和影响城市生态系统发展的综合因素，理顺经济建设、城市建设和环境建设的相互依存、相互制约的辩证关系，用综合的对策整治、调控、保护和塑造城市环境，为城市人民群众创建一个适宜的生态环境，使城市生态系统良性发展。

该制度的考核内容包括5个方面，21项指标。5个方面是：大气环境保护、水环境保护、噪声控制、固体废弃物处置、绿化。21项指标是：大气总悬浮微粒年日平均值；二氧化硫年日平均值；饮用水源水质达标率；地面水COD平均值；区域环境噪声平均值；城市交通干线噪声平均值；城市小区环境噪声达标率；烟尘控制区覆盖率；工业尾气达标率；汽车尾气达标率；万元产值工业废水排放量；工业废水处理率；工业废水处理达标率；工业固体废物综合利用率；工业固体废物处理处置率；城市汽化率；城市热化率；民用型煤普及率；城市污水处理率；生活垃圾清运率和城市人均绿地面积。

6. 污染集中控制

污染集中控制是在一个特定的范围内，为保护环境所建立的集中治理设施和采用的管理措施，是强化环境管理的一种重要手段。

7. 排污申报登记与排污许可证制度

排污申报登记制度是环境行政管理的一项特别制度，凡是排放污染物的单位，须按规定向环境保护管理部门申报登记所拥有的污染物排放设施、污染物处理设施和正常作业条件下排放污染物的种类、数量和浓度。

排污许可制度以改善环境质量为目标，以污染物总量控制为基础，规定排污单位许可排放什么污染物、许可污染物排放量、许可污染物排放去向等，是一项具有法律含义的行政管理制度。

8. 限期治理污染制度

限期治理是以污染源调查、评价为基础，以环境保护规划为依据，突出重点，分期分批地对污染危害严重、群众反映强烈的污染物、污染源、污染区域采取的限定治理时间、治理内容及治理效果的强制性措施，是人民政府为了保护人民的利益对排污单位采取的法律手段。被限期的企业事业单位必须依法完成限期治理任务。

第三节 环境保护法

一、环境保护法的基本概念

1. 环境保护法的定义

环境保护法是国家为了协调人与环境的关系，保护和改善环境以保护人民健康和保障经济社会的持续、稳定发展而制定的，它是调整人们的开发利用和保护、改善环境的活动中所产生的各种社会关系的法律规范的总和。

2. 环境保护法的目的和任务

直接目的：协调人类和环境之间的关系，保护和改善生活环境和生态环境，防止污染和其他公害。

最终目的：保护人民健康和保障经济社会持续发展，该点是立法的出发点和归宿。

3. 环境保护法的作用

① 环境保护法是保证环境保护工作顺利开展的法律武器。
② 环境保护法是推动环境保护领域中法制建设的动力。
③ 环境保护法增强了广大干部和群众的法制观念。
④ 环境保护法是维护我国环境权益的重要工具。

二、环境保护法的基本原则

① 经济建设和环境保护协调发展的原则。
② 防治结合，以防为主，综合治理的原则。
③ 谁开发谁保护的原则。
④ 谁污染谁治理的原则。
⑤ 奖励和惩罚相结合的原则。

三、环境保护法的法律责任

1. 行政处分

包括警告、记过、记大过、降级、降职、开除留用察看、开除

7种。

2. 行政处罚

主要是警告、罚款、没收财物、取消某种权利、责令支付整治费用和消除污染费用，消除侵害、恢复原状，责令赔偿损失，停止及关、停、并、转，剥夺荣誉称号，拘留等。

3. 民事责任

排除侵害，消除危险，恢复原状，返还原物，赔偿损失，收缴非法所得及进行非法活动的器具，罚款，停止及关、停、并、转等。

4. 刑事责任

用危险方法破坏河流、森林、水源罪；用危险方法致人伤亡及使公私财务遭受重大损失罪；违反爆炸性、易燃性、放射性、毒害性、腐蚀性物品管理规定罪；滥伐、乱伐森林罪；滥捕、破坏水产资源罪；滥捕、盗捕野物动物罪；破坏文物、古迹罪；重大责任事故罪；渎职罪等。

第四节 化工、炼油工业清洁生产

清洁生产是防治工业污染的最佳模式，是实施可持续发展的重要措施。实施清洁生产是可持续发展战略引导下的一场新的工业革命；清洁生产作为一种全新的环境保护战略，已成为实现可持续发展的关键因素和必由之路，同时，清洁生产又是促进工业实现可持续发展的战略。化工、炼油工业的发展必须走与环境保护协调发展的道路，要实现化学工业污染防治，必须依靠科技进步，推行清洁生产。清洁生产可以促进社会经济的发展，通过节能、降耗、减污、节省防治污染的投入，从而降低生产成本，改善产品质量，促进环境、经济两个效益的统一。推行清洁生产就是从资源、环境、经济三方面综合考虑的最佳结果，也是工业污染防治的最佳模式，是转变经济增长方式、实现可持续发展战略的重要措施。

一、清洁生产的基本概念

1. 清洁生产的定义

清洁生产是指不断采取改进设计、使用清洁的能源和原料、采用先进工艺技术和设备、改善管理、综合利用等措施，从源头削减污染，提高资源利用效率，减少或者避免生产、服务和产品使用过程中污染物的产生和排放，以减轻或者消除对人类健康和环境的危害。清洁生产将整体预防的战略，持续地应用于产品和产品生产的全过程。

2. 清洁生产产生的背景

清洁生产的思想 20 世纪 80 年代中期起源于美国，80 年代末期联合国环境规划署制定《清洁生产计划》，90 年代中期引进我国，2002 年 8 月我国颁布《清洁生产促进法》。

20 世纪七八十年代，甚至到 90 年代，我国工业系统开展的环保工作，主要是末端治理，就污染治理污染。主要围绕如何把污染物降解成无污染的物质，耗费了大量的资金和人力物力，因此，那时的企业领导一听到环保工作，就是考虑投入大量金钱，进行污染治理，从而形成了一种概念，环保是花钱，但没有效益的工作，如果说有效益，那只是所谓的环境效益。因此，对于以追求经济效益最大化为目的的企业领导来说，环境保护是没有实质意义的。清洁生产就是在这样一种情况下应运而生的，清洁生产的萌芽起源很早，但是被大规模应用和发展则是 80 年代末、90 年代初期，国际上提出可持续发展的观点之后。我国是 90 年代后开始出现，首先是石化企业在国内各行业率先开展，通过这项工作取得了明显的效果，从而引起了国家的重视，转而从国家开始积极推广清洁生产。由于相当多的领导受过去环保工作思路的影响，在对清洁生产的认识上出现偏差，致使清洁生产的推广受到很大阻力。国家为了强制推行这项工作，专门出台了《清洁生产促进法》，并于 2003 年 1 月 1 日正式实施，使清洁生产工作步入了法制化的轨道。这是我国在环保领域进行的一次十分重要的革命，《清洁生产促进法》的出台集中体现了各级领导对环保工作的态度和思想的重大转变。

3. 清洁生产的理论基础

清洁生产理论基础的实质是最优化理论。在生产过程中，物料按平衡原理相互转换，生产过程排出的废物越多，则投入的原材料消耗就越大。清洁生产实际上是满足特定条件使物料消耗最少，使产品的收率最高。它应用数学上的最优化理论，将废弃物最小量化表示为目标函数，求它在各种约束条件下的最优解。清洁生产是一相对概念，即清洁的生产过程和产品是与现有的生产过程和产品比较而言。资源与废物也是一个相对概念，某生产过程的废物又可作为另一生产过程的原料（资源）。因此，废物最小量化的目标函数是动态的、相对的，故用一般的数量关系对较复杂的过程进行优化求解比较困难。目前清洁生产审核中应用的理论主要是物料和能量平衡原理，旨在判定重点废物流，定量废物量，为相对的废物最小量化确定约束条件。在实际工作中，可把求解出的值（相对单一过程）作为判定现有废物产生量的标准。另外，也可用国内外同类装置先进的废物产生量作为衡量的标准，凡达不到标准的，就要设法处理或削减。

4. 清洁生产的内容

清洁生产包括3个方面的内容。

(1) 清洁的生产过程　尽量少用和不用有毒有害的原料；采用无毒、无害的中间产品；选用少废、无废工艺和高效设备；尽量减少生产过程中的各种危险性因素，如高温、高压、低温、低压、易燃、易爆、强噪声、强振动等；采用可靠和简单的操作和控制方法；对物料进行内部循环利用；完善生产管理，不断提高科学管理水平。

(2) 清洁的产品　产品设计应考虑节约原材料和能源，少用昂贵和稀缺的原料；产品在使用过程中以及使用后不含危害人体健康和破坏生态环境的因素；产品的包装合理；产品使用后易于回收、重复使用和再生；使用寿命和使用功能合理。

(3) 清洁的能源　常规能源的清洁利用；可再生能源的利用；新能源的开发；各种节能技术的推广以提高能源的利用率等。清洁生产是以节约能量、降低原材料消耗、减少污染物的排放量为目标，以科学管理、技术进步为手段，目的是提高污染防治效果，降低防治费用，消除或减少工业生产对人类健康和环境的影响。

5. 清洁生产与末端治理的区别

清洁生产是要引起研究开发者、生产者、消费者，也就是全社会对于工业产品生产及使用全过程对环境影响的关注。使污染物产生量、流失量和治理量达到最小，资源充分利用，是一种积极、主动的态度。而末端治理把环境责任只放在环保研究、管理等人员身上，仅仅把注意力集中在对生产过程中已经产生的污染物的处理上。具体对企业来说只有环保部门来处理这一问题，所以总是处于一种被动的、消极的地位。清洁生产与末端治理并不相容，这是由于工业生产无法完全避免污染的产生，最先进的生产工艺也不可避免地会产生少量污染物，用过的产品必须进行处理、处置，因此清洁生产和末端治理永远长期并存，只有共同努力，实施清洁生产过程和污染过程的双重控制，才能保证环境最终目标的实现。

6. 清洁生产发展趋势

(1) 国外发展概况　发达国家工业污染控制战略从 20 世纪 80 年代起，以防治战略取代了末端治理为主的战略，认识到推行清洁生产是污染防治的重要途径，也是实现持续发展的关键因素，使清洁生产以燎原之势形成了环境保护的一次新的浪潮。

例如，荷兰在经济部和环境部的支持下实行了"污染预防项目"，取得了优异的成绩。1988 年秋荷兰技术评价组织对荷兰公司进行了防治污染产生和排放的大规模调查研究，制订出了防止污染物产生和排放的政策及措施，并在 10 个公司中进行了预防污染的实践，其结果编制成《防止废物产生和排放手册》。近十几年来，荷兰在防止污染和固体废物资源化方面取得了明显的进展。例如，95% 的煤灰已被利用作为原料，85% 的废油回收作为燃料，65% 的污泥用作肥料。荷兰政府为促进清洁生产的开展和利用，可给工厂提供新设备费用 15%～40% 的补贴。

(2) 我国实施清洁生产的概况　我国与清洁生产相关的活动具有较长的历史。在 20 世纪 70 年代提出了"预防为主，防治结合"的方针。1983 年第二次全国环境保护会议提出"环境问题要尽力在计划过程和生产过程解决，实现经济效益、社会效益和环境效益的统一"的指导原则。1985 年我国政府又提出了"持续、稳定、协调发展"的方针。随着时间的推移，国家出台了一系列有关清洁生产的发展规划和法案，包括 1992 年的《中国清洁生产行动计划

（草案）》，1996年的《中华人民共和国污染防治法（修订案）》和《关于环境保护若干问题的决定》等等。

  为全面推行清洁生产，规范清洁生产审核行为，根据《中华人民共和国清洁生产促进法》和国务院有关部门的职责分工，国家发展和改革委员会、国家环境保护总局制定并审议通过了《清洁生产审核暂行办法》，自2004年10月1日起施行。该办法阐述了"清洁生产审核范围"、"清洁生产审核的实施"、"清洁生产审核的组织和管理"、"奖励和处罚"等方面的内容，明确规定了实施强制性清洁生产审核的具体情况。2005年12月3日，国务院下发了《关于落实科学发展观加强环境保护的决定》。该《决定》是我国今后一个时期内环境保护工作的纲领性文件。《决定》中明确提出："要严格排放强度准入，鼓励节能降耗，实行清洁生产并依法强制审核"，把强制性清洁生产审核摆在更加重要的位置。2005年12月13日国家环境保护总局出台了《重点企业清洁生产审核程序的规定》，标志着强制性清洁生产审核已经有章可依、有规可循。

  自我国清洁生产工作推行以来，化工、炼油企业对清洁生产进行了十分有益的探索，取得了十分显著的效果。中国石化的清洁生产工作始于1995年，十年来，中国石化通过加大科技投入，研发、应用了一大批与环境友好相适应的先进工艺技术，并在节能、降耗、减污和增效方面发挥了重要作用。截止2004年底，中国石化共实施清洁生产方案1851个，投入资金55798万元，其中废水每年可减排1097万吨，外排污水中COD每年可削减13325吨；废气每年可减排15274万标立方米，废渣每年可削减19357吨，获得经济效益92856万元，综合成效显著。中国石油天然气股份公司化工与销售分公司于2001年开展生产装置清洁生产审核工作。通过全过程的清洁生产工作，从根本上降低装置能耗物耗，减少排污，增加效益。2001~2005年，化工与销售分公司共有194套生产装置开展了清洁生产审核工作，共实施清洁生产方案2583个，投入资金5.3亿元，其中废水每年可减排2258万吨，外排污水中COD每年可削减3881吨；废气每年可减排5115万标立方米，废渣每年可削减13198吨，获得经济效益7.8亿元，通过开展源头控制、污染源治理、三废综合利用、清洁生产审核等工作，全面提高了环境绩效，产生了良好的社会效益和经济效益。中油股份公司2006年全面开展清洁生产审核工作，"十一五"期间，所有炼油、化工装置通过清洁生产审核。

7. 清洁生产与生态工业园区和循环经济的关系

循环经济是以物质闭环流动为特征的经济发展模式或形态。与传统的"资源—产品—污染排放"单向流动的线性经济及其高消耗、高污染、低效益的生产方式不同，循环经济是按照"3R"原则（减量化、再利用、再循环）要求运用生态学规律把经济系统组织成一个"资源—产品—再生资源"的反馈式流程，采用高利用、高循环、低污染、低消耗的生产方式，使物质和能量在整个经济活动中得到合理和持久的利用，最大限度地提高资源环境的配置效率，实现经济社会的生态化转向。循环经济的核心是资源的循环利用和节约；其表现形式是拉长产业链条，对有限的资源进行循环利用；其本质是对人类生产关系进行调整。循环经济社会是现代经济和社会发展到较高层次的模式和形态。

清洁生产与生态工业园区都是现代循环经济理念的派生，清洁生产是循环经济的基础和第一层面，是以企业行为为主体的，以节能降耗和减污增效为主要目的的循环经济单元。

生态工业园区是循环经济的第二层面，其基本理念是用生态学原理在一个区域内科学合理地进行产业布层、结构设置和产品加工与开发，使区域内资源、能源综合利用，形成生态链式物资和能量流，达到综合效益最好，污染物排放最少，园区景观美好的目的。其主要特征是一个企业或一种产品的废物可以作为另一个企业或另一种产品的资源。

二、清洁生产审核

1. 清洁生产审核的定义

清洁生产审核，是指按照一定程序，对生产和服务过程进行调查和诊断，找出能耗高、物耗高、污染重的原因，提出减少有毒有害物料的使用、产生，降低能耗、物耗以及废物产生的方案，进而选定技术经济及环境可行的清洁生产方案的过程。

2. 清洁生产审核的原则

清洁生产审核应当以企业为主体,遵循企业自愿审核与国家强制审核相结合、企业自主审核与外部协助审核相结合的原则,因地制宜、有序开展、注重实效。

3. 清洁生产审核的范围

清洁生产审核分为自愿性审核和强制性审核。国家鼓励企业自愿开展清洁生产审核。污染物排放达到国家或者地方排放标准的企业,可以自愿组织实施清洁生产审核,提出进一步节约资源、削减污染物排放量的目标。

有下列情况之一的,应当实施强制性清洁生产审核。

① 污染物排放超过国家和地方排放标准,或者污染物排放总量超过地方人民政府核定的排放总量控制指标的污染严重企业。

② 使用有毒有害原料进行生产或者在生产中排放有毒有害物质的企业。

有毒有害原料或者物质主要指《危险货物品名表》(GB 12268)、《危险化学品名录》、《国家危险废物名录》和《剧毒化学品目录》中的剧毒、强腐蚀性、强刺激性、放射性(不包括核电设施和军工核设施)、致癌、致畸等物质。

4. 清洁生产审核的程序

清洁生产审核程序原则上包括审核准备,预审核,审核,实施方案的产生、筛选和确定,编写清洁生产审核报告等。

① 审核准备。开展培训和宣传,成立由企业管理人员和技术人员组成的清洁生产审核工作小组,制订工作计划。

② 预审核。在对企业基本情况进行全面调查的基础上,通过定性和定量分析,确定清洁生产审核重点和企业清洁生产目标。

③ 审核。通过对生产和服务过程的投入产出进行分析,建立物料平衡、水平衡、资源平衡以及污染因子平衡,找出物料流失、资源浪费环节和污染物产生的原因。

④ 实施方案的产生和筛选。对物料流失、资源浪费、污染物产生和排放进行分析,提出清洁生产实施方案,并进行方案的初步筛选。

⑤ 实施方案的确定。对初步筛选的清洁生产方案进行技术、经济和环境可行性分析，确定企业拟实施的清洁生产方案。

⑥ 编写清洁生产审核报告。清洁生产审核报告应当包括企业基本情况、清洁生产审核过程和结果、清洁生产方案汇总和效益预测分析、清洁生产方案实施计划等。

第五节 突发环境事件应急处理

随着我国经济建设的快速发展，环境事件，尤其是重大突发环境事件不仅在发生次数上，而且在污染的危害程度上均有增加的趋势。环境事件不仅具有突发性，严重性，危害的持续性、积累性等特点，而且涉及污染物的种类与事故的表现形式极其复杂，一旦发生，不仅造成财产损失、人员伤亡、国家和企业的声誉受到影响，而且严重的将破坏生态平衡、损害人类赖以生存的自然环境，制约着经济、社会的发展。

一、突发环境污染事故的基本概念

1. 突发性环境污染事故

突发性环境污染事故不同于一般的环境污染，它没有固定的排放方式和排放途径，都是突然发生、来势凶猛，在瞬时或短时间内大量排放污染物质，对环境造成严重污染和破坏，给人民的生命和国家财产造成重大损失的恶性事故。

2. 突发性环境污染事故的应急监测

是指在发生环境事件的紧急情况下，为发现和查明环境事件而进行的环境监测，包括现场定点监测和动态监测。要求现场监测人员在尽可能短的时间内，采用方便的检测仪器和设备对污染物的种类、浓度、污染的范围及可能的危害等予以表征。实施应急监测是做好环境事件处理处置的前提和关键，也是善后处理工作的基础。

应急监测的主要作用包括以下几种。

① 对事故特征予以表征，能迅速提供事故的初步分析结果，如污染物的释放量、形态及浓度，估计向环境扩散的速率、污染的区域和范围、有无叠加作用、降解速率以及污染物的特点（包括毒

性、挥发性、残留性）等。

② 为制订处置措施快速提供必要的信息。鉴于突发环境事件所造成的严重后果，应根据初步分析结果，能迅速对事故做出及时有效的应急反应，将事故的有害影响降至最低限度。为此，必须保证所提供的监测数据及其他信息的高度准确和可靠。有关鉴定和判断污染事故严重程度的数据尤为重要。

③ 连续、实施地监测环境事件的发展态势，这对于评估事件对公众和环境卫生的影响以及整个受影响地区产生的后果随时间的变化，对于污染事件的有效处理是非常重要的。

④ 为实验室分析提供第一信息源，有时要确切地弄清楚事件所涉及的是何种化学物质是很困难的，此时现场监测设备往往是不够用的，但根据现场监测结果，可进一步为实验室分析提供许多有用的第一信息源，如正确的采样地点、采样范围、采样方法、采样数量及分析方法等。

⑤ 为环境事件后的恢复计划提供充分的信息和数据。鉴于环境事件的类型、规模、污染物的性质等千差万别，所以试图预先建立一种确定的环境恢复计划意义不大，而现场监测系统可以为特定的环境化学污染事故的恢复计划及其修改和调整不断提供充分的信息和数据。

⑥ 为环境事件的评价提供必需的资料。对一切环境事件，进行事故后的报告、分析和评价，对于将来预防类似事件的发生或发生后的处理处置措施提供极为重要的参考资料。可提供的信息包括污染物的名称、性质（有害性、易燃性、爆炸性等）、处理处置方法、急救措施等。

3. 突发性环境污染事故的处理处置

突发性环境污染事故的处理处置是指在应急监测已对污染物种类、污染物浓度、污染范围及其危害做出判断的基础上，为尽快地消除污染物，限制污染范围扩大，以及减轻和消除污染危害所采取的一切措施。

突发性环境污染事故的处理、处置应包括以下主要内容。

① 受危害人员的救治。

② 切断污染源、隔离污染区、防止污染扩散。
③ 减轻或消除污染物的危害。
④ 消除污染物及善后处理。
⑤ 通报事故情况,对可能造成影响的区域发出预警通报。

二、突发环境污染事故的类型与特征

1. 突发性环境污染事故的类型
① 核污染事故。
② 剧毒农药和有毒化学品的泄漏、扩散污染事故。
③ 易燃易爆物的泄漏爆炸污染事故。
④ 溢油事故。
⑤ 非正常大量排放废水造成的污染事故。

2. 突发性环境污染事故的特征
① 形式的多样性。
② 发生的突然性。
③ 危害的严重性。
④ 处理处置的艰巨性。

三、突发环境污染事故的危害及其影响

① 生命威胁与健康影响。
② 经济损失。
③ 造成社会不安定因素。
④ 生态环境的严重破坏。

四、突发环境污染事故的对策

(1) 广泛宣传,提高认识
(2) 预防为主,安全第一
① 发挥环境影响评价作用。
② 对事故隐患调查登记,采取消除措施。
③ 加强对突发环境污染事故源的管理。
(3) 加强应急监测的能力建设
① 强化应急监测反应能力。
② 提高应急监测技术水平。
(4) 建立紧急救援系统

复习思考题

1. 环境管理八项制度的具体内容是什么？
2. 环境保护法的基本原则是什么？
3. 什么是清洁生产？清洁生产内容包括哪几个方面？
4. 突发性环境污染事故的处理、处置都包括哪些内容？

附录

国家突发环境事件应急预案

(2006年1月24日发布)

1 总则

1.1 编制目的

建立健全突发环境事件应急机制,提高政府应对涉及公共危机的突发环境事件的能力,维护社会稳定,保障公众生命健康和财产安全,保护环境,促进社会全面、协调、可持续发展。

1.2 编制依据

依据《中华人民共和国环境保护法》、《中华人民共和国海洋环境保护法》、《中华人民共和国安全生产法》和《国家突发公共事件总体应急预案》及相关的法律、行政法规,制定本预案。

1.3 事件分级

按照突发事件严重性和紧急程度,突发环境事件分为特别重大环境事件(Ⅰ级)、重大环境事件(Ⅱ级)、较大环境事件(Ⅲ级)和一般环境事件(Ⅳ级)四级。

1.3.1 特别重大环境事件(Ⅰ级)

凡符合下列情形之一的,为特别重大环境事件:

(1)发生30人以上死亡,或中毒(重伤)100人以上;

(2)因环境事件需疏散、转移群众5万人以上,或直接经济损失1000万元以上;

(3)区域生态功能严重丧失或濒危物种生存环境遭到严重污染;

(4)因环境污染使当地正常的经济、社会活动受到严重影响;

(5)利用放射性物质进行人为破坏事件,或1、2类放射源失控造成大范围严重辐射污染后果;

(6)因环境污染造成重要城市主要水源地取水中断的污染事故;

（7）因危险化学品（含剧毒品）生产和贮运中发生泄漏，严重影响人民群众生产、生活的污染事故。

1.3.2 重大环境事件（Ⅱ级）

凡符合下列情形之一的，为重大环境事件：

（1）发生 10 人以上、30 人以下死亡，或中毒（重伤）50 人以上、100 人以下；

（2）区域生态功能部分丧失或濒危物种生存环境受到污染；

（3）因环境污染使当地经济、社会活动受到较大影响，疏散转移群众 1 万人以上、5 万人以下的；

（4）1、2 类放射源丢失、被盗或失控；

（5）因环境污染造成重要河流、湖泊、水库及沿海水域大面积污染，或县级以上城镇水源地取水中断的污染事件。

1.3.3 较大环境事件（Ⅲ级）

凡符合下列情形之一的，为较大环境事件：

（1）发生 3 人以上、10 人以下死亡，或中毒（重伤）50 人以下；

（2）因环境污染造成跨地级行政区域纠纷，使当地经济、社会活动受到影响；

（3）3 类放射源丢失、被盗或失控。

1.3.4 一般环境事件（Ⅳ级）

凡符合下列情形之一的，为一般环境事件：

（1）发生 3 人以下死亡；

（2）因环境污染造成跨县级行政区域纠纷，引起一般群体性影响的；

（3）4、5 类放射源丢失、被盗或失控。

1.4 适用范围

本预案适用于应对以下各类事件应急响应，核事故的应急响应遵照国家核应急协调委有关规定执行。

1.4.1 超出事件发生地省（区、市）人民政府突发环境事件处置能力的应对工作；

1.4.2 跨省（区、市）突发环境事件应对工作；

1.4.3 国务院或者全国环境保护部际联席会议需要协调、指导的突发环境事件或者其他突发事件次生、衍生的环境事件。

1.5 工作原则

以邓小平理论和"三个代表"重要思想为指导,坚持以人为本,树立全面、协调、可持续的科学发展观,提高政府社会管理水平和应对突发事件的能力。

(1) 坚持以人为本,预防为主。加强对环境事件危险源的监测、监控并实施监督管理,建立环境事件风险防范体系,积极预防、及时控制、消除隐患,提高环境事件防范和处理能力,尽可能地避免或减少突发环境事件的发生,消除或减轻环境事件造成的中长期影响,最大程度地保障公众健康,保护人民群众生命财产安全。

(2) 坚持统一领导,分类管理,属地为主,分级响应。在国务院的统一领导下,加强部门之间协同与合作,提高快速反应能力。针对不同污染源所造成的环境污染、生态污染、放射性污染的特点,实行分类管理,充分发挥部门专业优势,使采取的措施与突发环境事件造成的危害范围和社会影响相适应。充分发挥地方人民政府职能作用,坚持属地为主,实行分级响应。

(3) 坚持平战结合,专兼结合,充分利用现有资源。积极做好应对突发环境事件的思想准备、物资准备、技术准备、工作准备,加强培训演练,充分利用现有专业环境应急救援力量,整合环境监测网络,引导、鼓励实现一专多能,发挥经过专门培训的环境应急救援力量的作用。

2 组织指挥与职责

2.1 组织体系

国家突发环境事件应急组织体系由应急领导机构、综合协调机构、有关类别环境事件专业指挥机构、应急支持保障部门、专家咨询机构、地方各级人民政府突发环境事件应急领导机构和应急救援队伍组成。

在国务院的统一领导下,全国环境保护部际联席会议负责统一协调突发环境事件的应对工作,各专业部门按照各自职责做好相关专业领域突发环境事件应对工作，各应急支持保障部门按照各自职责做好突发环境事件应急保障工作。

专家咨询机构为突发环境事件专家组。

地方各级人民政府的突发环境事件应急机构由地方人民政府确定。

突发环境事件国家应急救援队伍由各相关专业的应急救援队伍组成。环保总局应急救援队伍由环境应急与事故调查中心、中国环境监测总站、核安全中心组成。

2.2 综合协调机构

全国环境保护部际联席会议负责协调国家突发环境事件应对工作。贯彻执行党中央、国务院有关应急工作的方针、政策，认真落实国务院有关环境应急工作指示和要求；建立和完善环境应急预警机制，组织制定（修订）国家突发环境事件应急预案；统一协调重大、特别重大环境事件的应急救援工作；指导地方政府有关部门做好突发环境事件应急工作；部署国家环境应急工作的公众宣传和教育，统一发布环境污染应急信息；完成国务院下达的其他应急救援任务。

各有关成员部门负责各自专业领域的应急协调保障工作。

2.3 有关类别环境事件专业指挥机构

全国环境保护部际联席会议有关成员单位之间建立应急联系工作机制，保证信息通畅，做到信息共享；按照各自职责制定本部门的环境应急救援和保障方面的应急预案，并负责管理和实施；需要其他部门增援时，有关部门向全国环境保护部际联席会议提出增援请求。必要时，国务院组织协调特别重大突发环境事件应急工作。

2.4 地方人民政府突发环境事件应急领导机构

环境应急救援指挥坚持属地为主的原则，特别重大环境事件发生地的省（区、市）人民政府成立现场应急救援指挥部。所有参与应急救援的队伍和人员必须服从现场应急救援指挥部的指挥。现场应急救援指挥部为参与应急救援的队伍和人员提供工作条件。

2.5 专家组

全国环境保护部际联席会议设立突发环境事件专家组，聘请科研单位和军队有关专家组成。

主要工作为：参与突发环境事件应急工作；指导突发环境事件应急处置工作；为国务院或部际联席会议的决策提供科学依据。

3 预防和预警

3.1 信息监测

3.1.1 全国环境保护部际联席会议有关成员单位按照早发现、早报告、早处置的原则，开展对国内（外）环境信息、自然灾害预警信息、常规环境监测数据、辐射环境监测数据的综合分析、风险评估工作。

3.1.2 国务院有关部门和地方各级人民政府及其相关部门、负责突发环境事件信息接收、报告、处理、统计分析，以及预警信息监控。

（1）环境污染事件、生物物种安全事件、辐射事件信息接收、报告、处理、统计分析由环保部门负责。

（2）海上石油勘探开发溢油事件信息接收、报告、处理、统计分析由海洋部门负责。

（3）海上船舶、港口污染事件信息接收、报告、处理、统计分析由交通部门负责。

3.1.3 环境污染事件和生物物种安全预警信息监控由环保总局负责；海上石油勘探开发溢油事件预警信息监控由海洋局负责；海上船舶、港口污染事件信息监控由交通部负责；辐射环境污染事件预警信息监控由环保总局（核安全局）负责。特别重大环境事件预警信息经核实后，及时上报国务院。

3.2 预防工作

（1）开展污染源、放射源和生物物种资源调查。开展对产生、贮存、运输、销毁废弃化学品、放射源的普查，掌握全国环境污染源的产生、种类及地区分布情况。了解国内外的有关技术信息、进展情况和形势动态，提出相应的对策和意见。

（2）开展突发环境事件的假设、分析和风险评估工作，完善各类突发环境事件应急预案。

（3）加强环境应急科研和软件开发工作。研究开发并建立环境污染扩散数字模型，开发研制环境应急管理系统软件。

3.3 预警及措施

按照突发事件严重性、紧急程度和可能波及的范围，突发环境事件的预警分为四级，预警级别由低到高，颜色依次为蓝色、黄色、橙色、红色。根据事态的发展情况和采取措施的效果，预警颜色可以升级、降级或解除。

收集到的有关信息证明突发环境事件即将发生或者发生的可能性增大时，按照相关应急预案执行。

进入预警状态后，当地县级以上人民政府和政府有关部门应当采取以下措施。

(1) 立即启动相关应急预案。

(2) 发布预警公告。蓝色预警由县级人民政府负责发布。黄色预警由市（地）级人民政府负责发布。橙色预警由省级人民政府负责发布。红色预警由事件发生地省级人民政府根据国务院授权负责发布。

(3) 转移、撤离或者疏散可能受到危害的人员，并进行妥善安置。

(4) 指令各环境应急救援队伍进入应急状态，环境监测部门立即开展应急监测，随时掌握并报告事态进展情况。

(5) 针对突发事件可能造成的危害，封闭、隔离或者限制使用有关场所，终止可能导致危害扩大的行为和活动。

(6) 调集环境应急所需物资和设备，确保应急保障工作。

3.4 预警支持系统

3.4.1 建立环境安全预警系统。建立重点污染源排污状况实时监控信息系统、突发事件预警系统、区域环境安全评价科学预警系统、辐射事件预警信息系统；建设重大船舶污染事件应急设备库和海空一体化船舶污染快速反应系统；建立海洋环境监测系统。

3.4.2 建立环境应急资料库。建立突发环境事件应急处置数据库系统、生态安全数据库系统、突发事件专家决策支持系统、环境恢复周期检测反馈评估系统、辐射事件数据库系统。

3.4.3 建立应急指挥技术平台系统。根据需要，结合实际情况，建立有关类别环境事件专业协调指挥中心及通讯技术保障系统。

4 应急响应

4.1 分级响应机制

突发环境事件应急响应坚持属地为主的原则，地方各级人民政府按照有关规定全面负责突发环境事件应急处置工作，环保总局及国务院相关部门根据情况给予协调支援。

按突发环境事件的可控性、严重程度和影响范围，突发环境事件的应急响应分为特别重大（Ⅰ级响应）、重大（Ⅱ级响应）、较大（Ⅲ级响应）、一般（Ⅳ级响应）四级。超出本级应急处置能力时，应及时请求上一级应急救援指挥机构启动上一级应急预案。Ⅰ级应急响应由环保总局和国务院有关部门组织实施。

4.2 应急响应程序

4.2.1 Ⅰ级响应时，环保总局按下列程序和内容响应。

（1）开通与突发环境事件所在地省级环境应急指挥机构、现场应急指挥部、相关专业应急指挥机构的通信联系，随时掌握事件进展情况。

（2）立即向环保总局领导报告，必要时成立环境应急指挥部。

（3）及时向国务院报告突发环境事件基本情况和应急救援的进展情况。

（4）通知有关专家组成专家组，分析情况。根据专家的建议，通知相关应急救援力量随时待命，为地方或相关专业应急指挥机构提供技术支持。

（5）派出相关应急救援力量和专家赶赴现场参加、指导现场应急救援，必要时调集事发地周边地区专业应急力量实施增援。

4.2.2 有关类别环境事件专业指挥机构接到特别重大环境事件信息后，主要采取下列行动。

（1）启动并实施本部门应急预案，及时向国务院报告并通报环保总局。

（2）启动本部门应急指挥机构。

（3）协调组织应急救援力量开展应急救援工作。

（4）需要其他应急救援力量支援时，向国务院提出请求。

4.2.3 省级地方人民政府突发环境事件应急响应，可以参照Ⅰ级响应程序，结合本地区实际，自行确定应急响应行动。需要有关应急力量支援时，及时向环保总局及国务院有关部门提出请求。

4.3 信息报送与处理

4.3.1 突发环境事件报告时限和程序

突发环境事件责任单位和责任人以及负有监管责任的单位发现突发环境事件后，应在1小时内向所在地县级以上人民政府报告，同时向上一级相关专业主管部门报告，并立即组织进行现场调查。紧急情况下，可以越级上报。

负责确认环境事件的单位，在确认重大（Ⅱ级）环境事件后，1小时内报告省级相关专业主管部门，特别重大（Ⅰ级）环境事件立即报告国务院相关专业主管部门，并通报其他相关部门。

地方各级人民政府应当在接到报告后1小时内向上一级人民政府报告。省级人民政府在接到报告后1小时内，向国务院及国务院有关部门报告。

重大（Ⅱ级）、特别重大（Ⅰ级）突发环境事件，国务院有关部门应立即向国务院报告。

4.3.2 突发环境事件报告方式与内容

突发环境事件的报告分为初报、续报和处理结果报告三类。初报从发现事件后起1小时内上报；续报在查清有关基本情况后随时上报；处理结果报告在事件处理完毕后立即上报。

初报可用电话直接报告，主要内容包括：环境事件的类型、发生时间、地点、污染源、主要污染物质、人员受害情况、捕杀或砍伐国家重点保护的野生动植物的名称和数量、自然保护区受害面积及程度、事件潜在的危害程度、转化方式趋向等初步情况。

续报可通过网络或书面报告，在初报的基础上报告有关确切数据，事件发生的原因、过程、进展情况及采取的应急措施等基本情况。

处理结果报告采用书面报告，处理结果报告在初报和续报的基础上，报告处理事件的措施、过程和结果，事件潜在或间接的危害、社会影响、处理后的遗留问题，参加处理工作的有关部门和工作内容，出具有关危害与损失的证明文件等详细情况。

4.4 指挥和协调

4.4.1 指挥和协调机制

根据需要，国务院有关部门和部际联席会议成立环境应急指挥部，负责指导、协调突发环境事件的应对工作。

环境应急指挥部根据突发环境事件的情况通知有关部门及其应急机构、救援队伍和事件所在地毗邻省（区、市）人民政府应急救援指挥机构。各应急机构接到事件信息通报后，应立即派出有关人员和队伍赶赴事发现场，在现场救援指挥部统一指挥下，按照各自的预案和处置规程，相互协同，密切配合，共同实施环境应急和紧急处置行动。现场应急救援指挥部成立前，各应急救援专业队伍必须在当地政府和事发单位的协调指挥下坚决、迅速地实施先期处置，果断控制或切断污染源，全力控制事件态势，严防二次污染和次生、衍生事件发生。

应急状态时，专家组组织有关专家迅速对事件信息进行分析、评估，提出应急处置方案和建议，供指挥部领导决策参考。根据事件进展情况和形势动态，提出相应的对策和意见；对突发环境事件的危害范围、发展趋势作出科学预测，为环境应急领导机构的决策和指挥提供科学依据；参与污染程度、危害范围、事件等级的判定，对污染区域的隔离与解禁、人员撤离与返回等重大防护措施的决策提供技术依据；指导各应急分队进行应急处理与处置；指导环境应急工作的评价，进行事件的中长期环境影响评估。

发生环境事件的有关部门、单位要及时、主动向环境应急指挥部提供应急救援有关的基础资料，环保、海洋、交通、水利等有关部门提供事件发生前的有关监管检查资料，供环境应急指挥部研究救援和处置方案时参考。

4.4.2 指挥协调主要内容

环境应急指挥部指挥协调的主要内容包括：

（1）提出现场应急行动原则要求；

（2）派出有关专家和人员参与现场应急救援指挥部的应急指

挥工作；

(3) 协调各级、各专业应急力量实施应急支援行动；

(4) 协调受威胁的周边地区危险源的监控工作；

(5) 协调建立现场警戒区和交通管制区域，确定重点防护区域；

(6) 根据现场监测结果，确定被转移、疏散群众返回时间；

(7) 及时向国务院报告应急行动的进展情况。

4.5 应急监测

环保总局环境应急监测分队负责组织协调突发环境事件地区环境应急监测工作，并负责指导海洋环境监测机构、地方环境监测机构进行应急监测工作。

(1) 根据突发环境事件污染物的扩散速度和事件发生地的气象和地域特点，确定污染物扩散范围。

(2) 根据监测结果，综合分析突发环境事件污染变化趋势，并通过专家咨询和讨论的方式，预测并报告突发环境事件的发展情况和污染物的变化情况，作为突发环境事件应急决策的依据。

4.6 信息发布

全国环境保护部际联席会议负责突发环境事件信息对外统一发布工作。突发环境事件发生后，要及时发布准确、权威的信息，正确引导社会舆论。

4.7 安全防护

4.7.1 应急人员的安全防护

现场处置人员应根据不同类型环境事件的特点，配备相应的专业防护装备，采取安全防护措施，严格执行应急人员出入事发现场程序。

4.7.2 受灾群众的安全防护

现场应急救援指挥部负责组织群众的安全防护工作，主要工作内容如下：

(1) 根据突发环境事件的性质、特点，告知群众应采取的安全防护措施；

(2) 根据事发时当地的气象、地理环境、人员密集度等，确定群众疏散的方式，指定有关部门组织群众安全疏散撤离；

(3) 在事发地安全边界以外，设立紧急避难场所。

4.8 应急终止

4.8.1 应急终止的条件

符合下列条件之一的，即满足应急终止条件：

(1) 事件现场得到控制，事件条件已经消除；

(2) 污染源的泄漏或释放已降至规定限值以内；

(3) 事件所造成的危害已经被彻底消除，无继发可能；

(4) 事件现场的各种专业应急处置行动已无继续的必要；

(5) 采取了必要的防护措施以保护公众免受再次危害，并使事件可能引起的中长期影响趋于合理且尽量低的水平。

4.8.2 应急终止的程序

(1) 现场救援指挥部确认终止时机，或事件责任单位提出，经现场救援指挥部批准。

(2) 现场救援指挥部向所属各专业应急救援队伍下达应急终止命令。

(3) 应急状态终止后，相关类别环境事件专业应急指挥部应根据国务院有关指示和实际情况，继续进行环境监测和评价工作，直至其他补救措施无需继续进行为止。

4.8.3 应急终止后的行动

(1) 环境应急指挥部指导有关部门及突发环境事件单位查找事件原因，防止类似问题的重复出现。

(2) 有关类别环境事件专业主管部门负责编制特别重大、重大环境事件总结报告，于应急终止后上报。

(3) 应急过程评价。由环保总局组织有关专家，会同事发地省级人民政府组织实施。

(4) 根据实践经验，有关类别环境事件专业主管部门负责组织对应急预案进行评估，并及时修订环境应急预案。

(5) 参加应急行动的部门负责组织、指导环境应急队伍维护、保养应急仪器设备，使之始终保持良好的技术状态。

5 应急保障

5.1 资金保障

部际联席会议各成员单位根据突发环境事件应急需要，提出项目支出预算报财政部审批后执行。具体情况按照《财政应急保障预案》执行。

5.2 装备保障

各级环境应急相关专业部门及单位要充分发挥职能作用，在积极发挥现有检验、鉴定、监测力量的基础上，根据工作需要和职责要求，加强危险化学品检验、鉴定和监测设备建设。增加应急处置、快速机动和自身防护装备、物资的储备，不断提高应急监测、动态监控的能力，保证在发生环境事件时能有效防范对环境的污染和扩散。

5.3 通信保障

各级环境应急相关专业部门要建立和完善环境安全应急指挥系统、环境应急处置全国联动系统和环境安全科学预警系统。配备必要的有线、无线通信器材，确保本预案启动时环境应急指挥部和有关部门及现场各专业应急分队间的联络畅通。

5.4 人力资源保障

有关类别环境应急专业主管部门要建立突发环境事件应急救援队伍；各省（区、市）加强各级环境应急队伍的建设，提高其应对突发事件的素质和能力；在计划单列市、省会城市和环境保护重点城市培训一支常备不懈，熟悉环境应急知识，充分掌握各类突发环境事件处置措施的预备应急力量；对各地所属大中型化工等企业的消防、防化等应急分队进行组织和培训，形成由国家、省、市和相关企业组成的环境应急网络。保证在突发事件发生后，能迅速参与并完成抢救、排险、消毒、监测等现场处置工作。

5.5 技术保障

建立环境安全预警系统，组建专家组，确保在启动预警前、事件发生后相关环境专家能迅速到位，为指挥决策提供服务。建立环境应急数据库，建立健全各专业环境应急队伍，地区核安全监督站和地区专业技术机构随时投入应急的后续支援和提供技术支援。

5.6 宣传、培训与演练

5.6.1 各级环保部门应加强环境保护科普宣传教育工作，普及环境污染事件预防常识，编印、发放有毒有害物质污染公众防护"明白卡"，增强公众的防范意识和相关心理准备，提高公众的防范能力。

5.6.2 各级环保部门以及有关类别环境事件专业主管部门应加强环境事件专业技术人员日常培训和重要目标工作人员的培训和管理，培养一批训练有素的环境应急处置、检验、监测等专门人才。

5.6.3 各级环保部门以及有关类别环境事件专业主管部门，按照环境应急预案及相关单项预案，定期组织不同类型的环境应急实战演练，提高防范和处置突发环境事件的技能，增强实战能力。

5.7 应急能力评价

为保障环境应急体系始终处于良好的战备状态，并实现持续改进，对各级环境应急机构的设置情况、制度和工作程序的建立与执行情况、队伍的建设和人员培训与考核情况、应急装备和经费管理与使用情况等，在环境应急能力评价体系中实行自上而下的监督、检查和考核工作机制。

6 后期处置

6.1 善后处置

地方各级人民政府做好受灾人员的安置工作，组织有关专家对受灾范围进行科学评估，提出补偿和对遭受污染的生态环境进行恢复的建议。

6.2 保险

应建立突发环境事件社会保险机制。对环境应急工作人员办理意外伤害保险。可能引起环境污染的企业事业单位，要依法办理相关责任险或其他险种。

7 附则

7.1 名词术语定义

环境事件：是指由于违反环境保护法律法规的经济、社会活动与行为，以及意外因素的影响或不可抗拒的自然灾害等原因致使环境受到污染，人体健康受到危害，社会经济与人民群众财产受到损失，造成不良社会影响的突发性事件。

突发环境事件：指突然发生，造成或者可能造成重大人员伤亡、重大财产损失和对全国或者某一地区的经济社会稳定、政治安定构成重大威胁和损害，有重大社会影响的涉及公共安全的环境事件。

环境应急：针对可能或已发生的突发环境事件需要立即采取某些超出正常工作程序的行动，以避免事件发生或减轻事件后果的状态，也称为紧急状态；同时也泛指立即采取超出正常工作程序的行动。

预案分类：根据突发环境事件的发生过程、性质和机理，突发环境事件主要分为三类：突发环境污染事件、生物物种安全环境事件和辐射环境污染事件。突发环境污染事件包括重点流域、敏感水域水环境污染事件；重点城市光化学烟雾污染事件；危险化学品、废弃化学品污染事件；海上石油勘探开发溢油事件；突发船舶污染事件等。生物物种安全环境事件主要是指生物物种受到不当采集、猎杀、走私、非法携带出入境或合作交换、工程建设危害以及外来入侵物种对生物多样性造成损失和对生态环境造成威胁和危害事件；辐射环境污染事件包括放射性同位素、放射源、辐射装置、放射性废物辐射污染事件。

泄漏处理：泄漏处理是指对危险化学品、危险废物、放射性物质、有毒气体等污染源因事件发生泄漏时所采取的应急处置措施。泄漏处理要及时、得当，避免重大事件的发生。泄漏处理一般分为泄漏源控制和泄漏物处置两部分。

应急监测：环境应急情况下，为发现和查明环境污染情况和污染范围而进行的环境监测。包括定点监测和动态监测。

应急演习：为检验应急计划的有效性、应急准备的完善性、应急响应能力的适应性和应急人员的协同性而进行的一种模拟应急响应的实践活动，根据所涉及的内容和范围的不同，可分为单项演习（演练）、综合演习和指挥中心、现场应急组织联合进行的联合演习。

本预案有关数量的表述中，"以上"含本数，"以下"不含本数。

7.2 预案管理与更新

随着应急救援相关法律法规的制定、修改和完善,部门职责或应急资源发生变化,或者应急过程中发现存在的问题和出现新的情况,应及时修订完善本预案。

7.3 国际沟通与协作

建立与国际环境应急机构的联系,组织参与国际救援活动,开展与国际间的交流与合作。

7.4 奖励与责任追究

7.4.1 奖励

在突发环境事件应急救援工作中,有下列事迹之一的单位和个人,应依据有关规定给予奖励:

(1) 出色完成突发环境事件应急处置任务,成绩显著的;

(2) 对防止或挽救突发环境事件有功,使国家、集体和人民群众的生命财产免受或者减少损失的;

(3) 对事件应急准备与响应提出重大建议,实施效果显著的;

(4) 有其他特殊贡献的。

7.4.2 责任追究

在突发环境事件应急工作中,有下列行为之一的,按照有关法律和规定,对有关责任人员视情节和危害后果,由其所在单位或者上级机关给予行政处分。其中,对国家公务员和国家行政机关任命的其他人员,分别由任免机关或者监察机关给予行政处分;构成犯罪的,由司法机关依法追究刑事责任:

(1) 不认真履行环保法律、法规,而引发环境事件的;

(2) 不按照规定制定突发环境事件应急预案,拒绝承担突发环境事件应急准备义务的;

(3) 不按规定报告、通报突发环境事件真实情况的;

(4) 拒不执行突发环境事件应急预案,不服从命令和指挥,或者在事件应急响应时临阵脱逃的;

(5) 盗窃、贪污、挪用环境事件应急工作资金、装备和物资的;

(6) 阻碍环境事件应急工作人员依法执行公务或者进行破坏活

动的；

（7）散布谣言，扰乱社会秩序的；

（8）有其他对环境事件应急工作造成危害行为的。

7.5 预案实施时间

本预案自印发之日起实施。

参 考 文 献

1 冯澜. 李式曾. 石油化工安全技术. 北京：中国石化出版社，2003
2 周忠元，陈桂琴. 化工安全技术原理. 北京：化学工业出版社，2001
3 刘铁民. 注册安全工程师教材. 北京：中国矿业大学出版社，2003
4 罗云，程五一. 现代安全管理. 北京：化学工业出版社，2003
5 李彦海，孟庆华，付春杰. 化工企业管理、安全和环境保护. 北京：化学工业出版社，2000

参 考 文 献